GRAJISCHE
ALPEN
PARCO NAZIONALE
Gran Paradiso
MALETTO
RIF. CHIAROMONTE
Quincinetto
PIAMPRATO
Succinto
FONDO
Traversella
VAL CHIUSELLA
IVREA
RONCO
VALLE SOANA
Soana
Dora Baltea
VERCELLI
NOVARA
Biella
Chiusella
S. LORENZO
NOASCA
TALOSIO
CERESOLE
Valle di Locana
Val d' Isère
Le Levanne
PIALPETTA
VAL GRANDE
Orco
Po
Uia di Ciamarella
VAL DI ALA
BALME
Lanzo
Stura di Lanzo
USSEGLIO
MALCIAUSSIA
VAL DI VI VIU
Colle del Moncenisio
Rocciamelone
RIF. CÀ D'ASTI
IL TRUC
SUSA
Dora Riparia
TORINO
VALLE DI
Susa
ALPE DI TOGLIE
PARCO-ORSIERA ROCCIAVRÈ
Sangone
USSEAUX
VALLE DEL CHISONE
Oulx
BALSIGLIA
Pinerolo
N
Maßstab 1
0
10
D1660810

gta

Eberhard Neubronner

DER WEG

Vom Monte Rosa zum Mittelmeer
Grande Traversata delle Alpi (GTA)

Verlag J. Berg

Meinen Eltern
und meiner Frau

In memoriam
Viktoria Grade

Wir gehören weniger dorthin,
wo wir herkommen, als wo wir hinwollen.

(Franz Werfel, Die vierzig Tage des Musa Dagh)

Die Angaben dieses Bandes erfolgen ohne Gewähr. Da sich auf der GTA vieles rasch ändern kann, ist der Autor für aktuelle Nachrichten (möglichst mit Quellenangabe) dankbar:
Eberhard Neubronner, Promenade 19,
D-89073 Ulm.

Titelbild: Becchi Rossi, 2261 m, über dem Valle Stura di Demonte.
Bild auf Seite 2: Bäuerin in Carcóforo.

Bildnachweis:
Alle Farbaufnahmen stammen vom Autor.
Historisches Bildmaterial:
Gianpaolo Giordana (Archivio Associazione Culturale ‚Valados Usitanos', Torino) und
Dr. Enrico Rizzi, Milano (Archivio Fondazione Monti).

Vorsatzkarte:
Landkartentechnik Klaus Becker, Gernlinden.

ISBN 3-7634-1070-8

2., durchgesehene und ergänzte Auflage
© 1994 Verlag J. Berg
in der Südwest Verlag GmbH und Co. KG,
München
Alle Rechte vorbehalten

Gestaltung und Satz: Helmut Krämer
Umschlag: Wolfgang Lauter
Lithographie: Lana Repro, Lana (BZ)
Druck: Peschke Druck, München
Bindung: R. Oldenbourg, München

Vorwort

Die Kulturlandschaft Alpen ist ins Gerede gekommen. Je länger, desto deutlicher macht sich ihr stilles Sterben breit. Der lebenshungrige Verbraucher unserer Tage hilft selbst die Todesspritzen aufzuziehen, das Ergebnis seines Tuns wiegt schwerer von Tag zu Tag.

Modisch gemusterte Urlaubsstädte, prall wie bunte Ballons und gleichzeitig oft seltsam inhaltsleer, entquellen den Planungsbüros. Sie schieben immer mehr alte Ortsbilder ins Beipackfach der Ferienwerbung: Dörfer und Almen als dekorative Kuriositäten, zwischen denen das Credo der technologisch-touristischen Übererschließung lärmt. Unterdessen sind Wasser und Luft vergiftet, degenerieren kranke Wälder zu Holzmüll, räumen Lawinen und Muren die Reste ab.

Endzeit in den Bergen?

Vielleicht nicht jetzt, vielleicht vorerst nicht überall. Denn der 1200 Kilometer lange Alpenbogen, ein felsiges Fossil mit rauhem Rücken, läßt in bescheidenen Grenzen Raum für etwas Mut. Den Profit- und Kaputtmachern zum Trotz hat jenes Großgebirge, das der römische Geschichtsschreiber Livius „scheußlich"[1]* fand, seine Vielfalt einigermaßen über die Zeit retten können. Noch ist es kein steriler Allzweckpark.

Entsprechend differenziert müssen die fein vernetzten ökologischen Probleme des Alpenraums betrachtet und beurteilt werden. Meist sind sie da und dort kaum annähernd deckungsgleich, wird in einem Tal erkannt oder gar zu lösen versucht, was hinterm nächsten Buckel bestenfalls irritiert und ohne positive Folgen bleibt.

Doch auch Gemeinsamkeit hat Konjunktur. Wie ein die Hinterbliebenen schmerzlich verbindender Trauerbrief reicht ihre Botschaft von Garmisch bis zum Gardasee, von den Meeralpen bis nach Niederösterreich:

Jahrtausendelang haben Bergbewohner die Stabilität ihrer Umwelt gesichert. Bodenbearbeitung und Landschaftspflege waren erprobte Mittel zum Leben und Überleben, jetzt funktionieren sie nur noch bedingt. Denn der traditionelle Kleinbauer ist nicht mehr existenzfähig, mechanisierte Produktion und übermächtiges Preisdiktat haben ihn an die Armutsschwelle gedrängt. Darum flieht er seine Höfe. Je höher sie liegen und je karger ihre Erträge sind, desto schneller, am südlichen Alpenrand häufiger als im Norden.

Zurück bleibt wirtschaftliche und soziale Brache, die einst subtil ausgependelte ökologische Balance ist erschüttert, Naturkatastrophen kündigen sich an.

Wer in solcher Unzeit die verlassenen Wohnplätze wieder belegt, hat selten mehr als schöne Worte zu bieten: Massentourismus und industrielle Landwirtschaft können, aus Wettbewerbsgründen, nahezu nichts für die Regenerierung einer buchstäblich abrutschenden Wiesen- und Feldkultur tun. Das Pflegekonto der Bergbauern wird geplündert, fortgesetzter Raubbau am ökologischen Gleichgewicht zerstört die Lebensgrundlage auch der nächsten, vorwiegend nehmenden und genießenden Generation.[2]

Besonders tief greift die Entsiedelung in einem Gebiet, das deutschsprachige Bergsteiger/innen bisher kaum kennen: den Piemontesischen Alpen zwischen Monte Rosa und Mittelmeer. Dort, wo sich ursprüngliche Bauernkultur länger als anderswo erhalten hat und nun in ihrem Restbestand akut bedroht ist, schlängelt die GTA von Dorf zu Dorf – *La Grande Traversata delle Alpi.*

Dieses noch junge Weitwander- und Umweltprojekt, ein Kind entschieden sanfter, überregionaler Tourismuseltern, ist in seiner Art unverwechselbar. Es könnte Fremden wie Einheimischen zur allseits belebenden Alternative werden, zu einer Basis veränderten Denkens und Seins in den Bergen.

Das vorliegende Buch bringt seinen Lesern die GTA näher. Es möchte Lust wecken auf eigene Begegnungen im Rahmen der ‚Großen Alpendurchquerung', es will nicht zuletzt auch forschendes Fragen fördern. Denn nur dann erschließt sich sein herber Reiz, wenn er Tag für Tag mit neuen Augen gesucht und gefunden wird: *Der Weg.*

* Anmerkungen ab Seite 166.

Inhalt

Einführung: Der Anfang, wo und wie

Bäuerliche Handarbeit unter den Sohlen von heute: Keiner der GTA-Pfade ist neu angelegt, alle Maultier- und Fußwege sind historisch gewachsen.

Das Feuer knisterte. Funken sprangen von Frankreich nach Osten, über die Berge ins Tal. Mitte der siebziger Jahre war ein Fernwanderweg vom Genfer See nach Nizza angelegt worden, *La Grande Traversée des Alpes*, bald viel begangen und gelobt. GTA, so das populäre Kürzel, fand wenig später Freunde in Turin. Die Idee zündete und wurde als Vorbild erkannt, der künftige Kurs bekam Konturen.

Am gemeinsamen Tisch saßen italienische Männer und Frauen, denen die alpine Abwanderung in Piemont zu schaffen machte, der sozialökonomische Zusammenbruch bäuerlichen Lebens. Hier war ein milde wirkender Tourismus gefragt, von den Berglern selbst organisiert und verwaltet.

So kam L'Associazione *GTA* zur Welt, die Vereinigung der *Grande Traversata delle Alpi*. Ihre Geburtshelfer: Leute aus den Gemeinden, durch die der Weg führen sollte, das Tourismus- und Kulturministerium des Landes Piemont sowie die Bergbauernreferate der Provinzen Turin und Cúneo.

Ein Konzept wurde entwickelt, die Richtung festgeschrieben: vorhandene Infrastruktur als tragfähiger Grund, den Bergbauern alles, fremden Investoren nichts. Keine neuen Hütten oder gar GTA-Hotels, kein Wegebau, systematisches Umgehen touristisch voll erschlossener Berg- und Talbereiche. Bereits 1981 war, nach diesem Muster, eine erste Route in den Cottischen und Grajischen Alpen markiert, 1983 wurde die *Grande Traversata* zwischen Aosta- und Anzascatal freigegeben.

Heute reicht sie vom Gebiet südlich des Wallis bis nach Ligurien. Rot-weiße Farbstriche leiten Wanderer in 55 Etappen durch die vielfach menschenleere Westalpenkurve, täglich rund 900 Höhenmeter bergauf und bergab. Unterm Stiefel knirscht der Steinbelag alter Maultierpfade, auch das Geflecht halb vergessener Militärsteige und Römerstraßen gehört zur GTA. Übernachtet wird meist in einfachen Dorfquartieren (Posti Tappa), die nächste Wirtin mit dem dampfenden Nudelteller ist selten weit.

Der Weg also, ein hübsch gehäkeltes Panoramaband? Farbige Folge wechselnder Grat- und Gipfelblicke oder Spur zum Kern einer längst totgeglaubten Vergangenheitswelt?

Noch jedenfalls weisen die verlassene Alm und der hohle Hirtenschlupf, die windschiefe Mühle und der kalte Backofen, der wilde Weinberg und die bröckelnde Ackerterrasse auf das einst wie für immer geschlossene Zweckbündnis Mensch/Natur. In keiner anderen Alpenregion sind Dörfer ähnlich unverbaut geblieben, wirkt gewachsenes Bauernwerk so wenig museal, strömt der Zeitfluß langsamer als hier.

Doch die Idylle trügt. Armut und Überalterung prägen ihre Kehrseite. Das Schattenbild der piemontesischen Berge wird nicht vom Reiserummel erfaßt, staatliches und privates Kapital berühren nur zögerlich seinen Rand. Deshalb bleibt die GTA bis auf weiteres ein Parcours für Individualisten: französische Grenzgänger, vereinzelt Holländer oder Deutsche, ab und zu auch italienische Bummelanten als fröhliche Vor-Läufer einer gnadenlos motorisierten Nation.

Aufstieg zum Colle della Croce di Ferro (2558 m) zwischen Viu- und Susatal. Auch das Geflecht vergessener Römersteige wird durch die ‚Große Traverse‘ wiederbelebt.

Am Passo sottano di Scolettas (2223 m) in den Seealpen, Blick zum Becco Alto d'Ischiator: Umfassende Stille, so bald der Fuß stoppt.

Napoleonische Militärstraße hinter dem Colle di Tenda (Provinz Cúneo) – die GTA einmal anders.

La Grande Traversata delle Alpi erwartet sie alle. Ihre Wegbereiter brauchen Geld, damit sich die Substanz gefährdeter Siedlungen festigen kann und nicht talwärts kippt. Schon kommen stadtmüde Piemonteser zurück aus der Poebene in manche Heimatdörfer. Sie verstehen die GTA als eine umweltschonende Plattform für Landwirtschaft und Tourismus, sie gründen Kooperativen und erfüllen das totgeglaubte Erbe ihrer Väter mit neuem Leben.[1] Junge Bergbauern auf der Suche nach neuem Selbstwert am alten Platz – ein handgearbeitetes Wagnis.

Unmittelbar begreift dieses Experiment, wer die hohen Freiräume der GTA vom Anzasca- bis zum Tánarotal durchwandert: ohne Hast oder drückendes Gepäck, weitsichtig und hellhörig, lernbereit aufnehmend und kritisch prüfend. Der Weg verlangt Behutsamkeit mit Land und Leuten, er setzt Gespür voraus für den scheuen Charme vieler Bergbewohner im Spannungsfeld zwischen Lebenskampf und Resignation.

So wird die ‚Große Traverse' zum Erlebnis. Erst das Maß alltäglicher Schritte öffnet ihre Türen ins Grenzenlose und damit auch wieder zu uns selbst.

Säumer, Gold und Mückenschwärme

1. Tag: Von Molini zur Alpe del Lago

Piedimulera, das scharrt wie Maultierfüße. Dieses zierliche Wort gibt zu denken. Es schiebt uns, am Ort gleichen Namens, in den voll besetzten Linienbus und läßt nicht mehr locker. Wir kurven aufwärts im Valle d'Anzasca. Hupend nimmt der Fahrer Kehre um Kehre, bis die Karosse schwankt. Doch der Himmel ist nah. Hinter dunklen Walnuß- und Kastanienbäumen wächst ein Schneeschloß mit glänzenden Zinnen ins Blau: Monte Rosa mit der Dufourspitze, Europas zweithöchster Berg.

Pie'di Mulera ... Trippelnde Hufe, gleichmäßig wiegender Gang. Säumer und Schmuggler, mit Salzfracht und Weinfässern im Anmarsch zum nahen Moropaß. Auf der Spur sarazenischer Reiter, die bereits während des neunten Jahrhunderts das Wallis durchstreiften.[1] Sie querten den Grenzkamm und ließen der Schweiz seltsame Namen zurück: Almagell, Mischabel, Schams, Allalin. Aber auch Monte Moro, den Maurenberg.[2]

Später machte Aurum von sich reden, das große Gold, der Wettlauf um ein paar Gramm des gelben Staubs. Im hinteren Anzascatal wurden die Hänge durchwühlt, noch heute erinnert das Flurstück Piana dell'Oro daran. Mit den Gewinnen soll einst, in Piedimulera, ein Minenverwalter die eigenen Hausbalkone vergoldet haben.

Wirklichkeit oder Legende? „Nicht zu glauben", kommentiert der britische Alpenwanderer William Brockedon[3] kühl. Das von ihm mitverfaßte ‚Handbook for Travellers' (1858) meldet für den Ort an der Talschwelle einen Maultierverleih, wohlfeile Pferdekarren und Tragesessel – for ladies.[4]

Wir freilich, Kinder des *backpacking*, schleppen die Lasten der Gegenwart selbst. Südlich vom Simplonpaß, in der norditalienischen Provinz Novara, haben uns Bahn und Bus nahe Domodossola aus dem hitzeflimmernden Tal des Toce flüchten lassen: zwei stadtkranke Umsteiger, denen Stille und Ursprünglichkeit alles bedeuten. Mitten im kleinen Bergdorf Molini di Calasca schultern Hanna und ich die Rucksäkke, auf halbem Weg zwischen Piedimulera und Macugnaga.

Außer uns verläßt hier niemand den Bus. Der Monte Rosa läßt solche Distanz nicht zu. Seine

Erste Markierung: Anzabrücke bei Molini di Calasca.

eisverpackte Ostwand möchte aus nächster Nähe, wenigstens übers erhobene Bierglas hinweg, bewundert oder gefürchtet werden.

Der Gaumen brennt. Ein Bier, keine schlechte Idee! Aber wo zapfen? Zwar braust im tiefgeschnittenen Tal die Anza (d'Vischpu[5] auf walserdeutsch, wir werden von den frühen Siedlern noch hören), doch der Fluß erinnert nur an zwei volle Wasserflaschen im Gepäck.

Schon eilen die Gedanken dem Schlenderschritt voraus, tickern sie mit den Grillen im Gras um die Wette. Plötzlich weist ein erster blaßroter Pfeil nach links. Er hält am Geländer der schmalen Anzabrücke, was die Wanderkarte versprochen hat. Wir buchstabieren gleichzeitig: „G-T-A".

480 Meter zeigt der Höhenmesser. Hier also beginnt die *Grande Traversata delle Alpi* mit dem Steig hinauf zur Alpe del Lago.

Ein schwäbischer Schulmeister dürfte diesen Pfad nur knapp verfehlt haben: Albert Schott, Sprachforscher aus Stuttgart, der um 1840 das obere Anzascatal in hellen Tönen pries. Ihn begeisterten „der Weg unter starkduftenden Castanien, die Wiesplätze, die in ihrem Schatten gedeihen, mit Steinmauern eingefaßt ... auf Hügeln und Felswänden Capellen ragend, über den Strom Brücken in schönem Schwunge gewölbt."[6]

Gut zehn Jahre früher notierte William Brockedon in seinem Reisejournal: „Außerordentlich gefielen mir die Bewohner dieses Tals. Nur selten sah ich reizlose Frauen. Ihre feinen Gesichter und Formen, ihr ebenso heiteres wie unabhängiges Wesen und vor allem ihre beispielhafte Sauberkeit fesselten immer wieder meinen Blick ...“[7]

Die Alpe Camino (1438 m), ein noch nicht verlassener Weideplatz.

Wir verlassen den Steg. Noch eine kurze Wendung hinab zum Kirchlein mit dem klingenden Namen Madonna della Gurva. Wie ein Finger weist sein Glockenturm aus der Schattenzone ins Licht. Von hier aus soll es jetzt aufwärts gehen. Durchs Val Segnara, eine mit jungen Buchen begrünte Furche am Südrand des Anzascatals.

Trotz hochstehender Sonne ist unser Weg noch angenehm temperiert. Sonnenkringel huschen über Felsplatten, der Rio Segnara rauscht. Die Kompaßrose im Kopf dreht nach Südosten: plusminus 140 Grad. Mit dieser Marschzahl laufen wir los. Sie signalisiert Ordnung, Ankunft und Sicherheit.

Vier Schritte, ein Atemzug. Hanna keucht vor mir, ein Riesenrucksack auf zwei Beinen. Ihre Skistöcke klappern, mein Tritt poltert die Antwort dazu. Als wir so an zwei rhythmisch hackenden Holzfällern vorbeistiefeln, wird es still hinter unseren Rücken. Dann ist der erste GTA-Gruß zu hören, kehlig-verwundert: „Salve!“ Bald darauf hallen wieder Axthiebe im Hochwald, und die Handsäge hechelt.

Eine Stunde später, am Steilhang oberhalb der verlassenen Pozzettoalm, tun wir es ihr gleich. Verschwitzt stützen wir uns auf ein morsches Viehgatter. Völlige Stille, leichter Wind kommt auf, es riecht nach Rinde und Moos. Weiße Paradieslilien blühen, der Himmel ist fleckenlos blau. Hoch über den Baumwipfeln zieht ein Vogel seine Kreise ...

Wir steigen und steigen. Unsere Schatten werden länger. Im Hitzedunst schwimmt das schweizerische Grenzgebirge mit seinen Vorposten Weißmies und Pizzo d'Andolla. Die warme Brise schafft kein bißchen Kühlung. Frei, zwischen knarrenden Wetterfichten und trockenem Heidelbeerkraut, liegt auf einer Hochweide die Alpe Camino: Hundegebell, Ziegengemecker, säuerlich dumpfer Stallgeruch. Drei Hirten, zwei Halbwüchsige. Sie bepacken ein reglos stehendes Maultier mit Weinflaschen, Käse und Brot.

„Buona sera!“ Keine Antwort. Niemand blickt von der Arbeit auf. Nur ein paar Almköter, erdbraun und mit bedenklich blanken Zähnen, kläffen heiser hinter uns her.

Die höchste und hinterste Talstufe räumt schließlich letzte Zweifel aus. Sie löst ein, was der Geograph Werner Bätzing seinem deutschen GTA-Taschenführer als Nachtrag verpaßt hat: „Das Rifugio Alpe del Lago ist ... teilweise zerstört worden, so daß es derzeit nur als Notunterkunft zur Verfügung steht (Biwakausrüstung erforderlich).“[8]

Froh, für heute im Alpeggio (Alm, Almweiden) und damit am Ziel zu sein, werfen wir die Rucksäcke ab. Im Schatten der größten Hütte entdecke ich eine roh zusammengenagelte Bank. Kaum haben wir die Beine ausgestreckt, treiben uns Schwärme schwarzer Stechmücken ins Innere des Posto Tappa. Das Rifugio (Schutzhaus) erweist sich als Bruchbude: freiliegende Dachbalken unter zerfetzten Plastikplanen, leere eiserne Bettgestelle, ein rostiger Ofen, Müll. Die Sektion Macugnaga des Club Alpino Italiano hat hier noch viel zu tun.

Der Wassertopf summt. Draußen, zwischen den Ställen, kochen wir Suppe und Tee. Das erfrischende Bad im Bach schenkt uns wie den Mücken eine Pause, die Nachmittagsstunden verdämmern wir unterm Biwaksack. Zwischen Sumpfgras und Alpenrosen nisten Träume. Erst als der Abendnebel an den Gipfeln leckt, kriechen wir fröstelnd in unsere Hülle.

„Sie wollen sich waschen? Dort ist der Fluß!"

2. Tag: Von der Alpe del Lago nach Campello Monti

Feuchtes Erwachen. Im fahlen Frühlicht des Morgens fügen sich fünf Steinhütten, ein Talkessel, beißender Holzrauch und langgezogene menschliche Rufe zum Bild der Alpe del Lago. Aha, wir haben Nachbarn bekommen. Vielleicht Camino-Hirten? Ich ziehe die Schultern hoch, meine Zähne schlagen aufeinander. Kalt blinken Sterne am eisblauen Himmel – über Nacht hergewehter Nordlandzauber, arktische Stickerei.
Bis jedoch Hanna Schlafsäcke rollt und ich mit dem Kocher hantiere, sind ein paar Bergspitzen wie von selbst entflammt. Auf ihnen brennt die Sonne rote Richtfeuer ab. Sie gleichen Wegzeichen des Südens, Leuchttürmen in einem zu Stein erstarrten Meer.
Wir stehen und staunen. Der Kaffee ist getrunken, die Rucksäcke liegen bereit. Ein Sonntag Mitte Juli – er fängt an ohne Singsang und Glockengeläut. Unglaublich fern erscheint uns das Leben der Täler: verworren, inhaltslos. Stumm und steif stapfen wir dem Geröllhang über der Alpe del Lago entgegen. Lago? Nichts ist zu sehen. Auch die Karte hilft nicht weiter. Von einem See keine Spur.
Doch den Farbmarkierungen da und dort dürfen wir halbwegs trauen. Seit dem Start auf der Anzabrücke begleiten sie uns. Die hier gelb-roten Striche oder Tupfer sind oft knietief unter Gestrüpp versteckt und deshalb nicht immer zu finden. Uns freilich kümmert das wenig. Wir geben inneren Stimmen recht, setzen bei jeder Tour eine gewisse Nase fürs Terrain voraus und verlassen uns auf die Logik der idealen Anstiegslinie. So lange kein Wettervorhang fällt ...
Aber Petrus enttäuscht uns nicht. Wir haben Glück. Zumindest heute trägt uns dieser Morgen wie auf Samthänden. Die gut erkennbare Trittspur zur Uscioloscharte und weiter nach Campello Monti läßt gar nicht erst an Müdigkeit denken. Mit federndem Schritt tauche ich hinter Hanna aus dem Schatten ins Licht. Schon ist der Sattel erreicht zwischen Pizzo Camino (2148 m) und Pizzo della Rosole (2249 m). Wir nicken einander zu und lassen der Rundsicht freien Lauf.
Links, im Südwesten, erhebt sich das fast bis zum Scheitel begrünte Massiv der Montagna Ronda (2414 m). Daneben, deutlich weiter entfernt, zeigt die Mischabelgruppe ihre Visitenkarten: Allalinhorn und Alphubel, zwei ungleiche Eidgenossen über der Viertausendmeter-Grenze. Der eine eher schlank und mit felsigem Besatz, der andere unter mächtiger Eisdecke buckelnd. Im Osten dann das gestufte Vorgebirge des Lago Maggiore als zartblau zerfließendes Aquarell.
„... und die GTA?"
Hanna schirmt ihre Augen mit der Hand. Jenseits des Camino-Rossole-Grats fehlt jeder Hinweis auf die *Grande Traversata*. Es gibt nur wisperndes, windgepreßtes Gras. Wir greifen nach Karte und Kompaß. Der heutige Zielpunkt heißt Campello Monti (walserdeutsch: Kampel). Dieses ‚kleine Bergfeld' im oberen Stronatal wollen wir nicht bei Dunkelheit ansteuern. Oder am nächsten Tag. Aber es gibt ja den Biwaksack ...

Die Cama-Alm am Weg nach Campello Monti mit Monte Capio (2172 m).

Über der Alpe del Lago (links Punta del Usciolo).

Besenharte Zweige schlagen über uns zusammen, wir tauchen weg. Immer von neuem zwingt üppig wucherndes Unterholz zu Ausweichmanövern. Die Zeit verrinnt. Aber da – „Der Weg! Ich hab' ihn ..."

Wir folgen einer im Erlengebüsch kaum sichtbaren Fährte und stehen alsbald vor der Alpe Pian Lago: Leere Viehweiden, toter Rauchfang, kein Zeichen menschlicher Anwesenheit. Nur hinterm Stall im Schatten rührt sich etwas. Ein paar gleichmütig wiederkäuende Jungrinder wenden langsam die Köpfe. Sie glotzen uns an, als seien wir eben vom Himmel gefallen.

Langsamer Aufstieg zum Joch zwischen Punta dell'Uschiolo (Türleinspitze) und Cima Ravinella, Schritt für Schritt in der Vormittagsglut. Wir passieren La Balma, ein höhlenähnliches Almgehäuse.[1, 2] Beim Anblick dieses von grobem Mauerwerk umstellten Unterstands wird ein Kapitel alpiner Frühgeschichte lebendig. Jäger und Sammler, Nomaden ... Woher kommst du, Mensch?

„Buon giorno!" Ganz recht: gewöhnlich aus der Ebene. Ein dicker, glatzköpfiger Mann mit nacktem Oberkörper überholt uns, schweißnaß wie wir. Der Italiener ist, so berichtet er ungefragt, vor Sonnenaufgang im Ossolatal los-

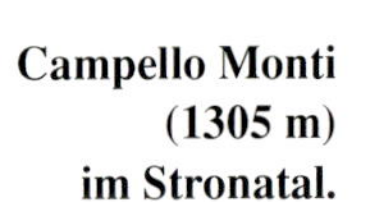

Campello Monti (1305 m) im Stronatal.

gelaufen und entkorkt jetzt die Rotweinflasche. Ob wir nicht, bitteschön, auch ...?
Nein, danke. Ich winke ab. Wir trinken Wasser beim Gehen. Wein schwächt nur – „il vino stanca“.
Er macht müde? „Dio mio ...“ Mein Gott, diese Fremden! Der durstige Wanderer lacht: „Vino, no. Acqua, si!“
Herb duftend und schwarz wie Holundersaft pullert der Inhalt einer Karaffe ins Glas. Barbera d'Asti ... Wie viele Liter hat uns die gebückte Großmutter schon serviert? Zwei oder drei? Hanna und ich prosten einander zu. Also dann: auf Campello! Wir sind ja lernfähig. „Vino-si und acqua-no“ heißt unser neuester Sonntagsspruch. Alles andere ist Beiwerk, Hintergrund, Nebensache.
Ein Albergo in Campello Monti, Haus Nummer drei. Es sitzt sich sehr bequem auf der Terrasse. Nur noch schemenhaft erfaßt unser Blick die Situation. Wir erahnen mehlweiße Frauenhände, die einen gewaltigen Pizzateig kneten. Holzscheite prasseln im Herd, südländisches Stimmenstakkato trommelt zur Begleitung, Kleinkinder quengeln. Irgendwo tobt ein Wasserfall. Der Torrente Strona? Mag sein.
Wir haben stundenlang ... Ach ja: Der lästige,

Die alte Dorfschule von Campello.

in die Knochen fahrende Abstieg vom Colle dell'Uschiolo bis nach Campello liegt hinter uns. Letzte Tagessplitter: Lago di Ravinella unterhalb der Scharte, palavernde und ballspielende Ausflügler, Wolken über saftigen Bergwiesen, ein Gießbach in purem Türkis. Jetzt endlich ist Feierabend. Rucksackmonster, klirrende Stöcke, heißgelaufene Fußsohlen – alles kein Thema mehr.
Als wir satt am Tresen der ‚Vetta del Capezzone‘ lehnen (ein Kind hat uns gerade mit todernster Miene den Schlüssel zum Posto Tappa überreicht), meldet Hanna ihren Abendwunsch an: „Lavabo ...“ Die Wirtin schüttelt den Kopf und deutet dann ungerührt nach draußen: „Sie wollen sich waschen? Fiume! Dort ist der Fluß!“
Vor unseren weit geöffneten Fenstern, in der alten Grundschule, rollen Bocciakugeln. Es kluckert und klickt auf der kurzen Betonbahn. Mädchen kichern, ab und zu tönt eine Männerstimme, am Nachthimmel hängt die Mondsichel wie ein senfgelber Scherenschnitt. Wir sinken aufs Matratzenlager. Nebenan wird schon geschnarcht.
Halb im Schlaf schon fällt mir der Name Augusto Riolo ein. Er war der letzte, einsame Dauerbewohner von Campello und starb 1980 als 86jähriger Bergpatriarch. Seither belebt sich das Dorf nur noch während der Sommermonate – ein Saisonplatz auf Abruf.

Pose dei Morti – am Rastplatz der Toten

3. Tag: Von Campello Monti nach Rimella

„Der Morgen war köstlich und die frische Bergluft doppelt süß und ermunternd nach unserem Nachtquartier ... Selbiges hatte so muffig und leichenähnlich gerochen, daß es uns kaum mehr als annehmbar erschien."[1]
Dokument aus der Frühzeit bäuerlicher Gastfreundschaft oder *sense of humour* eines Gentleman namens Samuel King? Wie auch immer: Tagebuchseufzer solcher Art, zumal am englischen Stehpult ins Reine geschrieben, wirken heute wohl nur noch bedingt aktuell. Campello Monti also sieht uns bei Tagesanbruch vor die Tür des Posto Tappa stolpern, ungewaschen und ohne Kaffee im Bauch. Als wir neben der Kirche kaltes Quellwasser schlürfen, schlägt es sechsmal vom Turm.
Wenn nur die Stiefel nicht drückten ...
„Angenehm" sei unsere nächste Etappe, war im italienischen GTA-Führer zu lesen. Tatsächlich: schon nach 20 Minuten mühelosen Steigens ist die Alpe del Vecchio (1465 m) erreicht. Von ihr aus öffnet sich der letzte Bilderbuchblick hinab nach Campello, „das an einer steil fallenden Wand über dem Strona zu hängen scheint. Obwohl durch einen Gebirgsgrat von der Gemeinde Rimella getrennt, blieb es jahrhundertelang mit ihr verbunden."[2]
Beide Siedlungen wurden im Spätmittelalter als Wohnorte der Walser gegründet. Diese genügsamen Hirten waren ins Oberwallis eingewandert und von dort aus nach Süden weitergezogen. Sie folgten dem Ruf ihres lombardischen Grundherren Gottfried de Biandrate, rodeten jeweils den obersten Talboden und zimmerten Holzhäuser. Die Kolonisten zeugten ungewöhnlich viele Kinder und hielten ebenso zäh wie freiheitsbewußt am kulturellen Erbe fest: *alemani ultramontanei*, Deutsche (von) jenseits der Berge.
Mittlerweile, nach 700 Jahren, sind die seltenen Walserinseln in Piemont fast nur noch historisch

Alpe Pianello (1801 m).

bedeutsam. Trotz gut gemeinter Rettungsversuche (etwa durch Deutschkurse in Alagna/Valsesia) gibt es für die Sprache der Vorväter keine Zukunft mehr: „Ds jung Volch ... die waljen nimmeh schwätzu dytschu – dos ischt e Schünd! Uber es Zytli geid verlourni die dytschi Zunge ...“[3]

Himmel ab: Bocchetta di Campello oder Strönerfurku, der 1924 Meter hohe Paß. Er trennt zwei piemontesische Provinzen (Novara und Vercelli) und markiert zugleich die Wasserscheide zwischen Toce- und Sesiafluß.
Einmal mehr begleitet uns hier Sir Samuel, zur

San Gottardo (1329 m) über Rimella. Hier siedelten schon im 13. Jahrhundert Walser aus dem schweizerischen Saastal.

Erst weicht die Rede, dann flieht der Mensch. Vor allem abgelegene und schwer zugängliche Walserdörfer wurden systematisch verlassen. Dichtes Buschwerk beginnt sie nun einzuwikkeln, um ihre Mauern pfeift der Wind. In manchen Weilern hausen heute, weltentrückt, gerade noch drei oder vier alte Leute – und auch die bloß während der Sommerzeit.[4]
Mit engen, ausgetretenen Kehren führt die Mulattiera (Maultierweg, Saumpfad) über eine Steilstufe zur Alpe Scarpia (1693 m). Wir rasten an einem Wasserfall und spülen die Nacht in der Dorfschule weg. Gemächlich trottet ein Esel daher. Er taucht seine Schnauze ins Bachbett. Irgendwann hebt er den Kopf, spitzt seine Ohren und schenkt uns einen Blick.
Auf feuchtem Moos blüht hellviolett das Gemeine Fettkraut, die fleischfressende Blume mit dem ordinären Namen. Über und hinter ihr zeichnet sich fadendünn ein Kreuz gegen den

Mitte des 19. Jahrhunderts samt Ehefrau und Maultier ‚Mora‘ unterwegs nach Rimella im Landwassertal: „Wir hatten (dort oben) keine besondere Aussicht erwartet. Deshalb war unser Entzücken um so größer, als wir die majestätische Gipfelflucht des Monte Rosa erblickten – von der Vincentpyramide bis zum Nordend mit nicht wiederzugebender Anmut ins tiefblaue Firmament gereckt.“[5]
Bei den Hütten der Alpe Pianello steht eine in schwarzes Wolltuch gekleidete Frau. Sie späht durchs Fernglas, wir folgen ihr und suchen die Horizontlinie mit geologischer Neugier ab.
Das Gebirge der Penninischen Alpen besteht vorwiegend aus hartem kristallinem Gestein. Entsprechend markant sind Grate und Gipfel sowie die meist nicht sehr langen, oft verwinkelten Täler. Sie reichen, scharf gefurcht, von der oberitalienischen Tiefebene nach Nordwesten in die sich jäh erhebende Bergwelt hinein –

ein mit Kulturschneisen schraffiertes Ödland, das menschlichen Siedlungsdrang weniger fördert als hemmt.
Die Walser freilich scherten sich nicht darum. Sie waren genügsam und wetterhart. Auf sanft geschwungener Wegspur, vorbei an den Almen

Posto Tappa von Rimella (1181 m).

Werch und Wan, nähern wir uns einem ihrer ältesten Stützpunkte in Piemont. San Gottardo (1329 m), das frühere Rondo, ist auch heute noch ganzjährig bewohnt und nicht durch Autos zu erreichen. Der baumbestandene Platz am Enderwasser (= anderes Wasser) wurde anno 1255 von Bauern aus dem schweizerischen Saastal urbar gemacht. Ein Pergament des Inselklosters San Giulio im Ortasee nennt die vergessenen Namen: Johannes de Terminio, Peter und Wilhelm von Balma, Anselmo del Monte.[6]
Während seines Abstiegs von der Bocchetta wurden Samuel King in Rondo gut erhaltene Mauerreste als Urzellen der Walserpioniere gezeigt. Gegen 1890 gab es dort noch „eine erkleckliche Zahl von Holzhäusern“, wenn auch „der Einfluß des Italienischen (schon) sehr klar zu Tage“ trat.[7]
Erfrischt durchs Halbdunkel hoher Buchen und Bergfichten streifen unsere Blicke das im Mittagslicht schimmernde Dachmosaik des Dörfleins Gottardo. Dort unten, am Südhang, schläft eine versteinerte Welt. Kein menschlicher Laut stört die zeitlose Ruhe. Beim Weitergehen erinnert, nahe dem Flurstück Obru Balme, ein Steinsockel mit Holzkreuz an die ungezählten Leichenzüge zwischen Campello Monti und dem nächsten Friedhof überm Nachbartal: ‚Pose dei morti campellesi trasportati a Rimella fino all'anno 1551, 21. Aprile. R.I.P.‘[8]
Aber nun Rimella (Rémaljo), die breit gestreute Walsersiedlung ... Das *Oberdöörf* überrascht mit ein paar sonnengeschwärzten Holzgebäuden, auf steilen Wiesen und hinterm Maschendraht der Bauerngärten brennen karminrote Feuerlilien wie kleine Fackeln.
Den 1181 Meter hoch gelegenen Hauptort Zer Chilchu (walserisch: Kirche) nennt die italienische Karte Chiesa. Er wird gerade vom Postwagen angesteuert. Ein humpelnder Briefträger lotst uns durch enge Gassen zum Tagesziel. Der ‚Albergo Fontana‘ empfiehlt sich als „freundliches, reinliches Wirtshaus mit erquickender Fleischnahrung und guten Weinen“[9], doch im Posto Tappa herrscht Spinnweb-Anarchie.
„Scusate!“ ruft eine handfeste Signora und eilt mit dem Besen zum Tatort. „Entschuldigt – vor zwei Wochen waren die letzten Wanderer hier ...“ Unsere Gastgeberin schließt wenig später ihren Negozio (Dorfladen) auf und wickelt dort Schätze in braunes Papier: Salamiringe, Käsehälften, Pfirsiche, Tomaten, Schokoladenriegel und Brot. Dann braut sie Kaffee und serviert ihn mit der besorgten Frage: „Dschi-ti-à, gutt?“
Gegen Abend erkunden wir den Weiterweg hinab zur Urwaldschlucht des Landwassers. Am Rand der Asphaltstraße reifen wilde Erdbeeren. Ortsschilder mit Beiwörtern wie *nidru* (für ‚unteres‘) und *obru* (für ‚oberes‘ Dorf) deuten auf den Walserstamm. Eine alte Frau hat unsere „dütscho Spallo“ (Sprache) erkannt und grüßt in gutturalem Berglerdeutsch. 14 Weiler, erzählt sie, gehören zur großen Gemeinde Rimella. Aber viele seien *abandonato*, verlassen.
Noch lange hocken wir auf der Treppe vor dem Eingang des Posto Tappa, einem dickleibigen früheren Schulhaus unterhalb der Kirche. Unsere Wäsche flattert im Wind, wir lassen Rémaljo wirken:
„Diese Lage ist die gesuchteste, der Sonne und der Sicherheit wegen ... Was am meisten zu dem eigenthümlichen Gepräge der Landschaft beiträgt, ist, daß jene Bergzüge, die eine Thalschlucht von der anderen scheiden, großentheils mit einem keck emporsteigenden Kegel enden, als wollten sie vor dem Absturz ins Thal noch einen letzten Anlauf nehmen ...“[10]

„Kain Probleme, main Froind" in der Trattoria

4. Tag: Von Rimella nach Santa Maria di Fobello

Mattbraun in Sepia gemalt empfängt uns der Morgen. Wir wischen Kaffeespritzer und Brotkrumen vom Tisch, schnüren die Stiefel und brechen auf. Rimella liegt noch im Schlaf. Alle Fensterläden sind fest verschlossen, unsere Schritte schlurfen bergab. Erst als wir die unteren Häuser von Chiesa passieren, wird ein Hahn wach und kräht.

Die Mulattiera verliert sich bald im Dämmerlicht des Landwassertals. Am dicht mit Eschen bewachsenen Gegenhang erkennen wir gerade noch silbrige Steindächer, Rauchkringel und zwei mausgraue Kirchturmspitzen. Der Tagebuchtext unseres Vor-Gängers Albert Schott scheint unverändert gültig zu sein: „Jedes Fleckchen ist benützt, aber trotz des nicht bedeutenden Umfangs der Gemeinde (Rimella) sind sich die meisten der Weiler ziemlich fremd, weil der Weg nur durch tiefe Schluchten genommen werden kann und daher ungeachtet großer absoluter Nähe die Entfernung oft Stunden beträgt."[1]

Mit wievielen müssen wir heute wohl rechnen? Das warme Wetter läßt eher fünf statt drei erwarten. Bereits beim Anstieg aus dem Talgrund (1010 m) nach Roncaccio inferiore rinnt uns der Schweiß in Streifen über Gesicht und Hals. Frisch gemähte Wegränder weisen darauf hin, daß in Roncaccio *nidru* oder dem Oberdorf (R. superiore) noch Menschen wohnen.

Mit Roncaccio *obru* betreten wir ein Geisterversteck. Hinter jeder Biegung des gepflasterten Dorfwegs trifft uns das Alte mit schlichter Eindringlichkeit. Kein Stein oder Balken an Haus und Stall verleugnet die formende Kraft der Erbauer, ihre Handschrift ist schnörkellos. Einige Hütten sind wie vom Fausthieb zorniger Riesen zerhackt, der Mauerschwamm nistet im Putz von Kirche und Glockenturm.

Überall rücken Brennesseln vor.

Solche Bilder prägen sich ein, zu ihrer Deutung brauchen wir weder Wanderführer noch Wörterbuch. Roncaccios Botschaft ist klar: Das soziale Gefüge liegt seit Jahrzehnten in Trümmern, der Herzschlag hat ausgesetzt, die tägliche Arbeit aller zum Wohl der Dorfgemeinschaft[2] gibt es nicht mehr.

Außer uns kommt und geht niemand. Der Ort ist verlassen, so gut wie tot. Nur auf besonntem Balkon sehen wir einen pfeiferauchenden Mann. Er gießt seinen Oleander und gibt freundlich unsere Grüße zurück.

Ich denke, weitersteigend, an das Walservolk. Den einst *Theutunici* oder *dütsche Lüt* genannten Siedlern werden bis heute Selbstbewußtsein, Wanderlust, Stolz und Wagemut bescheinigt. Die hochgewachsenen, hellhaarigen Männer und Frauen sollen sich niemals gescheut haben, „härter zu arbeiten und kärglicher zu leben als andere, wenn ihnen nur eines gewährt wurde: Freiheit."[3]

Die jedoch fehlte weitgehend auf den Pachtböden zwischen Lys- und Anzascatal. Nicht zuletzt bleibt es historisch zweifelhaft, ob die *alemani* vom 13. Jahrhundert an freiwillig über himmelhohe Pässe gezogen waren. Denn ihre lombardischen Herren schrieben der ‚deutschen Wacht am Monte Rosa'[4] eine langfristige Sicherung alpiner Restgüter zu. Sie setzten auf Ausdauer, innere Ruhe und Verläßlichkeit. Eigenschaften, die noch immer fürs walserische Wesen typisch sein sollen.

Roncaccio inferiore (1124 m) gegen Corno del Sole.

Rast im Schatten eines Maulbeerbaums. Hinter uns liegt der Anstieg zur Alpe La Res (1419 m). Ihre wellblechgedeckten Hütten gruppieren sich zu unseren Füßen im Wechselspiel von Sonne, Wolken und Wind. Wir atmen Stille und Heugeruch, Karthäusernelke und goldgelbes Fingerkraut sind unsere Nachbarn. Die Rundschau

Im Weiler Roncaccio superiore (1179 m): Kein Stein oder Balken an Haus und Stall verleugnet die formende Kraft der Erbauer.

reicht von Rimella-Oberdöörf im Osten bis zur blau schattierten Cima Colmetta über dem westlichen Mastallonetal.
In einer Gratsenke, am tiefsten Punkt jener Rippe, die vom Pizzo Nona (2241 m) zur Gabelung der beiden Mastallonebäche bei Ponte due Acque streicht, mäht ein Bauer sein letztes Wiesenstück. Er steht im hüfthohen Gras und führt die Sense mit gleichförmig sichelndem Schwung. Um ihn flimmert ein Schwarm bunter Falter. An der Tränke des Alpeggio stecken Kühe die Köpfe zusammen. Nur leises Geplätscher verrät, daß sie trinken.
Wie im Traum spazieren wir über luftige Weiden zu den Weilern Belvedere und Boco superiore. Wir hören vorm Kirchlein Sant'Antonio das „Salute!" eines wohlgenährten Priesters und spüren bei Riva wieder Asphalt unter den Sohlen.
Windstiller Mittag. Die Straße dehnt sich vor uns wie ein langgezogenes Spiralband. Von Fobello, der Heimat des Autozars Vincenzo Lancia, zieht sie durchs obere Mastallonetal. Der namengebende Bach schäumt hier flaschengrün, die Elektrizitätswirtschaft scheint ihn noch nicht verplant zu haben. Kurz vor Santa Maria di Fobello buckelt eine altersgraue Steinbrücke über den Wasserlauf. Im Garten bei der Kirche sitzen zwei Frauen und stricken.
Wir blättern in unseren Papieren. Posto Tappa von Antonella Giuliani? „Weiß nicht, gehen Sie weiter." Zu Antonella, bitte? „Ist tot", meint ein Nachbar und deutet an seine Gurgel. Die Giuliani habe sich kurz und heftig ins Grab gesoffen. „Aber nein", sagt eine Bäuerin am anderen Ufer des Torrente, „den Schlüssel zum Posto gibt's bei Signor Giacobini. Franco Giacobini unten in Fobello. Oder wollt ihr lieber auf Andrea warten?"
Erst jetzt fällt uns auf, daß wir vor einem Berggasthaus stehen – ‚Trattoria Rododendro', die Alpenrose: leere Weinflaschen im Hof, überquellende Abfallkartons, surrende Fliegen. Hundegewinsel im Inneren des Lokals und ein antiker Fiat, aus dem Benzin tropft. Wir angeln zwei Plastikstühle, heizen den Kocher und rühren Suppe an.
So zerbröseln die Nachmittagsstunden. Eintönig rauscht der Bach. Auch Santa Maria wirkt menschenleer. Hier gibt es keine GTA-Unterkunft. Wir werden heute unsere Schlafsäcke ausrollen und ...
Aber dann läuft alles ganz anders. Bei sinkender Sonne kurvt ein verbeulter Kombi daher, der Hund im ‚Rododendro' beginnt schrill zu jaulen. Andrea Bossi ist da: bärtig und rund, ein lachender Mann mit Farbspritzern im Gesicht. Er verdient sein Geld wochentags als Straßenmarkierer, befördert Farbtöpfe und rotweißrote Plastikhüte.
„Aber jaaa ..." Natürlich gebe es Platz bei ihm. Deutsch? „Kain Probleme, main Froind." Er habe vor Jahren als Koch in Deutschland und der Schweiz gearbeitet und verwalte nun den Posto Tappa von Santa Maria. „Könnt auch essen und schöne schlafen, hab Zimmer oben. Nich teuer. Alles kain Probleme."
Eine Karaffe, zwei Karaffen und drei. Der Wein schmeckt süffig, Andreas Pasta ist über jeden Zweifel erhaben. Wir kauen. Eine Uhr tickt. Die Schäferhündin Lilla liegt auf den Wohnzimmerdielen und fixiert uns aus wachsgelben Augen. Plötzlich macht sie einen Satz und springt knurrend nach draußen.
Zwei blasse, blaurasierte Carabinieri wollen im Hof unsere Pässe sehen. Sie deuten streng auf Andrea. Dieser Mann, wird erklärt, sei „gar nicht gut". Er habe nämlich keine GTA-Konzession, und überhaupt ... Andrea redet schnell und laut, gestikuliert, beginnt unvermittelt zu brüllen und fuchtelt mit diversen Dokumenten herum. Unheil im Blick (ihr werdet noch an uns denken!) zieht sich die Staatsmacht zurück.
Doch ihre Prognose bleibt Schall und Rauch. Niemand krümmt uns ein Haar. Gastgeber Bossi verkörpert rundum die leibhaftige italienische Mamma. Spät nachts finden wir unser Lager im ersten Stock, ziehen die Stiefel aus und kippen dann schwerelos weg. Kain Probleme, main Froind, in Santa Maria.

„Ciao Lilla, salve Andrea!"

Viehtrieb auf der Alpe La Res (1419 m).

Geh weiter, Zeit, bleib stehen...

5. Tag: Von Santa Maria nach Carcóforo

Unser Klopfen weckt Andrea Bossi kurz vor sechs. Zehn Minuten später präsentiert er das Frühstück: weiche Panini, Butterwürfel, selbstgekochtes Aprikosenmus, zwei Schalen Milchkaffee. Ein klarer Morgen spiegelt sich in den halb geöffneten Fenstern der Wirtsstube, es riecht nach Speiseresten und kaltem Rauch. Im Hintergrund gurgelt der Mastallone.
Andrea antwortet verschlafen auf unsere Fragerei. Vor zwei Jahrzehnten, gähnt er, hätten etwa

Noch überraschend vielfältig ist die Flora in den Penninischen Alpen: Spinnweb-Hauswurz (oben) und Knabenkraut (rechts).

70 Menschen in Santa Maria gelebt. Heute seien es gerade noch elf. Auch während der Wintermonate? „Si, natüalich. Schwer is das. Dunkel und viele-viele Schnee ..."
Einer dieser ‚Letzten dort oben'[1] saß gestern abend in sich gekehrt auf der Fensterbank, zahnlos und mit weinschwerer Zunge. Wir versuchten sein Kauderwelsch zu entwirren und konnten nur so viel verstehen: Dieser Mann übersetzte das Wort *Germania* mit *Konzentrationslager Landsberg am Lech.*
„Ciao", rufen wir gegen halb sieben. „Ciao Lilla, salve Andrea!" Der Straßenmarkierer und Padrone steht am obersten Treppenabsatz, neben ihm hockt die Hündin. Er krault sie hinter den Ohren und winkt: „Kommt mal wieder, okay?"
Unser neuer Tag beginnt mit tiefen Atemzügen. Die ersten Schritte auf dem Karrenweg zum Weiler La Gazza erfordern keinerlei äußeren Antrieb, wir sind froh gestimmt und fühlen uns fit. Vor der Trattoria werden zwei Esel beladen: in Stroh verpackte Rotweinballons und prall gefüllte Brotsäcke für die Leute der Alpe Baranca.
Der Saumpfad dorthin, auf dessen Steinspur wir bald wechseln, erschließt ein mit Hütten betupftes Trogtal nordwestlich von Santa Maria. Seine Gipfel leuchten orangerot, gelb und ockerfarben. Links Il Cimone über den Quellgründen des Rio delle Piane, rechts eine Erhebung namens Pizzo del Moro. Dazwischen speist der Barancasee den Sturzbach des jungen Mastallone.
Die ihn säumenden Weiden sind bereift. Fernes Hundegebell deutet auf bewirtschaftete Almen hin, doch Rückzug und Verfall sind auch im Bergland von Fobello keine Ausnahme mehr. Eine ganze Hirtenkultur ist unter das Räderwerk des ‚Fortschritts' geraten. Ihr Grabspruch, unge-

lenk an rissige Hausfassaden gepinselt, heißt ‚vendesi' (zu verkaufen).
Über einen Steg queren wir zur orographisch[2] rechten Bachseite und folgen der allmählich ansteigenden Mulattiera. Das Barancatal liegt noch im Schatten, kühle Abwinde verfangen sich zischelnd im Erlengebüsch. Irgendwann überholt uns der kleine Eseltrupp. Ein Hauch von Lederzeug, Schweiß und Dung bleibt zurück. Aber schon bald sind die Düfte, der helle Hufschlag, das in Bärte gemurmelte „giorno" verweht.
Mit blaßgrünen Türen und schwarzen Fensterluken versteckt sich die Alpe Addiaccio Grasso unter einem haushohen Felsblock: Lawinenschutz zum Nulltarif. Breitblättrig wuchernder Knöterich zeigt überdüngte Böden an, doch auf den Wiesen weidet kein Vieh. In der höher gelegenen Alpe Baranca wird aber noch das Feuer geschürt. Aus ihrer Dachluke steigt eine blaue Rauchschnur zum Himmel.
„Der Pfad leitet steil auf die obersten Matten. Er passiert eine wilde Kaskade, kreuzt den Fluß beim Austritt aus einem Bergsee und erreicht rechts haltend in zehn Minuten die Bocchetta di Baranca genannte Paßhöhe."[3]

Carcóforo (1305 m) gegen den Pizzo Montevecchio.

Wir stehen auf den grünen Buckeln des Sattels. Um uns herum lärmen Kuhglocken, der See löst das Spiegelbild seiner Umgebung in abstrakte Muster auf. Keinen Steinwurf entfernt liegen die Gebäude der Alpe Selle (1824 m). Diese stattliche Alm ist nicht nur eine Bleibe für Hirten, Rinder und Ziegen. Dort können Wanderer einkehren, sie werden bekocht und sogar mit Betten verwöhnt. Halbpension koste, erklärt die Wirtin, zur Zeit 15 000 Lire – nicht viel mehr als das durchschnittliche Abendessen im Tal.
Auf einer Bank beim Brunnen wird kuhwarme Milch aus goldverzierten Schalen gesüffelt. Wir sehen zwei Eseln an der Tränke zu, streicheln einen Wolfshund und schließen die Augen. „Geh weida, Zeit, bleib steh!" Heute beginne ich diesen bayerischen Sinnspruch zu fassen. Ja, hier kann sogar die Zeit sich selber vergessen ...
Schulmeister Schott, der 1840 von Bannio im Anzascatal nach Rimella stieg, benutzte damals den östlich vom Col di Baranca gelegenen und gleich hohen Colle d'Orchetta (1818 m). Auch er probierte die Milch einer Alm und konnte seine schwäbische Sparsamkeit nicht unterdrücken: „Gastfreundschaft ... fand hier ...

Carcóforo – einst ein Walserdorf? Vermutet wird, daß sein Name auf das Wort *Kirchhof* zurückgeht.

keine statt. Der Verkauf war ganz wirthsmäßig eingerichtet, die Schüssel von diesem lilienweißen, schäumenden Labsal galt vier Soldi (Kreuzer).“[4]

Wir legen jeweils zehn Prozent des Preises für Halbpension in die Hand der Padrona und visieren den heutigen Höhepunkt an. Im weiten Linksbogen gewinnt der Weg die Bergmähder unterm Colle d'Egua. Auch dort sind wir, wie schon seit Tagen, allein. Mit jedem Schritt vorbei an Enzian und Gelber Küchenschelle wächst unsere Vorfreude auf den Blick ins folgende Tal. Schließlich erreichen wir gegen Mittag „einen Haufen Steine in der ‚Bocchetta', der engen Kerbe, die den Paß ausmacht.“[5]

Heftiger Wind schlägt uns entgegen. Die Hemden flattern. Eine Wohltat nach den letzten, schweißtreibenden Stunden!

Der Colle, Verbindungsglied zwischen den Zwillingen Il Cimone (2453 m) und Cimonetto (2480 m), präsentiert von neuem die aufschießende Monte-Rosa-Gruppe und den Gipfelkranz überm Tagesziel Carcóforo. Erstaunlich nah scheint der Weiterweg nach Rima im Sermenzatal: das Joch des Colle del Termo, die schwarze Pyramide des Tagliaferro – klingende Namen zur Wahl im Buch der Natur.

Von nun an geht es bergab. Die Almen Sellette und Egua, mit klobig gemauerten Lawinenabweisern in den Hang getrieben, sind aufgelassene Festungen im Grenzbereich menschlichen Lebens. Das „Khiäääh“ eines Greifvogels verstärkt noch den Eindruck totaler Verlorenheit. Zwei Vegetationsetagen tiefer winken die Nationalfarben Grünweißrot: das Rifugio Boffalora der CAI-Sektion Magenta zeigt Flagge.

Lichter Lärchenwald, rieselnde Bachläufe und Blumenmatten leiten in kurzweiligem Kreuz und Quer zu einer Aussichtskanzel über den Dächern von Carcóforo (1305 m). Minuten später sitzen wir im Schatten hinterm Balkongeländer der ‚Bar Valsesia'. Zwei *caffè corretto* (Mokka mit Traubenschnaps) runden die Ankunft ab. Jenseits des Torrente Egua, am Steilhang zwischen Birken und Haselbüschen, wird trockenes Gras zu Bündeln geschichtet.

Auch Carcóforo geht auf wandernde Walser zurück. Das Dorf zählt zu den kleinsten Gemeinden Italiens und liegt am Schnittpunkt dreier bewaldeter Täler im obersten Val d'Egua. Ein Rest von Frühzeit wird wach, als schleppende Schritte unsere Siesta verkürzen. Sie gehören einer älteren Frau, die Heu (walserisch: d'Hew-Burdi[6]) auf Kopf und Schultern zur Tenne trägt. Unterm Balkon des Ristorante bleibt sie stehen, lehnt sich an eine Treppe und atmet schwer.

Die Nachmittagsstunden sind von der Suche nach *la chiave* bestimmt – dem Schlüssel zur Tür unseres Posto Tappa. Dessen Betreuer Angelo Filosi ist vor Jahr und Tag stadtwärts gezogen, doch in Sergio Manettas Negozio haben wir Glück. Dort gibt es volle Proviantregale für leere Mägen. Wir werden höflich bedient und preisen (nach Pasta plus Wein im ‚Valsesia') die holzgetäfelte Nestwärme unseres Schlafraums nebenan. Ein frommer Wandspruch verkündet, was er seinen Benutzern zu bieten hat: *omnia*, alles.

Spuk vorbei, ein Vorhang fällt

6. Tag: Von Carcóforo nach Rima

Während der Nacht sind die Berge verschwunden. Sie haben sich in eine Nebeldecke gehüllt und bleiben unsichtbar. Unser erster Fensterblick gilt dem Campanile von Carcóforo, der Kirchturm steckt bis zum Helmrand im Dunst. Selbst die Glockenschläge klingen wattegepolstert: Eins, zwei ...

Beim vierten drehen wir den Schlüssel im Schloß, nach dem siebten stehen wir auf der Gasse vorm Haus.

Carcóforo ruht. Niemand bemerkt unseren Aufbruch. Dies ist weder der Ort und die Zeit geschäftig umlagerter Frühstückbuffets noch das Dorado modisch kostümierter Meilenfresser in Lila, Kiwi, Petrol und Pink. Wir sind allein mit dem Morgen. Nur der Strahl des Dorfbrunnens pullert monoton gegen die Stille an.

Gestern abend hat der Talschluß im Licht gebadet, ein frischer Westwind putzte den Himmel blank. Heute lastet Feuchtigkeit über allen Dächern. Das sonst so freundliche Holzbraun der Städel und Ställe wirkt stumpf.

Wir wandern langsam talaufwärts und folgen der *deviazione* zu einem gewissen Rifugio Massero. Diese mit rotgelben Pfeilen bezeichnete Umleitung soll, im Anschluß an Regengüsse und hohen Wasserstand, trockene Füße garantieren. Tut sie es? Uns ist das gleichgültig, denn die Karte gibt Rätsel auf. Der Weg in Richtung Colle del Termo müßte am orographisch rechten Rand einer Runse verlaufen, doch dort scheint rein gar nichts empor zu führen.

Kein Problem. Zwei Weitsprünge stellen die Sicherheit wieder her. Sie bringen uns rasch zum richtigen Kurs am anderen Ufer des Bachs. Wir erkennen dort die GTA an ihren vertrauten Symbolen. Es sind blasse, von Flechten zerfressene Farbkleckse mit der kaum noch lesbaren Leitziffer 112 und dem Zusatz ‚C. Termo‘.

Auch hier, im östlichen Grenzbereich des Naturparks Alta Valle Sesia (Hochsesiatal), sind die meisten Almen verlassen. Das brüchige Gemäuer der Alpe La Massa di sotto steht stellvertretend für ihr Ende. Aber wir wollen uns nicht mit Nachrufen aufhalten. Der Uhrzeiger kreist, die Zeit eilt voraus. Gut 1000 Höhenmeter trennen den Colle vom Dorf Carcóforo, das im grünen Lärchenmantel am Talende liegt.

Es ist feuchtwarm. Hosen und Hemden wirken wie aus dem Wasser gefischt. Wir keuchen dem fernen Verbindungskamm zwischen Corno del Tiglio und Cima Lampone entgegen. Ein sickerndes Nebelgewölk löst das andere ab. Zwergbirken und Erlengebüsch triefen vor Nässe. Jeder Laut wird im Waschküchenweiß gefangen und verschluckt.

Am Treppenaufgang der Alpe Trasinera bella (1925 m) hat sich vor Zeiten ein Mann in Stein verewigt. Sichtlich mühsam geritzte Lettern erzählen vom letzten Augusttag des Jahres

Alpe del Termo (2081 m) unter der Cima Lampone.

1819. Giovanni Giacometti war damals 26 Jahre jung und schrieb sich Gouani Gacometi. Sein Kollege Gusepe kam kürzer zum Zug mit einem Kreuz und dem Beiwort ‚Posto‘ (Platz, Stellung).

Hinweis auf die Wichtigkeit der Profession? Wir können darüber nur spekulieren. Uns bleibt auch verborgen, ob die beiden schreibkundigen Älpler aus Carcóforo stammten, das noch im 13. Jahrhundert eine Alm gewesen war[1] und um 1850 knapp 200 Bewohner zählte.[2] Möglich, daß Weideleute Sommer für Sommer von Rima her über den Termopaß zogen und ihre Tiere auf geschützte Nordweiden trieben. Eine Arbeit, die mit ziemlicher Sicherheit Frauenpflicht war. Denn Albert Schott bemerkt: „In allen diesen Alpen ist das Hirtengeschäft eine Sache der Weiber, und Mannsleute geben sich beinah nur

Rima (1411 m).

dazu her, wie sie anderwärts die Spindel oder den Kochlöffel ergreifen würden."[3]

Wie ein Adlerhorst schaut die Alpe del Termo (2081 m) unter den Nordabstürzen der Cima Lampone ins Tal. Dieser letzte menschliche Wachtposten, eine den Elementen preisgegebene Bastion, ist kein Platz für romantische Stunden. Wir finden dort wieder eine Balma, lose geschichtete Steine vor einem natürlichen Felsdach. Willkommene Höhlung in frühgeschichtlicher Zeit, und –

„Da, Gemsen! Ein ganzes Rudel!"

Hanna deutet auf einen mit Punkten übersäten Lawinenstrich. Ich greife zum Fernglas. Im schwankenden Blickfeld bewegt sich der halbe Hang. Steine kollern lautlos, dann löst sich das Bild im Wirbel jagender Dunstfetzen auf.

Wir arbeiten uns, ohne Weg, zwischen mürbem Geschröf und aufgeweichten Almböden zur jetzt gut erkennbaren Scharte hinauf. In Ritzen und Spalten blühen Soldanellen, indigoblaue Enziansterne und lila Primeln der seltenen breitblättrigen Art. Sie kommt nur in den Südwestalpen vor und krallt sich mit verzehrender Kraft ins Gestein.

Die Einsamkeit unserer Route hat hier nichts Liebliches mehr. Als wir gegen Mittag am Grat des Colle del Termo pausieren (2351 m, im Kartenblatt falsch eingetragen), zerrt der böige Wind an unseren Haaren. Ein paar Steintrümmer bieten notdürftig Schutz, immer wieder flackert die Flamme im Kocher und droht zu verlöschen.

Tausend Meter tiefer reißen für Sekunden zwei Wolkenlöcher auf und geben das sonnenbeglänzte Carcóforo frei. Dann ist der Spuk vorüber, ein Vorhang fällt. Wir sind wieder allein mit unserem Hunger nach Wärme, Licht und Geborgenheit.

So beginnt der Abstieg vom Termo. Er leitet in zahllosen Serpentinen nach Rima hinunter. Jetzt wandern wir in einem wie durch Milchglas beleuchteten Raum. Der Pfad, am Colle kaum sichtbar und bald wieder ausgeprägt, überrascht hinter einer Biegung mit dem ersten *Grande-Traversata*-Schriftzug seit Molini im Anzascatal. Das per Schablone auf einen Felsblock gesprühte Monogramm ist unverkennbar: GTA.

Nicht weniger auffallend sind die Häuser von Rima (1411 m, walserisch: Arimmu) im obersten Sermenzatal, „eine ganze Reihe hoher, elegant aussehender Gebäude mit Balkonen, Terrassen und kunstvoll gezierten Fenstergesimsen."[4] Dieses Walserdorf soll im späten 14. Jahrhundert durch Kolonisten aus Alagna gegründet worden sein. Es liegt „umgeben von kahlen, rauhen Bergen – so furchtbar steil, daß sie entschieden unersteiglich scheinen."[5]

Ein Wasserfall rauscht, in der Bar am Dorfplatz werden wir interessiert betrachtet. Beim Kaffee wiederholt sich das tägliche Schlüssel-Erlebnis, die Fragerunde zum Thema Unterkunft: „Negozio? Gibt es hier nicht. Auch kein Restaurant. Aber *la chiave, si*. Schauen Sie nach Signora Bea ..."

Die junge Frau ist ausgeflogen. Ihre Mutter, Rita Ferrara aus Vercelli, führt uns zum Posto Tappa im ‚Casa del Parco Naturale Alta Valsesia', dem schmucken Holzhaus der Nationalparkverwaltung. Rita versorgt uns mit Zwiebeln, Butter, Tomaten, Knoblauchknollen und Obst. Sie lehnt jede Bezahlung ab und macht den Abend im gemütlichen Posto zum Erlebnis.

Wir sitzen bis lange nach Sonnenuntergang auf dem Balkon überm Dorf. Etwa 20 Ferienbürger hausen hier während des ebenso kurzen wie intensiven Bergsommers, die deutsche Sprache (Arimmerditsch) hat für immer verspielt. Niemand benutzt sie mehr. Nur ein altes, von Mund zu Mund gereichtes Lied der Mädchen aus Rima erzählt noch vom Alltag des Wegeräumens und schildert die Knochenarbeit im Winter:

„Liabun Töchtre, do chems dr Schnee. Standat uf! Weegu! Standat uf! Weegu! ... Do chemt schen no meh ..."[6]

„… und eilt schnelleren Schrittes bergab“

7. Tag: Von Rima nach Sant'Antonio

Rima, Riß im Gebirg. Dieser Name paßt zur Topographie. „Weltfern und abgelegen, für viele Monate durch düstere Bergketten vom Sonnenlicht ausgeschlossen – mit einem Winter, der an diesem trostlosen Ort von November bis Mai oder Juni dauert“: so wurde die Walsersiedlung zwischen Termo und Colle Mud im 19. Jahrhundert beschrieben.[1] Noch während der fünfziger Jahre unserer Zeit „lag der Schnee (dort) elf Meter hoch, und die paar Bewohner blieben 40 Tage lang abgesperrt … ohne Brot.“[2]
Heute lebt Rima nur drei Sommermonate lang. Weder der ‚Albergo Tagliaferro‘ des weitgereisten Stukkateurs Piaru Axerio („in den Gesellschaftszimmern befanden sich kostbare Gemälde und ein Bechstein'scher Flügel … im Salon … strahlte alles von Goldspiegeln und Stuckmarmor“[3]) noch ein Dorfhandel fürs Nötigste haben die Landflucht überdauert. Sie sind Legende.

Aber unser Posto Tappa mit Kühlschrank, Herd und Dusche zählt zu den komfortabelsten Herbergen der GTA. Wir lassen ihn sauber zurück und ziehen leise die Tür hinter uns zu.
Wieder wölbt sich der Morgen seidigblau über den Gipfeln. Am kleinen Museum vorbei, das den Namen des Rimeser Bildhauers Dellavedova trägt (walserisch: Zurwittwa), führt die *Grande Traversata* als gepflasterter Maultierpfad südwestwärts bergauf. Wir wählen die Wegzahl 96 zum Valmontasca, dem Tal unterhalb des Sattels zwischen Monte Tagliaferro (Eisenberg/Ischamberg) und Corno Mud am Übergang nach Alagna Valsesia. Er ist schon von Rima her im Ansatz zu sehen. Führer, meinte vor hundert Jahren ein kluger Vereinsbergsteiger namens Halbfass aus Neuhaldensleben, seien hier „durchaus entbehrlich, da man den Einschnitt zwischen den Felsen stets vor Augen hat.“[4]

Die Vorco-Alm (2075 m) unterm Colle Mud.

Die Almen Valmontasca und Vorco (Forggu) liegen unter uns. Wir kauern im Schieferschutt vor der Lücke am Fuß des Tagliaferro, mit Wind und Wolken wie schon seit Tagen allein. Nicht mehr lange, und die östlichen Berge werden vom Dunst überlagert. Gegen Alagna hin färbt sich der Himmel weiß. Er läßt nicht viel Gutes erwarten.

Der Colle Mud (2324 m), durch Walser häufig begangen, dürfte auch die ersten Rima-Siedler gesehen haben. „Diese Scheidepunkte", hieß es noch während des letzten Jahrhunderts, „spielen im Leben der Thalbewohner eine nicht geringe Rolle. Wenn der Sohn in die Fremde entlassen wird, geben ihm die Eltern das Geleite und hier den letzten Segen; wenn der Wanderer heimkehrt und ... zuerst den Blick wieder auf die Bergspitzen und Matten seines Jugendlands wirft, so segnet er sich mit drei Kreuzen und eilt schnelleren Schrittes bergab."[5]

Wir, nicht halb so fromm, nehmen sein Beispiel als Aufforderung. Trotz alledem! Bis zum nächsten Posto Tappa (Sant'Antonio im Vognatal) steht uns noch ein langes Wegstück bevor. Vorbei am nahen Rifugio Ferioli, dessen Name in Acryl aufs Plattengeröll des Colle gesprüht worden ist. Mit dem Zusatz ‚0.10 Stunden'.

Doch diese Hütte wird nur an Wochenenden geöffnet, was uns reichlich Ruhe und Muße verschafft, die nächsten Almen Mud di sopra (Oubre Alpu),Venghi und Mud di mezzo zu betrachten. Sie „tragen heute alle italienische Namen. Das rührt zum Teil davon her, daß die einheimischen Männer sich um die Sennerei nicht mehr gekümmert haben und daß mit der Bindung der wenigen Frauen ans Haus alles Alpgelände ortsfremden italienischen Hirten verpachtet wurde."[6]

Immerhin: Oberhalb von Alagna (walserdeutsch: ds Lann[d] = Land, Talgrund) sind die hochgelegenen Weiden nicht überall verödet. Ihr bescheidener, doch desto wertvollerer Ertrag wird noch regelmäßig eingeholt und durchaus geschätzt.[7]

Unser Steig hinab nach Alagna, vor der Eis- und Felskulisse des Monte-Rosa-Stocks, krümmt sich in Windungen bis zum Weiler Ronco/ Rongg (von roncare = roden). Er endet bei Pedemonte, das seinem Namen ‚am Fuß des Berges' gerecht wird. Dieser Ort soll der älteste im Sesiatal sein. Eine Urkunde von 1302 nennt Pé de Moyt, das noch vor Alagna gegründet worden ist. Vermutlich durch Walserhirten aus Macugnaga oder des westlich benachbarten Lystals.

Am Colle Mud zwischen Rima (Sermenzatal) und Alagna (Valsesia).

„Mit unverhüllter Herrlichkeit" stehen die Monte-Rosa-Gipfel Spalier. Die Wucht ihrer Gegenwart „vermag das beredteste Wort nicht wiederzugeben; kehrt sie doch sogar der Phantasie nur in beglückteren Stunden auf Augenblicke zurück."[8]
Haben walserische Alpinisten vor ein, zwei Jahrhunderten ähnlich empfunden? Der Arzt Giordani, die Brüder Vincent, Josef Zumstein und Pfarrer Gnifetti? Oder Robert Lerch aus Gressoney? Der heute Vergessene kletterte im Karakorum und durchquerte den Kaukasus. 1890 erkundete er sogar die Flanken des Nanga Parbat im Himalaya – Jahre vor dem damals wie heute viel bekannteren Engländer A. F. Mummery.
Vergangen, vorbei. Die nußbraun am Hang klebenden Holzhäuser in Ronco und Pedemonte, das informative Walsermuseum von Z'Kantmud, der noch immer gegen die Berge hin deutsch beschriftete ‚Gasthof Monte Rosa' neben dem Kirchturm in Alagna[9]: *tempi passati.* Nichts kann verschleiern, daß ein dem flüchtigen Eindruck opfernder Stundentourismus auch das obere Valsesia erfaßt hat.
Der Fremdenverkehr tingelt an uns vorüber. Wir nehmen ihn als Staffage wahr. Zwei Kilometer nervtötender Asphalt und eine kaum unterbrochene Autokette genügen, um bei Riva Valdobbia den kleinen Fahrweg ins Vognatal wie ein Präsent zu begrüßen.
Unsere Geduld wird jedoch strapaziert. Der Aufstieg dehnt sich. Ein Glück, daß die alte Mulattiera zum Colle Valdobbia (und weiter ins Tal von Gressoney) der erst vor wenigen Jahren trassierten Straße immer wieder ein paar Kehren nimmt.
Wir pflücken Erd- und Waldhimbeeren, sehen den Sonnenball hinter heubepackten Hütten wegtauchen und wechseln auf einen staubigen Karrenweg. Mit Verwunderung werden die Ortsnamen im Val Vogna buchstabiert: Cà di Janzo, Cà Piacentino, Cà Morca ... Was steckt dahinter? Es ist *la casa*, das Haus der Walserbauern.
Eines dieser Gebäude, steingemauert, nimmt uns für heute auf. Neben dem Abtskirchlein von Sant'Antonio (1381 m) halten die jungen Wirtsleute Vaira ihre ‚Locanda Val Vogna' als Posto Tappa bereit. Sie bieten acht peinlich saubere Schlafplätze, eine warme Dusche und Hausmannskost.

Alagna (1191 m), seit dem 13. Jahrhundert von deutschsprechenden Walsern bewohnt.

In der Küche kräht ein Säugling, Geschirr und Töpfe klappern. Neben uns auf der Eckbank sitzt Ettore Manni, Italiener aus Chur in der Schweiz. Er ist vom Virus des GTA-Wanderns infiziert. Nicht der fruchtige Hauswein läßt seine Augen funkeln, sondern die Fülle aller Erlebnisse auf der *Grande Traversata* vom Rifugio Rivetti nach Sant'Antonio.
Noch ein Abendblick in Richtung Süden, zum Talschluß hin. Was wird uns morgen erwarten? Ein Nachbar häuft ohne Eile knisterndes Heu zu schulterbreiten Bündeln. Seine Pfeife qualmt. Sterne blinken über den erloschenen Gipfeln von Corno Rosso und Punta Plaida. Unverändert seit Menschengedenken.

Unverändert seit Menschengedenken ...

... stehen noch manche hochgelegene Dörfer und Weiler im nördlichen Umfeld der GTA. Sogar die alte Tracht von Alagna (rechts) wird nach wie vor als kulturelles Erbstück begriffen und nicht der oft bloß oberflächlich-folkloristischen Neugier eiliger Fremder geopfert.

Pedemonte bei Alagna um 1890.

Campello Monti heute – und 1880 (rechts).

Rimellas Hauptort Zer Chilchu vor 100 Jahren und jetzt (unten): Nur die Bäume sind gewachsen.

Carcóforo gegen Ende des letzten Jahrhunderts. Mittlerweile sieht es kaum anders aus.

Austriaci, Francesi und ein Engel mit Likör

8. Tag: Von Sant'Antonio zum Rifugio Rivetti

Ohne es zu ahnen, sind wir gestern in Cà di Janzo an einem kleinen nationalen Monument vorbeigelaufen. Der frühere ‚Albergo Alpina', heute Behindertenheim, schwang sich vor knapp zwei Menschenaltern zur Ersten Klasse auf: 1898 dinierte und schlief dort Italiens Königin Margherita von Savoyen, die sich sechs Herbsttage lang als Wandersfrau übte. Das offiziell verbreitete Ferienfoto zeigt Majestät mit Hofstaat auf der Altane des Hauses von Giovanni Favro. Sie lächelt und trägt einen Blumenhut.
Im Val Vogna hat sich seither nicht viel verändert. Dieses wie ein Ziegenhorn nach Süden gekrümmte Hochtal wirkt noch recht ursprünglich, wenn auch die bodenständigen Bauern selten geworden sind. Immerhin soll neuerdings das Bewußtsein für überlieferte Werte wachsen: Der Wirt unseres Posto Tappa legt ein Buch vor, das die erhalten gebliebenen Walserhäuser beschreibt.[1] Es stellt außerdem Almhütten, Mühlen, Kapellen, Backöfen, Brunnen und viele alltägliche Gebrauchsobjekte dar. Noch mehr Inventar dieser Art präsentiert ein *museo etnografico* in Rabernardo, 20 Gehminuten oberhalb von Sant'Antonio.[2]
5.30 Uhr, die klare Nacht weicht einem hellen Tag. Wir stehen vor der offenen Tür, ein frischer Wind weht ums Haus und wimmert im Dachgebälk der Locanda. Zwei Tassen *caffèlatte* sind geleert, weit sichtbar hebt und senkt sich die kalkweiße Mulattiera am Westhang des Vognatals. In wenigen Stunden wird es wieder heiß sein. Über der Baumgrenze erwartet uns ein langer, kräftefressender An- und Abstieg bis zum Rifugio Alfredo Rivetti des Club Alpino Italiano (CAI).
Während Bergfex Ettore vermutlich noch vom Monte Rosa träumt, den er als entflammter Liebhaber demnächst erobern will, wandern wir leichtfüßig ins hintere Val Vogna hinein. Peccia (Fichte) heißt der letzte Walserort auf dem Nord-Süd-Kurs der GTA. Seine sechs verwitterten Häuser gehören, regional bedingt, zum ‚Typ von Gressoney': Aus Stein besteht der Unterbau, die hölzernen Geschosse sind als offene Lauben mit umlaufenden Quergestellen verfugt. Auf den Stangen werden, ja nach Höhenlage der Weiler, Grünfutter oder Korn getrocknet.[3]
Nur Wäsche im Brunnentrog, gemähte Wiesen und Hundegebell verraten die Siedler von Peccia. Der Flecken, schon 1325 als Alpe La Peza erwähnt[4], schläft ungestört am Eingang zum Ende der Welt. Das dem heiligen San Grato geweihte Oratorio (Bethaus) hält Wacht über bemoosten Plattendächern, eine Gedenktafel erinnert an Giacomo Clerino.
Dieser Viehhirt war, achtzehnjährig, mit Napoleons Großer Armee durch Europa gezogen. Er wurde 1829 zum ersten Hüttenwart des ‚Ospizio Sottile' am nahen Valdobbia-Sattel (2480 m) gewählt und starb, von den Bauern als Weiser verehrt, in einer Lawine.[5]
„Kräckräckräck!" Der Ruf eines Tannenhähers holt uns zur *Grande Traversata* zurück. Zwischen den Gipfeln von Monte Palancà und Pala d'Erta blitzt die Morgensonne. Wir wandern am Grenzstreifen von Schatten und Licht, San Gratos Turm mit der kleinen Glockenstube wird schon beleuchtet. Rechts der alten ‚Franzosenbrücke' von 1800 schwenkt die Mulattiera zum Colle Valdobbia hinauf. Der Paß, höchster Punkt des einst vielbegangenen Handelswegs von Mailand nach Lyon, ist heute den Spezialisten der Einsamkeit vorbehalten.
Montata (1638 m) mit seiner Kapelle für ‚Madonna della Neve' aus dem 17. Jahrhundert schaut hoch über uns durch den schütteren Bergwald. Nicht zuletzt diese vier Sommerhöfe am Solivo-Bach haben ihre Geschichte:
Ende Mai 1800 sah das Dorf 2561 französische Infanteristen und Reiter des Generals Lechi passieren.[6] Seine Truppe war unterwegs vom Valdobbia nach Varallo, sie verfolgte im Eilmarsch ein österreichisches Heer. Für *austriaci* und *francesi* hatte Montata hintereinander je 20 Brote zu backen. Die *poilus* quittierten mit Gekritzel an der Kapellenwand, ihre Autogramme sind erhalten geblieben. Wie auch die Brandspur eines Großfeuers von 1899, dem nur zwei abgelegene der damals sieben Häuser entgingen – und die Wohnung für ‚Unsere liebe Frau zum Schnee'.
Wir vermissen es heute, dieses flockige Weiß, während unserer Durststrecke auf den mit Steintrümmern gespickten Grasböden im oberen Val Vogna. Hanna bleibt stehen, sie deutet in

Der Weg. Als uralte Mulattiera führt er vom Übernachtungsplatz Sant'Antonio ins Val Vogna hinein.

Das Kirchlein San Grato, ein Bethaus (oratorio) bei Peccia im Vognatal.

die Runde. Mein Blick folgt faul ihrer Hand. Nur ein paar wie Quarzadern glitzernde Bäche oder die gelbroten Blüten von Mauerpfeffer und Alpenklee lockern das von wilder Urkraft geformte Landschaftsbild.

Wir steigen weiter und wollen nicht rasten. Als lautloser Nachhall bleiben in unseren Köpfen die Namen der hier ihrem Schicksal überlassenen Almen zurück: Buzzo, Buzzetto, Pioda di sotto e di sopra, Camino, Maccagno ... Nein – auch auf sie wartet keine lohnende Zukunft mehr.

Erst am Ufer des Lago Nero entwirrt sich unsere eigene Lage, wird die nicht überall deutlich markierte Wegführung bis zur höchsten Etappenquote klar. Passo Maccagno, 2495 Meter hoch: Durch ein wüstes Geschiebe tischgroßer Felsblöcke turnen wir mit heißen, pochenden Pulsen hinauf. Dann, gegen Mittag, ist der Grat gewonnen. *Finalmente!* Endlich wird die Schinderei eines halben Tages belohnt.

Es beginnt zu tröpfeln. Die Dusche kommt gerade recht, sie weckt den schlummernden Appetit. Nur kurz nehmen wir Notiz vom Monte-Rosa-Firn, der am Nordhorizont hinter Nebelschleiern zerfließt. Auch das splittrige Schrofengelände des Monte Cossarello zur Linken wird wenig beachtet. Wir kauen und schlucken, bis die innere Waage sich auspendelt. Erst dann hat unser Tag wieder Form und Bestand.

Steil zickzackt der Weg auf grasdurchsetzten Bändern hinunter zum Colle Lazoney. Wir verlassen für zwei Stunden das Land Piemont und spazieren, am Abzweig ins Lootal vorbei, über versandete Weidegründe der ‚Autonomen Region Aostatal'. Ein letztes Mal macht hier die italienische Kartographie mit den Walsern gemeinsame Sache: Loamatten, Mittelkreiz, Stadely, Wald oder Steina heißen fünf tiefer gelegene Almen rundum. Auch Gipfelnamen wie Taillespitz, Weissweib und Monte Kick verschweigen ihre deutschsprachige Herkunft nicht.

Vom Lazoneysattel aus bietet sich bald ein neues Bild. Hinter mannshohen Steinmalen wogen die Talnebel. Donner grollt im Südwesten. Wir stiefeln schneller. Werden wir trocken ans Ziel kommen? Rot-weiße Farbtupfer, jetzt wieder reichlich aufs Blockwerk gekleckst, kündigen das nahe Rifugio an. Gerade noch spitzt der dunkle Dreikant des Monte Nery (3075 m) durch die rasch steigende Wolkendecke, als am Colle della Mologna grande das Unwetter zuschlägt.

Dort unten ist es zu sehen, das Schutzhaus! Klein und mit grauem Blechdach auf einer geröllbedeckten Rampe. Ich hebe die Kamera. Sekunden später schieben Nebeltüren das Guckloch zu, und der Himmel lädt seinen seit Stunden gestauten Grimm über uns ab.

Triefend naß stranden wir vorm Rifugio Rivetti (2201 m). Im schlecht gelüfteten Gastraum hocken 30 oder 40 Leute aus dem Tal wie Hühner auf der Stange. Sie starren uns an, als seien wir geradewegs vom Everest abgestiegen. Doch abends ist dann die CAI-Hütte leer. Wir löffeln Minestrone. Immer noch einmal spendiert der wackere Wirt Angelo Mottino ein „letztes" Glas Génépy. Dieser Likör wird aus dem Berggewächs *Artemisia glacialis* (Gletscher-Edelraute) gezaubert, er ist ein Verführer.

Salute ancora, Herr Engel! Wir lächeln uns in die Nacht hinein. Auch wenn der Regen wieder und wieder gegen die Fenster drischt.

Zu Gast bei den lächelnden Frauen des Herrn

9. Tag: Vom Rifugio Rivetti nach San Giovanni

„Ich hebe meine Augen auf zu den Bergen ..." Dieser wie für Alpinisten geschriebene Psalm fällt mir ein, als wir bei Morgengrauen in unsere Stiefel schlüpfen. Auch der Felskopf überm Rifugio trägt den dazu passenden Namen: Punta Tre Vescovi, Drei-Bischöfe-Spitze. Er kennzeichnet die Nahtstelle der hier sich begegnenden Diözesen Aosta, Novara und Biella.[1]

Noch bevor wir das Wetter testen (schwülwarmer Dunst bei hoher Luftfeuchtigkeit), steht unser gemeinsames Vorhaben fest.

Hanna: „Bei den Nonnen ist der erste Ruhetag fällig!"

Ich stimme zu und entwerfe ein sanft ermunterndes Wunschbild. Es besteht aus schattigen Wandelgängen, einer Zelle, freundlichen Ordensfrauen und zwei Eßplätzen am langen Tisch des Refektoriums. Kurz: Das Kloster San Giovanni d'Andorno, sechs Stunden von der Rivetti-Hütte entfernt, wird unser Posto Tappa sein.

Wir wollen dem Fluß dieser letzten acht Tage ein Wehr des Verharrens entgegensetzen. Wir suchen eine Phase der neuen Lebensraum schaffenden Sammlung. Etwa so, wie Bergbäche dann und wann stille, blaugrüne Teiche bilden, um danach ihren Weiterweg desto leichter zu finden.

Die *Grande Traversata delle Alpi* schleust uns heute mit raschem Höhenverlust bergab. Es geht nach Süden in Richtung Cervotal. Die oberen Almen im Bannkreis der Bischöfe, Lavazei und Pianel, werden bewirtschaftet. Pianel (1743 m) wirkt zwar arg ramponiert, doch die prähistorisch angelegte ‚Balma' (hier ein Ziegenstall unterm Fels) ist noch gut zu erkennen. Der gebeugt stehende Hirt erwidert mit kurzem Nicken unseren Gruß. Er scheint Fremde nicht für Exoten zu halten – auch wenn manche von ihnen bunt wie Kasperlfiguren durchs Gebirge hüpfen.

Wir steigen ab. Die schweren Rucksäcke geben Schub. Auf der breitgepflasterten Mulattiera kommen uns einzelne Grüppchen und dann ganze Karawanen schwitzender Wanderer entgegen. Wir wundern uns über das Treiben, doch bald macht der Wanderwurm Sinn: Sonntag, Ausflugstag ...

Erst im Parco Janutolo von Piedicavallo (1037 m), einer bescheidenen Grünanlage mit Büschen und Bänken am Cervobach, wird uns das Maß der Touristenschlange bewußt. Mindestens 100 Autos haben den Ort bereits abgeriegelt, doppelt so viele rücken im Schrittempo nach. Urahne, Großmutter, Mutter und Kind schwärmen an- oder aufgeregt unter männlicher Führung zum Picknick aus. Kühlbox und Grill werden, wenn irgend möglich, in Sichtweite der noch betriebswarmen *carrozza* plaziert: Natur pur *all'italiana*.

Wir knabbern belustigt an Hartwurstscheiben und geben uns dem Getümmel hin. Seine Kehrseite: Auch im 23 Kilometer langen Tal des Torrente Cervo ist die traditionelle Land- und Waldwirtschaft am Ende. Viele Bewohner pendeln zur Industriestadt Biella, die Sogwirkung der Ebene hat sich durchgesetzt. Doch dabei soll es nicht bleiben, denn in Piedicavallo wird gegengesteuert. Dort läßt eine Forstgenossenschaft brachliegendes Kulturland zum symbolischen Niedrigpreis verpachten, damit junge Leute in den Spuren der Alten Fuß fassen können.[2]

Rifugio Rivetti (2201 m) unter der Punta Tre Vescovi.

„... und was schmeckt besser: tief oder hoch?"

Für uns wird es allmählich Zeit, die passende Wahl zu treffen. Mit dem Bus, talwärts zur nächsten Gemeinde Rosazza, könnten wir den knurrenden inneren Schweinehund streicheln (und die Etappe um drei Gehstunden verkürzen). Das Auf und Ab über den Grat der Selle di

Rosazza indes würde für Neugier, Spannkraft und Entdeckergeist sprechen. Was also tun? Keine Frage. Wir buckeln die Rucksäcke. Schon schließt sich hinter uns ein schattiger Mischwald aus Eschen und Buchen.
In weitausholenden Schwüngen zieht die Wegtrasse erst durch den Buschsaum und dann über steile Geröllhalden zur Schulter der Selle empor. Während wir uns alle paar Meter mit Heidelbeeren vollstopfen, räuchert Nebel um den Berg: absolut keine Aussicht auf Sicht! Oben am Scheitelpunkt jedoch, nahe einer aus stahlgrauem Granit erbauten Kapelle, knattert das Staunen des Tages im Wind – eine Fahne Boliviens in den Farben Rot, Gelb und Grün.
Ein hagerer Mann mit indianisch geschnittenen Augen werkelt am Materiallift und erzählt uns in schwer verständlichem Italospanisch drei Takte aus seinem Leben. Der Vater sei Italiener gewesen, die Mutter Bolivianerin. Er selbst habe jahrzehntelang bei den Indios in Cochabamba gehaust und gearbeitet, bewohne nun aber hier („warum nicht") samt Großfamilie das seit einigen Winterstürmen schadhafte Almgehäuse La Sella. Und die alte Heimat im Kordillerenstaat? „Purtroppo è finito." Leider verschwunden, vorbei.
„Buona passeggiata", guten Abstieg, wünscht uns eine schwarzäugige Señorita am morschen Staketenzaun der Capanna. Sie spreizt die Finger zum Gruß und zeigt zwei Reihen porzellanweißer Zähne. Dann verliert sich América del Sud im pausenlos ziehenden Nebelgewölk. Wir sind wieder auf italienischem Boden. Unterwegs nach Rosazza, das 600 Meter tiefer im Cervotal liegt.
Grillen wetzen, Heidekraut krümelt unter unseren Sohlen. Wir haben Durst. Erst die im Bergwald versteckte Temporärsiedlung Desate (1101 m) und das Straßendorf Rosazza mit seinen südländisch ragenden Zedern lassen uns wieder Atem holen. Auf dem Fahrweg zum Kloster der Talschaft Andorno, San Giovanni Battista, hebt ein motorisierter Menschenfreund die Hand: „Avanti, amici!" Wir steigen zu.
Zehn Minuten später, nach einer lebhaft verplauderten Kurverei, stoppt der Bauer sein Rostvehikel am Tor vor den Wallfahrtsgebäuden Johannes des Täufers. Wir danken, winken und sind für heute bestens bedient.
Ein bißchen lendenlahm wird der Innenhof dieser barocken Klosteranlage gequert. Sand knirscht, ein Brunnen strullt, die von Kirche und Wirtschaftsflügeln flankierte Terrasse stellt nichts anderes vor als den üblichen Großparkplatz. So wechselt der Gebrauchswert ... Keine Rede mehr von in ernster Besinnung schreitenden Frauen! Aber die an solchen Orten gängige Mischung aus Gott und Welt, aus frommem Wandel und fröhlichem Handel, bleibt in San Giovanni d'Andorno gleichwohl eher Rahmen als Mittelpunkt.
Vor einer Pforte neben der Kirche stehen drei Ordensfrauen im schwarzen Habit. Sie grüßen, klatschen bei Hannas Auftritt überrascht in die Hände, bestaunen unsere Rucksäcke und bieten mit den schlichten Gesten uralter Gastfreundschaft *acqua fresca* an: einen Trunk frischen Wassers für die Pilger am Ziel.
Vier Nonnen vom Orden ‚Zum kostbaren Blut' aus der Provinzstadt Vercelli leben hier Jahr um Jahr drei Sommermonate lang in den Bergen. Sie betreuen jeweils 20 junge Mädchen mit familiären Problemen, nehmen jedoch auch Wanderer der *Grande Traversata* auf.[3] So dienen diese lächelnden Frauen ihrem Herrn – zurückhaltend, aber tatkräftig und ohne irdischen Lohn zu erwarten.
„Nein", meint die 72jährige Oberin Maria, eine hochgewachsene Dame mit zarten Zügen, „ich bin hier gar nichts Besonderes. Nur die Älteste." Und sie schüttelt ein ums andere Mal den Kopf: „Wie schade, daß ich kein Deutsch gelernt habe!"
Noch lange beschäftigt uns ihr milde forschender Blick. Wir sitzen auf dem Geländer der Klosterterrasse und sehen die Berge verglühen. Wir hören dem Nachtwind zu, wie er sich in den schwarzen Wäldern regt. Wir liegen auf harten Matratzen in einer kühlen Zelle, zählen die Schläge der Turmglocke und erwarten ruhig den Schlaf ...

Sauberes Lager in nüchterner Zelle: Kloster San Giovanni d'Andorno.

Zwischen kahlen Bäumen und kalter Pracht

10. Tag: Von San Giovanni nach Oropa

Ein Blechdeckel scheppert. Hanna kocht Kaffee, sie kramt zwischen Bett und Kommode. Mein Blick hangelt sich an der Zellenwölbung entlang. Er streift einen gekreuzigten Christus und bleibt im Rechteck des Fensters hängen. Schon bin auch ich wach, lasse Kaltwasser aus dem Hahn in der Waschnische schießen und mache mir die Taufakte biblischer Zeiten bewußt: Kopfunter im Jordan – das konnte kaum anderes als neues, erneuertes Leben wecken!
Adieu, Ruhetag.
Vor dem Fortgehen beugen wir uns noch einmal übers Fenstergesims. Rosig dämmert der Morgen. Vögel zwitschern, am Portal des vom Frühlicht erhellten Gästehauses stehen die Schwestern und beten. Ihre sehr blassen Gesichter und das weiße Tuch der beiden jüngeren Frauen wirken ebenso rein wie fahl. Als wir uns an ihnen vorbeidrücken wollen, neigt Sorella superiora das Haupt zum Gruß. Wir reagieren nicht ohne Befangenheit und werden vom leisen Sprechgesang der Nonnen entlassen. Leben heißt wandern, lautet ihre verschlüsselte Botschaft. Auch zum selben Ziel?
Wir denken an die Ordensfrauen beim zweiten Frühstück im Dickicht rotgemusterter Himbeerhecken. Mücken summen, heiß brennt die Sonne auf Kopf und Nacken, San Giovannis hallende Klosterflure sind Vergangenheit.
Unser Leitwort *Der Weg* heißt heute *la strada*, Straße der Gläubigen. Als lehmbraune Piste stößt sie in Spitzkehren zur Höhe des Colmasattels hinauf. Diese nur schwach ausgeprägte Senke zwischen den Gipfeln von Cima Tressone (1724 m) und Monte Becco (1730 m) war seit Menschengedenken ein Pilgertor: in Richtung Nordosten nach San Giovanni, südwestwärts hinab zu Italiens ältestem Marienheiligtum Oropa mit seiner angeblich aus Palästina importierten Schwarzen Madonna.
Den für bußfertige Bittgänger längst nicht mehr wichtigen Fußweg von hüben nach drüben nutzt heute die GTA. Sie meidet jedoch einen im 19. Jahrhundert gebohrten Tunnel, die den Paß direkt unterlaufende Galleria Rosazza.
Der Pfad wird steiler und schmaler, das Herz steigt mit und hämmert im Hals. Über unseren Köpfen türmt sich ein Riesenspielzeug, die lose liegenden Felswürfel der Roccioni di Testette. Ein Titanenkind hat sie aufeinandergeschichtet und vergessen, das Erbstück gilt als lokale Kuriosität.
Schweißnaß gehen wir die letzten 200 Höhenmeter zum Colle an. Wieder einmal ist es windstill. Hanna und ich haben den Eindruck, als schleppten wir schwere Sünden zur Scharte

Roccioni di Testette, das Riesengewürfel unterm Colle della Colma.

hinauf. Stille überall. Um uns, in uns, auf den Bergen, im Tal. Nur lackschwarz gefiederte Alpendohlen krächzen.
Wir hocken neben einer mit Wachsblumen geschmückten Betstation am Colle della Colma (1622 m). Regen, Stürme und Schnee haben dem Bildstock zugesetzt, er neigt sich in Demut. Hin und wieder schickt Petrus einige Nebelschwaden vorbei: Weihrauchersatz, profan und geruchlos.
Unser Kartenblatt wird entfaltet und nach Norden gerichtet. Fern am Horizont lagert der Monte Rosa, ein auf Grund geratenes Schiff. Im Osten, bis vor kurzem noch über dem Cervotal hängend, ist das Vogelnest Oriomosso zum Winzling geschrumpft. Gegen Westen hin duckt sich eine Kuppelkirche mit lindgrün patiniertem Kupferdach. Santuario d'Oropa ... In diesem Hafen der Wallfahrer werden wir einlaufen und über Nacht vor Anker gehen.
Weder sein spiritueller Glanz noch ein *urbi et orbi* gespendeter päpstlicher Segen haben

Santuario d'Oropa (1180 m) mit der Kuppelkirche Chiesa Nuova. Italiens ältestes Marienheiligtum ist ein vielbesuchter Wallfahrtsort.

verhindern können, daß der Garten Gottes rund um das Heiligtum stirbt. Die 13 Kilometer nahe Industriestadt Biella schlägt zu, ihre Dünste fressen den Tannenwald. Großflächig ist er gebräunt, die Handschrift des Todes sticht uns beim Abstieg vom Colle ins Auge. Jeder Windstoß läßt Nadeln regnen. Grau und spitz stehen die Baumgerippe am Wegrand der GTA.

Auf halber Distanz nach Oropa stoppt eine wie von Menschenhand in den Gneis gekratzte Vertiefung unseren Gang: Schalenstein, Opferbank, magisches Mal aus frühgeschichtlicher Zeit? Nachlaß des Waldläufers, der lebenslang durch Naturgewalten bedroht und zugleich mit ihnen verwachsen war?[1]

Wir ahnen den Gang der Entwicklung vom archaischen Schöpfungsglauben bis hin zu den im Tal schnurrenden Rädchen klerikaler Betriebsamkeit. ‚Reginae Montis', der Bergkönigin, ist die 1885 begonnene Kuppelkirche Chiesa Nuova geweiht. Ihre auf hohen Säulen ruhende „kalte Pracht wird nicht gemildert, sondern verstärkt durch den kolossalen Maßstab, und beim Näherkommen ... wird vollends deutlich, wie beziehungslos und isoliert der Riesenbau in eine ungestaltet öde Umgebung gesetzt ist".[2]

Auf seinem leeren Vorplatz fühlen wir uns seltsam fremd: zwei Randfiguren, staubig, mit trockenen Hälsen und einstweilen noch ohne Quartier. Wo bleiben? Wen fragen oder bitten? Keines der üblichen Gast- und Rasthäuser, kein treppenknarrender Posto Tappa ist in Sicht.

Etwas unschlüssig stehen wir im Schatten eines Torbogens. Rasch wird uns die Rangfolge verschiedener Bauten klar: zuoberst ‚Regina Montis', eine Hanglage tiefer das barocke Schloßareal mit der Basilica d'Oropa (in ihr die zu allen Jahreszeiten vielbesuchte Schwarze Madonna), auf der letzten und niedrigsten Ebene dann das Regularium fürs Pilgervolk samt Läden, Garküchen, Cafés, Restaurants, Billard-Salons, Fernsehbuden und sogar einem Kino mit Westernprogramm.

Wo würde Christus, in Gestalt eines hinkenden oder unfein riechenden Tramps vielleicht, seine Bleibe finden? Wäre er hier willkommen?

Auch uns, Wegsucher unter Wegsuchern, interessiert jetzt in erster Linie die Unterkunft. Zu ihrem Hinweisschild *alloggio* geleitet Hanna und mich ein dünnlippig lächelnder, brevierlesender Priester. Er murmelt Unverständliches, seine Soutane schwingt wie eine Glocke vor uns her. Als wir im Amtszimmer eintreten, taucht die Sonne hinter Wolken weg.

„Sposato?" forscht der Zerberus im Ton einer Gouvernante. „Si, Signore!" Mit Brief und Siegel verheiratet! Ein zufriedenes Nicken macht Mut. Dann folgen Blicke auf Hosen und Bergschuhe, schließlich wird uns Hilfe zuteil. Man möge doch nebenan um eine Übernachtung mit Schlafsack bitten – „un locale per dormire con sacco a pelo".

Unsere Personalien sind ordnungsgemäß notiert. Nur wenig blieb verborgen, ungefragt, ungesagt. Wir werden per Fingerzeig entlassen.

Behinderte warten auf den Trost der Schwarzen Madonna.

Fortsetzung im nächsten Raum: strenge Frauenmiene, feste Finger über dem aufgeschlagenen Fremdenbuch. Eine schmale Novizin aus Indien, mit den Augen am Boden, darf assistieren. Verlangt wird, was des Kaisers ist, für das Ehebett. Denn nichts geht gegen die kirchliche Hausordnung: „Sacco a pelo – no."

So liegen wir denn, nach Kernseife duftend, im Gemach Nummer 20 des Pilgertrakts San Tommaso, bewundern pflichtschuldigst die gediegene Ausstattung (lilienweißes Leinen, Bibel, Madonnenbild, zwei Nachttöpfe) und lassen uns vom stürzenden Wasser des Torrente Oropa unterhalten.

Gegen Abend fällt dichter Nebel über das Tal. Wir speisen gepflegt im ‚Ristorante Il Vittino' neben der Neuen Kirche, parlieren *tedesco-italiano-inglese* mit einer Signorina Emma und buchen das Heiligtum draußen vor der Tür als Erlebnis. Denn auch die Andersgläubigen werden dort, sofern zeugnisfähig und zahlungswillig, wie brave Kinder empfangen.

„Wir hätten", murmle ich schon halb im Schlaf übers Federbett hin, „vielleicht doch nach dem großen Pilgersaal fragen sollen. Das wäre der Ausweg gewesen. *Con sacco a pelo, no?*"

Donner und Blitz an der Bocchetta del Lago

11. Tag: Von Oropa zum Rifugio Coda

Auch ein Pilgerort hat seinen Alltagsrhythmus. Er gleicht jenem der Städte und nicht unserem eigenen Lebenstakt: Als wir vorm sprichwörtlich ersten Hahnenschrei die Klause verlassen, ist in Oropa das Kommen und Gehen noch längst nicht erwacht. Die Stunden bei San Tommaso werden Episode bleiben. Das Bett war zu kurz. Bestrumpft, um keine schlafenden Wallfahrer zu wecken, tappen wir durch den blankgebohnerten Flur. Was hilft es? Der Schall unserer Schritte tönt im Hof desto lauter. Nur weg, bevor irgendein mißlauniger Pförtner die Morgenruhe einklagt!

Zu Beginn dieser Etappe melden sich verquere Gefühle. Sie nisten zwischen Weißnichtwas und Weißnichtwo. Schlägt das Wetter um? Bis auf ein paar föhnig schwimmende Wolkenfische und die gewohnte Treibhausluft finden wir keinen Beleg für das, was uns irritiert.

Kobaltblau grenzen die Berge das Tal von Oropa nach Westen und Norden hin ab. Monte Mucrone, Monte Rosso, Monte Camino, Monte Tovo – Gipfel unter Zweieinhalbtausend ohne große Ecken und Kanten. Nur der Camino (Kamin) nimmt eine Mütze voll Sonne auf, unübersehbar leuchtet sein Dach.

Wo ist nun das Rifugio Coda, der nächste GTA-Stützpunkt in Richtung Aostatal? Wie lange werden wir laufen bis zur Hütte des CAI Biella über dem Colle di Carisey? Unwichtig. Es geht nicht um meßbare Leistung, um Soll oder Haben. Ans Sein wollen wir uns halten, *der Weg ist das Ziel.*

Diesen Kredit für ein Stück Zukunft nehme ich gerne auf.[1] Gerade weil der damit verbundene Folgesatz wenig bekannt ist und Publizität braucht: „Verstehen und billigen wird meine Ansichten ... nur, wer mit mir im Wandern ein Sinnbild des Leben sieht, nur wer ... wandert um des Wanderns und nicht um des Zieles willen.“[2]

Das soll auch unseren Wochen auf der ‚Großen Traverse‘ nützen. Sie bedient sich heute zunächst einer Mulattiera – breit genug, um zwei beladenen Maultieren nebeneinander Platz zu bieten. Wir folgen ihr, nahe der Alpe della Pissa, in Richtung Capanna Trotta und ... beißen unwillkürlich die Zähne zusammen. Schwer lastet auf uns ein fremdes Gewicht. Kein Lufthauch bringt Kühlung. Die Sonne hängt wie hinter Filtern aus irisierendem Glas.

Kein schöner Land in dieser Zeit? Der Saumpfad hinauf zur Skistation Oropa Sport (1813 m) belehrt uns bald eines Schlechteren. Er läßt angesichts der durch Bagger planierten, mit Seilbahn und Liften verdrahteten Hochweiden kaum mehr an Spaß im glitzernden Weiß denken. Begriffe wie ‚Fortschritt‘ oder ‚Freie Entfaltung‘ werden hier unbrauchbar. Sie haben sich abgenutzt. Was bleibt, ist Ratlosigkeit.

An Ort und Stelle, auf dem alten Prozessionsweg von Fontainemore im Gressoneytal nach Oropa, pilgerte einst das Bauernvolk zur schwarzen Muttergottes der Berge. Zahllose Rosenkränze wurden diesseits wie jenseits des Colle della Barma d'Oropa (2261 m) in den Händen bewegt. Hat es den Menschen geholfen? Die Litaneien sind verweht, der Skizirkus steht.

Als wir beim ‚Albergo Savoia‘ den leeren *circo della neve* erreichen, werden Ahnungen Realität. Graulila ziehen zwei Gewitter von Osten und Süden her. Es donnert. Wind kommt auf und fegt ums Betonwerk der Seilbahnhalle. Eine offene Tür kreischt in den Angeln, Staub wirbelt, Blitze zucken. Wir machen uns davon – am schwarzgeriffelten Lago di Mucrone vorbei und über einen Blockhang hinauf zum Einschnitt der Bocchetta del Lago (2026 m).

Pause? Hanna schüttelt den Kopf. Hinter uns, im Norden, reiten Wolkenstafetten über den Grat des Monte Rosso. Hier oben am Rand des Elvotals wird die *Grande Traversata* ihrem Namen besonders gerecht. Sie kreuzt, weit ausholend, die schroffen Südseiten des Monte Mars (2600 m) und stößt nach zwei Wegstunden auf eine Hütte: das Rifugio Coda unter der Sellaspitze.

„Rrrummms!“

Ein letzter Warnschuß treibt uns vom Joch zur Route. Fast ohne Übergang wird es kalt. Schon fallen Tropfen, gleich darauf erbsgroße Hagelkörner. Wir klemmen uns in eine Felsnische. Donner und Blitz, wie das wettert! Nachbar Mars, der römische Kriegsgott, hat seinen Hausberg bestiegen und bläst zur Attacke. Wir sitzen und lauschen. Kampfwagen rasseln, Peitschen knallen, das Getöse rollt von Tal zu Tal.

Abendblick vom Rifugio Coda nach Westen.

Dann wird es schwächer und verliert sich im Dauerregen. Alsbald nehmen wir wieder die Rucksäcke auf.
Unser Höhenweg über den Almen Chardon und La Tura gleicht einer Serie von Weitsprüngen ohne Aussicht auf trockene Landung. Um so mehr, als die Nässe von oben und unten droht ... Wild strudelnde Bäche und tiefe Geröllrinnen sind zu queren, etliche sind noch mit Altschnee gefüllt. An zwei oder drei Balancepassagen ist die GTA sogar durch Ketten gesichert, wir freilich vertrauen dem griffigen Fels.
Kurz nach Mittag pumpen wir noch einmal die Lungen voll. Wunderbar, diese vom Regen gereinigte Luft! Durchnäßt, aber froh, packen wir das letzte Steilstück unter der Punta della Sella und klopfen Minuten später die Stiefel an einer Treppe ab: Rifugio Delfo e Agostino Coda ai Carisey (2280 m) – Naturstein, rot-weiße Schlagläden, Wellblechdach, kräuselnder Rauch.
Im gemütlichen Gastraum der Bergsteigerhütte sind wir sofort daheim. Holzscheite knacken im Ofen, unsere Strümpfe trocknen an der Leine, zwei Gläser Grappa wärmen die Glieder. Der Coda-Wirt ist auf Vorratsuche im Tal, den Gestore vertritt ein wortkarger Schafhirt namens Pierluigi. Außer uns sind drei italienische Wanderer da: der junge Programmierer Claudio und ein überlegen lächelndes, älteres Paar. Er sitzt im modischen Outfit auf der Fensterbank und verkörpert sportive Unruhe, sie blättert gähnend in Magazinen.
Als wir spätnachmittags aus den Stockbetten steigen und vors Rifugio tappen, hat ein lebhafter Südwind das Regengewölk verscheucht. Rund um die Hütte grasen Lämmer und Ziegen, am Fahnenmast flattert Grünweißrot. Weit geht der Blick über bewaldete Berge zur Stadt Biella. Sie liegt, ein zerstückeltes Schachbrett, 1900 Meter tiefer im Flachland. Gegen Westen zeigen sich die Gipfel des Gran Paradiso, von der Sonne vergoldet.
„La cena, per favore..." Da ist es endlich, das gute Signal. Pierluigi hantiert mit Schüsseln und Tellern, sein voller Wassertopf summt auf dem Herd. Wir wickeln die Pasta, streuen fingerdick Parmesan und gießen sehr dunklen Rotwein nach. Gespräche mit Claudio Premoli lassen den Abend verklingen. „Qualität", sagt er leise und guckt aus dem Fenster, „statt Quantität. So lebe ich. Nicht in der Menge ertrinken, sondern die Vielfalt Stück für Stück suchen. Und alles mit Geduld. *Con pazienza!* Darum macht sie mir Spaß, *mi piace, la GTA* ..."

Birnen auf Bergwiesen und ein Rätsel aus Stein

12. Tag: Vom Rifugio Coda zur Alpe Maletto

Stunde um Stunde hat nachts der Wind an den Läden gezerrt. Auch jetzt, gegen sieben Uhr, pfeift er ums Haus. Unten im Aufenthaltsraum bullert das Öfchen, wir bestellen Milchkaffee. Draußen ist es noch bitterkalt.
Der erste Gang vor das Rifugio läßt Gelenke knacken und beschert eine phantastische Sicht: Scharf gerändert ragen die Berge ringsum in den wolkenlosen Himmel, eine blaßblau getuschte Skizze auf rosa Papier. Über dem westlichen Horizont, hinter Gran Paradiso und Grivola, schwebt die Eiskappe des Montblanc.
Großes Händeschütteln vor der Codahütte. Claudio und die sich steif verbeugenden Endfünfziger nehmen den Weg nach Oropa, wir laufen entgegengesetzt zum Colle della Lace und werden dann absteigen ins Talbecken von Chiussuma.[1] Pierluigi Valcausa, der schweigsame Hirt, füllt schulterbreit den Türrahmen aus. Er wünscht allerseits eine „buona camminata“. Wann sein Gestore wieder auftaucht? Bedächtiges Schulterzucken. „Chi sa“, wer weiß ...
Keine Viertelstunde unterhalb vom Rifugio wirft uns der Wind fast um. Er faucht über den flachen, zum Colle di Carisey hin schmäler werdenden Grat. Wir weichen aus ins Latschengestrüpp und halten uns an den Wurzeln fest. Im Schutz eines Steinmanns lassen sich die Gipfel des Nordhorizonts bestimmen. Beim schlanken Cervino (Matterhorn) fällt das nicht schwer, seine Trabanten auf der schweizerisch-italienischen Grenzlinie sind auch keine Unbekannten: Breithorn, Castor und Pollux, Lyskamm ... Sogar der Monte Rosa gibt uns noch einmal die Ehre. Wird er uns künftig fehlen?
Unmittelbar hinter dem Colle nimmt der Weg eine Wendung nach Süden. Wir wandern im Windschatten unter den felsigen Höckern des

Alpe Bechera (2004 m) unterm Colle della Lace: Hier wird noch gebuttert und Käse verkauft.

Monte Bechit (2320 m). Die GTA gleicht hier einem wenig begangenen Jägersteig. Sie ist mit Erlengehölz überwachsen, aber nie zu verfehlen und stets markiert. Zwischen gelben Gräsern und bröselndem Schutt blüht der in den Westalpen seltene Große Enzian. Seine königsblauen Kelche sind der Sonne zugewandt.

Noch ein Blick ins einsame Elvotal und zur Ebene von Biella, dann steigen wir über süß duftende Matten direkt zur nächsten Scharte auf.

Wir stiefeln im Gleichschritt. Vom Rücken des Monte Roux weht eine Brise, sie wellt das Wiesengrün. Hin und wieder trägt der Wind das Rattern eines Hubschraubers zu uns her. Die Libelle aus Stahl zieht ihre Schleifen im Fünfminutentakt, am Haken schwankt der Zementkübel: Unterm Joch wird gebaut, das verfallene Gemäuer der Alpe Lace del Vitton soll neue Form und sicheren Halt am Berg bekommen.

Wir winken den Arbeitern zu, sie grüßen zurück. Zwar irritieren uns Lärm und Luftbelastung hier oben, doch der Hintergrund des Helikopter-Geknatters ist insgesamt eher erfreulich. Tagebuchnotiz: „Also, es geht auch anders. Nicht überall in den Piemontesischen Alpen sind leere Hochweiden für immer verloren."

Lace del Vitton bedeutet trotzdem eine Ausnahme. Bruch und Verwilderung bleiben die Regel. Diese Alm liegt auf Grund und Boden der Provinz Vercelli, sie gehört aber zur Gemeinde von Lillianes (Autonome Region Aostatal) im Val di Gressoney. Ein solcher ‚territorialer Überhang‘

Heutriste auf den Weiden des Chiussumatals.

Posto Tappa Maletto (1336 m), ein Idyll hoch über dem lärmerfüllten Valle d'Aosta.

Keltoligurisch geprägte Dämonenabwehr am Campanile von Maletto.

weist auf alten Landbesitz oder entsprechende Weiderechte hin und kommt nicht nur in den Westalpen vor.[2]

Eines ihrer Segmente, das ans Val Chiusella grenzende Randgebirge des Gran Paradiso, liegt nun zu unseren Füßen. Vom Colle della Lace (2121 m) aus erkennen wir deutlich das Gipfelgewirr der Grajischen Alpen und blättern im Katalog unserer Wünsche.

„Hanna, was meinst du?" Jetzt einen Gleitschirm entfalten ...

Kaum sichtbar schwingt die Wegspur über gebuckelte Karböden zur Alpe Bechera hinab. Ihr hell verputzter Steinbau liegt auf einem Hügel, wir handeln dort zum ersten Mal Käse ein: jungen Ricotta und reife Toma-Viertel, deren Gewicht eine selbstbewußt schmunzelnde Frau mit der Handwaage mißt. Hühner scharren, im Stall klirren Ketten, ein schwarzer Hund hockt vorm Türloch und guckt uns aus Sphinxaugen an.

„Du", sagt Hanna, „gehörst also schon zur Provinz Turin ..."

Der späte Vormittag verbummelt sich selbst. Wir trotten in knisternder Hitze zu Tal. Die Bergmähder von Chiussuma werden nach wie vor genutzt, Männer und Frauen mit Heurechen arbeiten rings um die Almen. Der Himmel ist hoch und sehr blau. Zikaden schrillen, trockenes Gras lagert in birnenförmigen Stapeln[3] auf den Wiesen. Kleine und kleinste Landparzellen erinnern, steingerändert, an die Realteilung von Generation zu Generation.[4]

Unser heutiger Anlaufpunkt ist nicht genug zu loben. Wir erreichen Maletto (1336 m), eine Streusiedlung in sonniger Hanglage zwischen leise rauschenden Büschen und Bäumen. Sogar Birkenblätter flimmern im warmen Wind. Maletto hat etwas vom spröden Reiz alter Wohnplätze bewahrt. Noch macht keine Fahrstraße den abgelegenen Weiler zum schnell bekannten Kaffeeziel, das einzige Gasthaus neben der Kirche kommt ohne Reklame aus – ein paar von Bienen umschwärmte Blumentöpfe genügen als Blickfang und Schmuck.

Die ‚Locanda Alpe Maletto' bietet jedoch mehr, als zwei wenig verwöhnte Wanderer brauchen. Der Posto Tappa ist gelüftet und leer, ein holzbeheiztes Duschbad gehört dazu, im familiär betriebenen Haus werden die Fremden als willkommene Gäste empfangen. Aufatmend setzen wir uns unter einen Sonnenschirm, dunkelrot schwappt der Nebbiolo ins Glas. Er glättet das noch vom Abstieg bewegte Gemüt.

Bis zum Abendessen am weiß gedeckten Tisch (die Suppe wird in der Schüssel serviert) liegen wir faul auf der Wiese. Jeder Schritt bergauf wäre jetzt zuviel. Sackschwer sind die Glieder. So ist es gut.

„Hast du", murmelt Hanna, „den Campanile hinter dir ... Hast du ihn gesehen?"

Ich drehe mich um und betrachte den freistehenden Glockenturm. Drei aus körnigem Stein gehauene Köpfe am Türstock schauen gleichgültig über uns hinweg: maskenhaft, uralt und alterslos zugleich. Ihr Blick birgt ein Rätsel. Es ruht in Tiefen, die wir nicht ausloten können. Und so entläßt uns Maletto, trotz sommerlicher Heiterkeit, mit einem Frösteln in die sternklare Nacht.[5]

Kein Platz am Kaffeetisch unter der Cima di Bonze

13. Tag: Von Maletto zum Rifugio Chiaromonte

Doira nannten keltische Berg-Leute einen Wasserlauf, weshalb die behäbige Dame Dora Baltea heißt. Bleich wie Schlämmkreide liegt sie im Streckbett – ein kanalisierter Fluß, der vom Montblanc zum Po strömt und die Penninischen von den Grajischen Alpen trennt.

Schlag neun Uhr am Morgen. Quincinetto nimmt uns auf. Eng aneinandergedrängte alte Häuser, verwinkeltes Gassenmilieu, eine sienabraune Kirche von erhabener Scheußlichkeit. Beim Cappuccino in der Eckbar werden wir nach dem Wohin gefragt: „Dove andate?" Unsere Antwort ist kurz. Wir wuchten die proviantbeladenen Säcke hoch und sagen: „Naturalmente in montagna!"

Im Bergdorf Scalaro (1414 m) pausiert die Zeit.

Grenzsituation auch für uns: Im Aostatal sind wir, mit 295 Meter Seehöhe, auf einem nicht mehr zu unterbietenden Tiefpunkt der GTA angekommen. Zwischen dem pittoresk am Westhang gelagerten Winzerdorf Carema[1] und dessen Nachbarort Quincinetto bleibt uns Frühstartern nur die bereits stark befahrene Staatsstraße 26. Also dreimal schlucken und durch.[2]

Das Valle d'Aosta hat hier – massiv in die Zange genommen von *Autostrada*, Bahn- und Busverkehr – den Charme eines rasch ausgerollten Industrieteppichs mit alpenländischem Randmuster. Schwertransporter dröhnen an uns vorbei, Splitt spritzt, zwei Kilometer Fußmarsch auf dem Straßenbankett werden wieder und wieder zur Nervenprobe. Dann ist das Schlupfloch in Sicht: die Brücke hinüber zum anderen Dora-Ufer.

Nachdem es nun wieder bergauf gehen soll, regt sich in uns eine prickelnde Ungeduld. Sie wird zwar durch die partout nicht zu findende Mulattiera[3] nach Scalaro (1413 m) gebremst, doch wir bleiben entspannt. Also schön, dann eben andersherum. Wir nehmen den in der Sonne brütenden Fahrweg und hoffen auf einen ‚Lift'.

Aber weit gefehlt. Kein Auto brummt vom Tal zur Höhe.

Ich verschnaufe an einer Wegbiegung und blicke in mich hinein, vor mir wucherndes Unkraut und verkohltes Gebälk. Ist Scalaro tot? Nur Fiktion? Ein nichtssagendes Wort auf der Wanderkarte? Stumm, zwei einsame Solisten, schleppen wir

unsere Last durch den Laubwald im Wechsel von Schatten und Licht. Vor der Kapelle Santa Maria (915 m) sprudelt Wasser aus einer Röhre, im Halbdunkel hoher Kastanien kommen die Bilder des Morgens zurück ...
Maletto-Carema, Himmelsleiter über dem Aostatal. 1000 Meter ununterbrochen bergab zwischen Frühzeit und Gegenwart. Erst eine Trittspur im Gras, dann gepflasterte Wege, steile Stiegen und Maultierstraßen – so breit, daß einst geländegängige Holzschlitten[4] jede Kurve ausfahren konnten. Der Weg auch als Längsschnitt durch die Schichten der Bauernkultur: Almen und Hochweiden, Feld- und Ackerland, schließlich ohne Mörtel gemauerte Terrassen für den hier heimischen Weinbau *a pergolato*[5]. Am Talboden dann vereinzelte Obstgärten und die sich breiig ausdehnende *zona industriale*, ein Konglomerat zusammengenieteter Zeit-ist-Geld-Baracken. Welcher Kontrast zum menschlichen Maß der aus Bruchstein und Lärchenholz gewachsenen Bauernhäuser!

Feldarbeit in Scalaro – wie lange noch ...

Aber nein, wir drehen die Zeit kein bißchen zurück. Wenigstens sitzt sie uns nicht im Nacken, während das wiedergefundene Rot-Weiß der Markierung bestätigt, wie und wohin die Route seit Stunden verläuft – kompromißlos nach oben.
Es ist windstill und stechend heiß. Die Grashüpfer tickern. Wir liegen im Schatten eines Bildstocks, von dem rosa der Putz blättert. Seine ferne Nachbarin spitzt hoch über uns hinter Bäumen hervor und wahrt Abstand. Also sind wir wohl aufgefordert, sie zu besuchen: die weiße Kirche San Quirico e Santa Giuditta der Gemeinde Scalaro.
Das Bergdorf stellt sich als eine Gruppe völlig intakter Höfe heraus. Es soll sehr alt sein. Die Sage greift hinter den Kamm zwischen Cima Biolley und Punta Cavalcurt, sie nennt Hirten oder Bauern des Val Chiusella als erste Siedler. 1566 gehörte Scalaro den Lehnsmännern Merlo aus Lessolo bei Ivrea. Bis der heutige Kirchenbau fertig war (1731), wurden die toten *scalaresi* fünf Wegstunden weit über den Passo Pian del Gallo nach Traversella getragen.
Wir schlendern durch eine abgeschiedene Welt. Daran ändert auch der Fahrweg von Quincinetto herauf nur wenig. Die meisten der steingedeckten Häuser sind unbewohnt, doch nichts deutet auf Verfall. Blumen blühen hinter Zäunen, das gemähte Gras liegt in Reihen, und ...
„Guarda che sacchi grandissimi! Orribile!"
Eine aus dem Pfarrhaus eilende Donna bedauert uns lauthals wegen der Rucksäcke. Sie bittet zum Kaffee am Küchentisch, doch wir lehnen höflich und konsequent ab. Uns lockt Chiaromonte, der ‚helle Berg', das gleichnamige Rifugio unter der Cima di Bonze. Noch 600 Höhenmeter fehlen zum Grat, schwarz heranziehendes Gewölk beschleunigt den Aufbruch.
Gut zwei Stunden später sind wir, trocken, am Ziel der Doppeletappe. Jenseits der Lavasozascharte duckt sich das Rifugio Chiaromonte (2025 m) als Stein neben Steinen. Die 1982 eröffnete Hütte wirkt schlicht, aber heimelig. Wir werden begrüßt von Viviana und Matteo, einem Studentenpaar aus Turin. Die beiden ‚schmeißen den Laden' ohne Getöse. Ihre zurückhaltende Freundlichkeit tut gut.
Die fast 3000 Meter talab und bergauf von Maletto bis zum Rifugio waren kein Pappenstiel. Jetzt surren die Füße, wir haben für heute genug. Doch nach zwei Riesenportionen *spaghetti al Matteo con insalata mista* fällt alle Anstrengung von uns ab. Auch die am Abend ins Lager polternde Jugendgruppe kann Hanna und mich nicht mehr schrecken. Immer herein!
Wir stehen vor der offenen Tür, fühlen uns an Haupt und Gliedern im Lot. Ein feines Feuer färbt den Horizont im äußersten Westen. In der Hütte unterm Dach wird gesungen – laut und verquer, aber herzbewegend: „Oh, mi cuore ..."
Die Nacht zieht ihre Vorhänge zu. Wir verlassen den Ausguck. Schwach blinken ein paar Lichter tief unten im Tal des Torrente Chiusella.

Heiliger Platz vor der Endstation Sehnsucht

14. Tag: Vom Rifugio Chiaromonte nach Fondo

Früh sind wir wach. Aus der Küche ist Geraschel zu hören. Jetzt hält es uns nicht mehr länger im Schlafsack. Wir sitzen neben Viviana auf der Ofenbank und kauen Schwarzbrot, ein rarer Genuß in Italien. Matteo ist schon vor Morgengrauen mit dem leeren Rucksack losgegangen. Er holt Nachschub für hungrige Mäuler, aber gewiß nicht nur *pane e pasta*.

Die Hüttenversorgung macht Mühe. Großkauf mit dem Wagen in Quincinetto, dann Straßentransport nach Scalaro, von dort aus Materialseilbahn bis auf 1600 Meter Höhe. Anschließend drei-vier-fünf Fußetappen zum Rifugio. Ein buchstäblich schweres Geschäft für Matteo Morandi, der Anthropologie studiert. „Aber wenigstens", sagt er, „gibt es hier oben keine Chefs. Ich schaffe selber an ..."

Viviana Perino ist klug und hübsch: wache Augen, dunkle Haare, rasch zupackende Hände. Sie will nach dem Deutschstudium gehörlose Kinder unterrichten und leitet die Hütte manchmal allein. Heute, zum Beispiel, darf Viviana ein Rudel berggeschädigter Teenies abfüttern – Halbpension im Schnelldurchlauf. Doch solche Tage sind selten. Gewöhnlich ist Chiaromonte mit sechs oder acht GTA-Gängern nicht gerade überbelegt.

Langsam wie Lasttiere setzen wir uns in Bewegung. Noch steckt die Müdigkeit in den Knochen. Unsere junge Gestora ruft akzentfrei „Aufwiedersehn", und Minuten später ist das Rifugio hinter einem Felsvorbau verschwunden. Der Steig kurvt um schroffe Grasrippen. Wir fassen unsere Stöcke fester und halten Balance. Kein Spaß bei Regen, doch auch dieser Tag lächelt uns mit sonnendurchfluteter Bläue an.

Vier Almen streift die heutige Route im oberen Drittel. Wir bestaunen unter der Punta Cavalcurt (2357 m) wieder einmal den geordneten Rückzug des Menschen. Gibt es dafür andere Motive als das einer unausgesprochenen Hoffnung auf Heimkehr – irgendwie, irgendwann? Alle Türen sind sorgsam versperrt, die wenigen Schornsteine mit Platten belegt und gegen Windfall gesichert. Doch in den Viehtränken modert der Schlamm. Kein Hirt, keine Herde steigt mehr auf nach Binelli, Pertusa, Ravissa.

Auch nicht zur Sommerweide von Piani di Cappia (1336 m), einem Aussichtsbalkon hoch über der bewaldeten Senke des Chiusellatals. Er hängt als Bindeglied zwischen Rio Tarva und Rio Chiaras, Panoramablick inbegriffen. Im Nordwesten reicht die Sicht kilometerweit bis zum nächsten Paßübergang, der Bocchetta delle Oche. Damit genug?

Nein, denn die Alpsiedlung hier auf den Ebenen (Piani) verbirgt noch ihr bestes Geheimnis. Zehn Schritte hinter der alten Kapelle finden

Der neolithische Magier von Piani di Cappia.

wir etwas, das uns Herzklopfen bereitet: *figura antropomorfa*, ein in den schimmernden Gneis gehauenes Menschlein mit erhobenen Armen. Die nur gut handspannenlange, stilisierte Männergestalt steht starr, wie gebannt. Jahrtausende haben es nicht vermocht, ihre magische Wirkung zu mindern.[1]

Ein heiliger Platz. Er hält uns fest. Nur allmählich löst sich das Auge von dieser Kanzel der Vorgeschichte und den stillen Hütten im Hintergrund. Behutsam steigen wir ab, um keine Träume zu stören. Nicht die eigenen und nicht jene des Jägers oder Zauberers von Piani di Cappia ...

Es tut jetzt gut, für eine Weile im Schatten des Bergwalds zu bleiben. Feuchtigkeit weht herauf aus der Tarvaschlucht. Doch schon die am steilen Südhang des Val Chiusella haftenden Häuser von Succinto (1164 m) sind wieder dem Hitzeschwall ausgesetzt.

Das Dorf ist zweigeteilt: etwa 25 Gebäude, wie grauweiße Waben aneinander gepappt. Davor die Kirche, ein Lastenlift und der kleine, abschüssige Friedhof mit gekalkten Umfassungsmauern. Auf den Grabflächen scharlachrot flammende Gladiolen – ewige Lichter zum Gedenken an die Unvergessenen dieser vergessenen Gemeinde.

Wir schleichen durch Succinto. Warum sind unsere Schritte so laut? Bis auf ein käsiges Kind am Kirchenportal ist kein Mensch zu sehen.[2] Das Mädchen zieht uns ungefragt in den nach Schimmel und Kerzentalg riechenden Turm. Dort baumelt das Zugseil unterm Glockenstuhl, eine verirrte Fliege pocht monoton gegen Glas. „Ecco la campana", sagt die Kleine. Deutet auf den Strick, ballt ihre Hände zu Fäusten und bewegt sie rhythmisch von oben nach unten. Ob die Fremden nicht einmal selber ...? Wir danken, murmeln „ciao, bella" und gehen weiter.

Vor dem letzten Haus hockt ein zahnloser Alter, der uns gleichgültig nachblickt. Griffbereit neben ihm liegt sein eisenbeschlagener Stock. Er erinnert an eine Kassette mitten im Dorf und die kaum noch lesbare Aufschrift ‚Serio Antivipera' (Schlangenserum). Das Kästchen war leer. War leer ... War ...

Achtung, aufgepaßt! Wo ist der Weg?

Er verschwindet in grüner Dämmerung unter meterhoch schwankenden Farnen. Mehr schlecht als recht stolpern wir abwärts. Morsche Baumstämme sperren die Trasse, Dornenranken und Spinnweben fangen uns ein. Dann plötzlich reißt das Geschlinge auf, und wir stehen im Tal. Um runde, sehr glatte Kiesel strudelt der Fluß. Über ihn wölbt sich in elegantem Schwung eine Steinbogenbrücke.[3]

Fondo (1074 m), Endstation Sehnsucht. Dieser Ort war früher Mittelpunkt der Großkommune Valchiusella, die Abwanderung hat ihn politisch ausradiert. Geblieben sind neun Häuser, die Kirche, ein paar Gräber, das alte Rathaus (mit dem

Der Friedhof von Succinto.

Meterhoch schwankende Farne. Wo ist der Weg?

Fondo (1074 m) im Val Chiusella.

Posto Tappa), die Brücke von 1727 und – ‚Trattoria del Ponte'.
Ob durstige Bergleute hier einst bis spät in die Nacht den roten Wein haben hochleben lassen? Noch zur Zeit des letzten Jahrhunderts wurden im Tal der Chiusella Magnesit und Pyrit geschürft. Dann kam die ökonomische Krise und mit ihr das Ende des Abbaus.[4] Auf dem Friedhof blicken uns die Nachfahren der *minatori* mit Porzellanaugen an: ernste Gesichter, vom Leben gezeichnet, dem Fotografen wurde kein Lachen geschenkt.
Unseren Nachmittag feiern wir am Ufer des Torrente im Himbeergestrüpp. Das Wasser strömt jadegrün, Forellen schießen zwischen den Steinen hin und her. Hinter dem Posto lädt die Gemeindewiese zur Dauersiesta. Der Platz ist ein einziger Blumenteppich, extra für uns ausgerollt.
Fondo hat zwei Tagebuchsterne verdient. Oder drei? Sie blitzen im höchst privaten Spezialführer mit dem Langtitel ‚Nächtlicher Saumweg Rathaus–Gasthaus und zurück unter Berücksichtigung der Küchen- und Kellerkunst von Signora Luciana Bertolino, Trattoria del Ponte'. Auch wenn der Posto Tappa kein Licht hat und seit Jahren Baustelle ist. Denn nichts lebt bekanntlich länger als ein Provisorium.[5]

Zwischen Steinen und ‚Strudel di Mele'

15. Tag: Von Fondo nach Piamprato

Dickes Ende am Morgen: Wir haben gestern des Guten zuviel geschluckt. Das rächt sich mit Schmerzen. Merkwürdig nur, daß Hanna unbeschwert wirkt, während ich unter *pollo alla cacciatora* leide. Ein Huhn nach Jägerart, auf Nudeln gebettet, ist eben keine Idealkost für das bewegte Leben zu zweit.

Entsprechend spät sind wir heute wach geworden. Zerknautscht, denn die GTA-Matratzen waren widerlich weich. Außerdem hatten wir sechs Mitschläfer, die kurz vor Mitternacht wie eine Ladung Wackersteine ins Zimmer klotzten. „Nein", wird vor mir erklärt, „das stimmt so nicht ganz. Einer war früher da."

Ich versuche meine Gedanken zu ordnen. Dieser Mann also saß in der ‚Trattoria del Ponte' am Tisch. Deutscher aus Hildesheim. Sozialpädagoge und Wirt eines Studentenlokals. Keine Trenkerfigur mit Bronzeblick, sondern ein Latzhosentyp. Leicht humpelnd, weil überanstrengt. Unbehaust in den Bergen. Er war per Bus nach Fondo gekommen und erzählte von seinen Freunden, zwei Dozenten, die mit Siebenmeilenstiefeln hinter ihm her seien: drei Etappen am Stück. Dann wieder zwei. Und noch einmal drei. Tja ...

La Grande Traversata als sportliche Herausforderung? Auch das mag es geben. Im Sauseschritt querbeet. Moderne, selbstverwirklichte Marathon-Männer auf transalpinem Kurs. Von exzessiver Lauflust vorwärtsgetrieben – die sie erregt, erschlägt und unfreiwillig zum *Touristen*

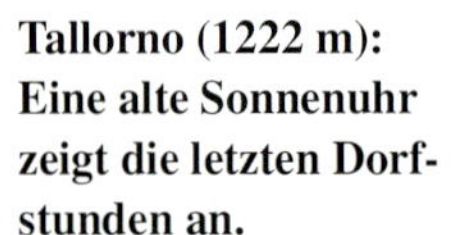

Tallorno (1222 m): Eine alte Sonnenuhr zeigt die letzten Dorfstunden an.

macht: „... zu einem ruhelosen Menschen, der Geheimnisse durcheilt."[1]
Wir halten dagegen. *Con calma*, mit Ruhe. Weder Superdistanzen noch Stundensoll können uns aus der Trittfolge bringen. Die ähnelt jetzt, nach zwei Wochen, dem Viertakt eines beladenen Maulesels. Sein Weg, der von niedrigen Steinwällen flankierte Saumpfad, führt zu immer neuen und überraschenden Sujets. Wir sehen Bilder wie aus dem Archiv fotografischer Pioniere: ein schilfgrün bemoostes Mühlendach, in sich versunkene Bauernhäuser am Fluß mit den Resten bunter Bemalung, hier zwei derb gemauerte Torbögen und dort die mit fleißiger Hand restaurierte Sonnenuhr eines Giuseppe Fontana von 1855.
Tallorno (1222 m) heißt dieses letzte und höchste Dorf über Fondo. Auch hier flackert das Leben nur noch als kleine, bläuliche Flamme. Wer den Ort bisher nicht verlassen hat, scheint sich an ihm hartnäckig festzuklammern.[2] Ob bewußt und mit heißem Herzen oder schon todesstarr – wer mag es entscheiden?
Ohne Eile steigen wir aufwärts, zunächst auf der orographisch linken Seite des Torrente Chiusella. Über uns treibt graues Gewölk. Die GTA nimmt im Zickzack mehrere Talstufen, sie streift dabei ein Wunderwerk technischer Handfertigkeit: Zwischen den Almen Pasquere und Spartore kreuzt eine alte, kühn zusammengefügte Brücke den milchweiß schäumenden Bach. Jahrhunderte konnten ihr nichts anhaben, jeder behauene Stein liegt unverrückt auf dem anderen.
Dieses Trogtal ist lang. Deutlich sind an seinen Seiten die Hobelspuren mächtiger Gletscher zu erkennen. Die Einsamkeit, verstärkt durch den immer dichter quellenden Nebel, wirkt bedrükkend. Wir krabbeln wieder in einer Urlandschaft, zwei Käfer am Rand der Riesenwelt.
Nur ab und zu geben die Schwaden eine kurze, felsige Rippe oder jäh aufschießende Bergflanken frei. Wir lehnen am Türstock der Alpe Oche superiore und studieren das Kartenblatt. Was hilft es? Die beiden Paßwächter Monte Marzo (2756 m) und Cima delle Chiose halten sich vornehm bedeckt.
Auch als wir den letzten Steilhang hinter uns haben und verschwitzt in der Jochsenke stehen, brodelt die Wolkensuppe. Zwar läßt sich ihr Anblick mit Schokolade süßen, doch unsere Stirnfalten glättet das nicht. Schade, den Umkreis der

Brücke von Alm zu Alm über dem Torrente Chiusella.

Bocchetta delle Oche (2415 m) hätten wir gern genauer betrachtet. Seit der Römerzeit[3] ist dieser Sattel eine beliebte Passage, die leichteste zwischen Chiusella- und Soanatal.
Wir kochen Tee. Das braune Gebräu tut gut. Dann brechen wir auf. Bayerische Enziane und zen – in der alten Schule von Piamprato (1551 m).
Sie stellen sich vor: Juan Carlos, Ferruccio und Corrado. Drei Techniker aus Ivrea, deren Herz fürs Alpenland schlägt und für den Olivetti-Konzern. Ihre klobigen Stiefel haben uns in Fon-

Auf der Route zur Alpe Giaset (1740 m) im festen Fels des Penninischen Deckensystems.

rosafarbener Alpen-Mannsschild sprenkeln die Schuttböden, rote Markierungspunkte leiten uns zügig hinunter zur Rinne des Rio Giaset. In der Gegenrichtung muß dieser verfallene historische Weg zum Gänsepaß (Oche) ein beinharter Schinder sein. Wir spüren nichts davon.
Verblichene Schneeheide und Latschengebüsch sind unsere Begleiter bis zu den Hütten der Alpe Giaset (1740 m). Manchmal verläuft die Route bei Querungen etwas ausgesetzt, doch wir haben Spaß am harmlosen Wechsel von Griff und Tritt im festen Gestein des Penninischen Dekkensystems. Es besteht überwiegend aus metamorpher Substanz (massige Gneise, kristalline Schiefer) und verbindet die Grajischen mit den sich nach Süden hin anschließenden Cottischen Alpen.
Das wär's also dann. Ich klappe den Geologieführer zu. Drei dunkle Augenpaare richten sich auf mich: *tedeschi strani*, komische Leute! Solch ein Ding schleppen sie wochenlang durchs Gebirge ... Warum? Weil wir neugierig sind. Uns interessiert die ‚Große Traverse' samt allen Facetten. Genau so wie das Woher und Wohin jener Norditaliener, neben denen wir sitdo die Nachtruhe verkürzt, was wir postwendend mit Weißwein begießen. Denn am Dorfeingang gibt es eine Barfrau, die kühle Getränke verkauft und *strudel di mele* (Apfelstrudel).
Piamprato, im 19. Jahrhundert „der schönste und fruchtbarste Winkel des Valle Soana"[4], grenzt an den ‚Parco Nazionale del Gran Paradiso'. Seine Vergangenheit hat Kupfer und Gold, Mangan und Blei offeriert. Doch die Gegenwart hält der Geschichte nicht stand. Alle Gruben rundum sind geräumt und verlassen. Sieben Leute leben im Winter auf der ‚flachen Weide', der Sommer sieht ehemalige Dörfler als motorisierte Feriengäste und läßt kleine touristische Saisonfrüchte reifen.
Was wird die Zukunft bringen?
Neben der Kirche weist ein Grabkreuz mit blecherner Hand in den Abendhimmel. Ist dies der Trost vor dem Ende? „Ja", sagen Carlo Ughetti und Emma Chiolerio wie aus einem Mund, „Piamprato war früher ein reiches Dorf ..." Die alten Wirtsleute haben ihre ‚Trattoria Belvedere' aufgeben müssen, der Entschluß fiel nicht leicht. Jetzt kümmern sie sich treu um den Posto Tappa – so lange es eben geht.

Noch einen Schnaps, San Giusto zuliebe

16. Tag: Von Piamprato nach Ronco Canavese

Kleine Randstücke vom Weg zwischen Monte Rosa und Mittelmeer liegen vor mir auf dem Schreibtisch. Es sind die Filzsterne einer Edelweißpflanze, Carlo Ughetti hat sie im Garten für uns gepflückt. „Kommt wieder", bat er, „oder laßt von Euch hören." Das haben wir schreibend getan. Acht Wochen später war die Antwort da: „Saluti di Piamprato. Abbiamo ricevuto la vostra cartolina. Arrivederci al prossimo anno. Carlo e Emma del G.T.A."[1]
Beide stehen am Zaun, als unser Tag beginnt. Im Vergleich zu gestern sieht das Paar älter und abgearbeiteter aus. Carlo Ughetti winkt. Seine Wärme macht den Aufbruch nicht leichter. Sollen wir umkehren?
Der Himmel überm Valle di Piamprato ist fleckig. Verwaschenes Blau mischt sich mit Lila, Grau und gebrochenem Weiß. Wo bleibt die Sonne an diesem Sonntag? Unsere italienischen Bettnachbarn schwelgen in Vorfreude. Sie sind beim Schuh- und Zähneputzen, gurgeln melodisch und rufen: „Stasera a Ronco!"
Selbst heute wird im Dorf gewerkelt. Hammerschläge hallen von den Dächern zweier Häuser. Ein Ding der Unmöglichkeit noch vor Jahrzehnten, aber jetzt regt sich kein Pfarrer mehr darüber auf. Die Kanzel verstaubt, Hochwürdens Episteln sind Makulatur.
Während wir im Lärchenwald längs der *strada provinciale* laufen, fährt ein Rauschen durch die Wipfel. Es erinnert an ferne Brandung, an den Atem zwischen Ebbe und Flut. Wir tauchen weg und werden bergab gespült. Die Mulattiera von Piamprato nach Pianetto (1334 m) ist grün verkrautet, der Straßenbau hat sie getilgt. Disteln, Brennesseln, Ebereschen und Krüppelbirken holen sich nun ihren Lebensraum zurück. Wir, mittendrin, versuchen das auch.
Für Minuten gelingt es, und wir finden ... die Zeichen der GTA. Sie blühen rot unter den weißen, im Morgenwind nickenden Dolden von Meisterwurz und Bärenklau.
Sieben Tote hat der Zweite Weltkrieg den Weiler Pianetto gekostet. Die Porträts dieser *per la patria* verbluteten Söhne sind auf Marmor fixiert, ein schwarzer Bronzeadler deckt das schaurig-erhebende Bild. Würden die befohlenen Helden aus ihren Gräbern steigen und heimkehren – sie müßten womöglich tiefer trauern als manche der Hinterbliebenen. Denn auch im Soanatal verfallen Häuser und Ställe, Wege und Ackerterrassen. Nichts hält das Dorfsterben auf.
Haben römische Abgeordnete jemals ein verarmtes, halb entvölkertes Westalpental gesehen? Riskierten sie es, ihre blanken Maßschuhe mit Ziegen- oder Eselkot zu beschmutzen? Wissen jene welterfahrenen Volksvertreter, daß die letzten Leute von Balme im unteren Valle di

Zwischen Piamprato und Pianetto (1334 m) ist die ‚Grande Traversata' völlig verkrautet.

San Rocco in einer Betstation vor Ronco Canavese (Soanatal).

Piamprato wohl nicht einmal mehr ihr Testament machen werden – weil ihnen das Geld für den Notar dazu fehlt?

Jetzt hat die Sonne gewonnen. Sie blitzt hinter dem Monte Rossin im Osten und gießt ihr Licht über Wälder und Weiden. Wir steigen nachdenklich ab: Ist uns ein Urteil erlaubt? Wollen wir mehr sein als nur flüchtig beobachtende Gäste, denen das Brennglas der Kritik allzu locker sitzt?

Aber die Fragen stellen sich trotzdem ...

Dieses Wegstück nach Ronco ist kurz und bequem. Es verführt immer wieder dazu, auf der fast autofreien Landstraße zu flanieren. Zumal die *Grande Traversata* links wie rechts der Talsohle meist in Sichtweite bleibt und uns, außer einer Fülle reifer Himbeeren, nichts Besonderes zukommen läßt. Oder doch. In Ronco Canavese (948 m), dem Zentrum des Valle Soana, folgt nach der fruchtigen Vorspeise das Hauptgericht. Dort feiert die Kirchengemeinde San Giusto ihr Patronatsfest, und wir sind dabei.

Einige 30 Ortschaften gehören zu Ronco. Sie liegen verstreut über dem Kiesbett des Talbachs oder in den Gebirgsfalten von Canausa, Forzo, Guaria und Servino. Viele dieser Siedlungen sind schon lange verlassen. Ihre früheren Bewohner kommen, vor allem aus Frankreich, als Ferienpendler zurück.[2] Kein Zweifel natürlich, daß sie heute hier sein müssen. Und der gerechte San Giusto gibt ihnen wie uns seinen Segen dazu.

Bald haben wir den Posto Tappa im unteren Ortsteil entdeckt: laut, nicht sehr sauber, 20 Bettgestelle in einem heruntergekommenen Haus hinter der ‚Trattoria Soana'. Nacheinander treffen das Olivetti-Trio und die GTA-Überflieger aus Hildesheim ein. Ferruccio, Juan Carlos und Corrado begrüßen uns schmunzelnd mit „ciaaao", die Deutschen wirken angespannt und verkniffen. Einer der beiden Professoren hustet heiser. Kettenraucher? Er scheint Probleme mit seiner Hüfte zu haben.

Gegen Abend stoppt ein klappriges Vehikel im Hof, der Fahrer verkauft Obst aus gestapelten Kisten. Es wird Zeit, denn unsere Mägen knurren. Doch noch bevor das Menü im ‚Albergo Centrale' auf den Tisch kommt, kriegen wir extra was auf die Ohren: Der Musikverein Ronco zieht durchs Dorf. Er bläst San Giusto zu Ehren eine Blechserenade und wird vor jedem Lokal mit Schnaps traktiert. Worauf die Rhythmen von Mal zu Mal heißer und holpriger klingen.

O Heimatland! Wie beruhigend ist es da, mit den Olivettis in einer Pizzeria beim Nachtkaffee die Zeit zu vertun. Von draußen tönt Festlärm, doch lauwarmer Wein aus Plastikbechern und klebrige Tagliatelle reizen uns nicht. „Schon eher", lacht Hanna nach dem dritten Grappa, „die großen Kullerblicke der Buben in Ronco. Oder wie?"

Hexen, ein Hornvieh und „Deutschland über alles“

17. Tag: Von Ronco Canavese nach Talosio

Die Flamme zischt. Silberne Luftperlen lösen sich taumelnd vom Topfboden. Das Wasser beginnt zu sprudeln. Wir wärmen unsere Hände über dem Kocher. Unser einfaches Frühstück wird durch nichts gestört. So haben wir es gern. Taufeucht ist das Gras vorm Posto Tappa von Ronco. Beide Rucksäcke sind gepackt, im Haus wird rumort und gemurmelt. Aha, auch die drei Italiener machen sich fertig. Noch ein prüfender Blick zum Himmel: alles buchstäblich klar. Wir laden zweimal 20 Kilogramm auf und trollen uns. Die schnelle Truppe aus Niedersachsen, jedes Mittelmaß souverän ignorierend, ist bereits unterwegs.
„Bängg“ – halb sieben. Ein Glockenschlag zeigt an, daß San Giustos Weckruf dünn klingt. Mit dieser Stimme, denke ich, dürfte der Heilige am Jüngsten Tag nicht weit zu hören sein. Oder wird er dann stilgerecht Posaune blasen?
Vom Dorf zur Alm und über die Berge ins Tal auf stillen, steinigen Wegen ... Dieses GTA-Grundprinzip muß da oder dort den neuen Entwicklungen weichen. Immer dann, wenn sich motorisierter Individualverkehr gegen die Zwei- und Vierbeiner durchgesetzt hat.[1] Hinter Bosco (900 m), zum Beispiel, sticht eine Straße ins Seitental der Cima Loit. Sie umrundet halb die Punta Sionei und endet 300 Meter höher vor dem Weiler Masonaie: ein paar alte Häuser, Autos, Ölfässer – Schluß. Sackgasse!
Wir verschnaufen. Drei Kilometer Asphalt gehen härter an die Knochen als doppelt so viele in Grün. Hanna keucht. Ich schwitze. Trotz der frühen Stunde ist es schon wieder backofenheiß. Durch Birken- und Erlengehölz zieht die Wegspur hinauf zu den Almen Ciavanis (1727 m) und Le Goie. Wir hören Sensendengeln und Hundegekläff. Eine junge Frau in Stiefeln steht am Brunnen und scheuert den Trog. Sie richtet sich auf und guckt uns nach.
Wir halten nicht an. Unsere Beine arbeiten wie die Kolben eines im Schongang laufenden Motors. Irgendwann hustet der und bleibt stehen. Jetzt ist es genug.
Bocchetta di Rosta (1957 m) heißt das Joch auf der Wasserscheide. Von dort aus rinnen die Bäche nach allen Richtungen. Vor uns liegt eine kleine begrünte Ebene – der Pian delle Masche (Hexentanzplatz). Woher hat er seinen Namen? Die Sage berichtet von sieben bildschönen Gemsen, deren Zauber hier sogar die Kugeln im Gewehrlauf zurückhielt: „Ein Jäger nach dem anderen legte die Flinte an, zielte und wollte schießen. Aber keinem gelang es ...“[2]
Wenige Meter unter der Cima Rosta (2173 m) zwingt uns ein flaues Gefühl in die Knie. „Diesen ewigen Hunger“, sagt Hanna, „hab ich jetzt satt.“ Wir sitzen neben einem Steinmann und ruhen aus. Schwarze Kohlröschen verströmen

Alpe Rive Manda, Vallone del Roc – mit sicherem Gespür unter schützende Felsen gesetzt.

intensiven Vanilleduft. Vom gerühmten Gipfelblick nach Norden, weit übers Soanatal hinweg bis zum Monte Rosa, kann keine Rede sein.
Daran sind wir gewöhnt. Bei stabiler Hochdrucklage treibt San Pietro täglich dieselben Spiele, etwas anderes mag er nicht tun: Freier

Posto Tappa von Talosio (1225 m): Schimmel, Dreck, kein Klo weit und breit.

Himmel am frühen Morgen, dann Quellwolken bis zum Nachmittag, gegen Sonnenuntergang wieder bessere Sicht und schließlich eine blankgeputzte Nacht.
Am Colle Crest (2040 m) winkelt der Weg nach Südwesten. Wir steigen durchs Hochtal Vallone del Roc in Richtung Talosio ab. Das dürftige Weideland gibt nichts her außer Steinen, magerem Gras und Preiselbeerbüscheln. 800 Meter höher thront die unnahbar wirkende Pyramide des Monte Colombo. Ihr Gipfel trägt ein Wolkenbarett, doch den Fremden zuliebe wird es nicht extra gelüpft.
Windstille. Der Dunst ist dichter geworden. Über uns liegt eine schwere Hitzedecke, die Berge verschwimmen. Wir trotten talwärts, fast wie in Trance.
Bei der Alpe Roc (1812 m) heftet sich plötzlich eine Kuh an unsere Fersen – glotzäugig, plump, in sturem Trab. „Hoj-hoooh!" Zwei Frauen laufen ihr schreiend nach. Sie schwingen Stöcke und versuchen das Hornvieh auf den rechten Weg zu knüppeln: dumpfe Hiebe, steil gereckter Schwanz, trampelnde Hufpaare, Schaum vor dem Maul. Rein in den Stall, raus aus dem Stall. Ein Hund jagt geifernd hinterher. Wir verdrükken uns. Hier haben wir nichts verloren. Aber noch lange gellen uns die Rufe der wütenden Weiber im Ohr: „Johoj-jach! Hoahoooh!"
Über eine mit Birken bewachsene Rippe geht es bergab. Wie weit noch? Im Westen, unterhalb der Punta del Vallone, hat die Alpe Rive Manda Jahrzehnte verschlafen. Sie wurde mit sicherem Gespür fürs Gelände zwischen schützende Felsen gesetzt und ist erst auf den zweiten Blick zu erkennen.
So auch die Wallfahrtskirche von Prascondù (1321 m). Wie beiläufig wächst sie aus dem laubgrünen Grund des Vallone del Roc, ein Tempel der Einkehr und inneren Sammlung. Dieses Heiligtum wurde 1620 geweiht, später durch Lawinen zerstört und 1706 erneuert. Ein Ölbild illustriert das Geschehen, doch mehr Information bekommen wir nicht: Die im Säulenhof des Santuario sitzende Nonne liest Zeitung und nimmt von uns keine Notiz.
Anders der Hirt am Dorfeingang von Talosio (1225 m). Er kauert neben dem Zufahrtsweg unter einem Feldkreuz und winkt. Ihr da – wohin? Zum Posto Tappa, ‚Trattoria da Bertu'? Nicht schlecht: „Si manga bene e costa poco."[3]
Als Hanna den Reiz der Region zu loben beginnt, lächelt der Alte in sich hinein.
Warum, fragt er, bleibt ihr nicht hier?
Heißgelatscht, durstig, mit roten Gesichtern – so stehen wir im dunklen Dorfladen und bald danach an der Bar. Bertu, ihr Besitzer, wischt Gläser aus. Fliegen schwirren um die Deckenlampe, Bauern entkorken Weinflaschen und mustern uns gründlich. „Deutschland-Deutschland-üüüber-alles" lallt ein betrunkener Trottel. Er wirft sich in Positur und erwartet Antwort. Als ich gelassen „non mi interesse" sage, widerspricht der Kerl mit Emphase und hebt den Arm zum Gruß. Die Reste seines Redeschwalls spülen wir mit Cappuccino weg.
In der früheren Elementarschule am Ortsrand finden Wanderer ihr Zuhause. Posto Tappa der GTA: Schimmelwände, Dreck auf den Dielen, die Wasserstelle vorm Haus, kein Klo weit und breit. Aber ein Baum voller Süßkirschen, in dem mächtig der Wind wühlt. Über Wiesen und Dächer schweifen unsere Blicke immer wieder zum Grat der Cima Rosta hinauf. Wo nur Corrado, Ferruccio und Juan Carlos bleiben?
Erst gegen Abend trudeln sie ein. Sonnenverbrannt, müde, zufrieden. Wir essen gemeinsam bei Bertu. Am Nebentisch sitzen die Herren aus Hildesheim und halten sich bedeckt. Mehr als ein bißchen Smalltalk zwischen hüben und drüben will diese späte Stunde nicht bieten.
Als wir in stockdunkler Nacht das Lager belegen, hat sich unsere Wäsche trockengeflattert. „Morgen ..." flüstere ich vor mich hin, „eine lange Tour ..." Dann fallen meine Augen zu.

Das große Lauschen am Paß La Colla

18. Tag: Von Talosio nach San Lorenzo

Trockenes Weißbrot, lauwarmer Tee und dünne Salamischeiben – nur so viel hält der Rucksack bereit. Wir sitzen, noch bei Dunkelheit, vorm Posto Tappa und frühstücken.
Die Stille des Ribordonetals ist bezwingend wie eine große Umarmung. Wer jetzt tatenlos bliebe, würde sich ganz ihrer sanften Macht unterwerfen. Weil aber der Weiterweg wartet, versuchen wir vorsichtig gegenzusteuern: mit Tuscheln, Papiergeraschel, dem An- und Ausknipsen unserer Stirnlampen über der Wanderkarte.
„Haben wir alles verstaut?" „Ich schon. Wie spät?" „Halb sechs."
Talosio ... Wenig mehr als das Echo der Schritte. Süßlicher Stallgeruch, flache Steindächer und hell verputzte Fassaden. Sie wirken im Dämmerlicht grau. Kein Hund schlägt an, nicht einmal Hähne krähen hinter uns her.
Posio heißt das nächste kleine Dorf oben am Südhang. Ziel jener schmalen Straße, die 800 Meter tiefer das Valle di Locana verläßt. Sie streift Ribordone, berührt Talosio und wird von der Sommersiedlung Schiaroglio verschluckt – in Sichtweite des Santuario di Prascondù. Das Blechdach dieses Heiligtums blinkt wie ein matter Spiegel in der Morgensonne, als wir die letzten Haselbüsche passieren.
Dort, an der Grenzlinie des Nationalparks Gran Paradiso (1922 von König Vittorio Emanuele III. dem italienischen Staat vermacht und heute rund 72000 Hektar groß), überrascht uns ein flechtenbedeckter Stein mit zwei handbreiten Doppelkreisen. Diese Ritzzeichnungen gelten als prähistorisch. Sie symbolisieren angeblich die Schöpfung und das Universum.[1]
Wir halten im Tagebuch fest: „1630 Meter, gegenüber einer zum Weg hin abfallenden Felswand, 30 Minuten unter der Alpe Arzola."
Als wir ihre Hütten erreichen, beginnt es trotz blauen Himmels zu regnen. Ein alter Hirt benützt unseren Auftritt zur Flucht. Er wartet keinen Gruß ab, will offenbar die Fremden weder sehen noch hören. Nur sein zottiger Vierbeiner hockt knurrend vor der verriegelten Tür.
Sommer in den Piemontesischen Alpen, Hochsaison auf der GTA. Außer uns ist niemand unterwegs. Ein kalter Nordwind bläst über den Monte Arzola (2158 m). Er vernebelt seinen kahlen Kamm, nimmt uns die Sicht und preßt das vom Wetter strohgelb gebleichte Gras zu Boden. Wir frieren. Hanna zieht Handschuhe an. Die Gletscher des Gran Paradiso[2] sind spürbar nah.
Wieder einmal wird uns klar, wie klein wir sind an Statur und Bedeutung. Doch das Alleinsein hat nichts mit Einsamkeit zu tun. Es ist weder uferlos noch erdrückend. Im Gegenteil: Dieses Gehen zu zweit macht wißbegierig und wach.

Felsgravuren über Talosio, die aus der Eisenzeit stammen sollen.

Steinbock
im Nationalpark
Gran Paradiso –
einer von 4000.

Bei den Almhütten am Monte Arzola reicht der Blick weit hinunter zum Santuario di Prascondù.

Alpe Praghetta superiore (2150 m): Eine Stalltür zeigt Menschenmaß.

Es schafft Raum für geschärfte Formen des Beobachtens und Begreifens.
Zu ihnen gehört das sich immer mehr verdichtende Bild einer technisch hoch entwickelten Freizeitgesellschaft. *Viel* bedeutet ihr alles, *wenig* gilt nichts. „Was ist", fragt sie, „im Angebot?" Landschaft als schiefe Ebene, Berge als Mittel zum Zweck. Von kühl kalkulierenden Draht-Ziehern mit sogenannten mechanischen Aufstiegshilfen benagelt, einem alltagsmüden Publikum zum Dauergebrauch empfohlen und durch wechselnde Moden garniert: Mountainbiking, Rafting, Paragliding ...
Die Alpen heute, wirklich der ‚Playground of Europe'[3] schlechthin? Längst überlastet, akut gefährdet – und deshalb jederzeit zu tauschen gegen einen anderen Tummel- und Rummelplatz? Dies mag in anderen Regionen gelten, für den Bereich der *Grande Traversata* jedoch weitgehend nicht. Ökologische Schäden als weltweit drängendes Problem allerdings ausgenommen.
Sollen wir den Lago d'Eugio (1860 m) auch unter dem Stichwort ‚Schadensfall' buchen? Dieser See wurde zwischen 1957 und 1959 mitten im Nationalpark aufgestaut, was das Verhältnis der staatlichen Elektrizitätsgesellschaft ENEL zur Natur charakterisiert.[4] Vier weitere Kunstbecken, die Laghi Teleccio, Valsoera, Agnel und Serrù, liegen ebenfalls im Park. Fünf Denk-Male also, um den Sinn gesetzlich verankerter Schutzmaßnahmen kritisch zu überprüfen.

Überwachsene Ackerterrassen oberhalb San Lorenzo (1045 m) im Vallone di Piantonetto.

Wir laufen unter der Eugio-Stahlbetonmauer westwärts, sehen jede unserer Regungen von ENEL-Männern mit dem Fernglas beäugt und steigen dann steil zu den Weiden der Alm La Colla (2171 m) hinauf. Hier, zwischen Heidel- und Preiselbeerkissen, wacht einer von 60 Parkhütern über die öffentliche Ordnung. Mit Schußwaffe, Hund und Funkgerät.

Keine Pflanze darf im Nationalpark gepflückt werden, auf jede Tierart wird streng geachtet: Außer Gemse oder Murmeltier leben heute wieder 4000 Steinböcke (stambecchi) im Reservat, um 1820 waren es nicht viel mehr als 100 gewesen.[5] Auch Adler, Uhu, Fuchs und Hermelin kommen vor.

Die kleine Hütte des Parkwärters ist verschlossen, der fabelhaft schöne Rundblick entschädigt für allen Schweiß. Er reicht vom Gran Paradiso über Levanna und Úia di Ciamarella bis zum fernen, blaßblauen Pfeiler des 3841 Meter hohen Monviso im Süden.

Heißer Mittag am Paß La Colla. Zehn oder zwanzig Minuten ohne jedes Geräusch. „Als hielte", sage ich, „ein Gott seinen Atem an." Wir vergessen alles Denken, das große Lauschen beginnt. Doch es wird bald gestoppt durch zwei schnaufende Dreiergruppen: die erste (schnell, zielbewußt) aus Germania, die zweite (im bedächtigen Gleichmaß der Sonnenuhr) aus Ivrea/Italia. Die Deutschen lassen wir gern vorbei, dem Olivetti-Verband gilt ein herzhaftes „buon appetito!" Denn er bereitet soeben die populärste aller südeuropäischer Freuden vor – das Picknick.

Unser Abstieg ins Vallone di Piantonetto gleicht einer Bilderbuchschau. Immer neue, farbige Doppelseiten breitet die Wegführung aus: urtümliche Ställe und Vorratsspeicher der Alpe Praghetta superiore (2150 m) mit Steinquadern über den Türen, eine Balma[6] und handgeschmiedetes Ackergerät sowie bunte Bergblumen vorm Hintergrund der Paradiso-Eiszapfen La Tresenta und Ciarforon.

Jetzt für Minuten dort oben stehen ...

Das Licht dieses langen Tages hat uns ausgelaugt. Zäh klebt die Zunge am Gaumen. Knieweich stolpern wir über eine grob gepflasterte Mulattiera dem Dorf San Lorenzo (1045 m) entgegen. Seine Häuser liegen planvoll verstreut zwischen Wiesen und Bäumen. Steingrau gedeckt die alten, anthrazit- oder ziegelfarben ein paar jüngere.

Es können nicht viele GTA-Wanderer sein, die hier ihren Kurs unterbrechen. Der Zustand des Posto Tappa jedenfalls spricht gegen längere Aufenthalte: schmutzig, kein Wasserhahn, die Dusche zehn Minuten entfernt und das Privatissimum auf der Gasse. Ein Domizil, alles in allem, dessen Rohbau-Charme unseren Sinn für Humor strapaziert.

Aber die ‚Trattoria degli Amici' gibt wenigstens ihren Namen her. Ein Abschiedsmenü ist fällig, denn Juan Carlos und seine Freunde werden morgen ins Locanatal absteigen. Wir tauschen Adressen, trinken Grappa plus Génépy und lächeln uns gutgelaunt an der Wirtin vorbei. Sie guckt exakt so, wie ihr *vino della casa* schmeckt: trocken, säuerlich und anhaltend herb.

Verfallene Wege, schwarze Fenster, Ruinen

19. Tag: Von San Lorenzo nach Ceresole

Wir sind gewarnt worden. Da hilft keine Ausrede. Vor einer Woche war es, auf der harten Fensterbank im Rifugio Coda überm Colle di Carisey. „Folgen sie nicht diesem Weg“, sagte gönnerhaft lächelnd unser italienischer Informant, „die GTA wächst immer mehr zu. Schlecht bezeichnet ist sie und nur noch mit Mühe zu finden ...“

Natürlich werden wir gehen. Nicht aus Besserwisserei oder Trotz, sondern weil uns Prüfsteine reizen. Wir nehmen also diese kleine Herausforderung an und fassen zwei Etappen zusammen. Zehn Stunden in wildem Gelände, warum nicht? Das Ding wird zu schaffen sein.

Schlimmstenfalls kehren wir rechtzeitig um. Denn was anderen nützt, könnte ja am Ende auch uns nicht schaden: ein direkter Abstieg ins Locanatal und von dort aus mit dem blauen Linienbus über Noasca nach Ceresole Reale. Diese Umfahrung bedenkend, verlängern wir alle vier Skistöcke und ziehen die Rucksackriemen stramm.

„Uhrzeit?“ „Fünf vorbei.“ „Und der Höhenmesser?“ „Tausend Meter.“

Nieselregen setzt ein. Kein erfreulicher Tagesbeginn. Wir lutschen Schokolade, fühlen uns unausgeschlafen. Es ist dunkel, nebelverhangen und naß. Rechts des abschüssigen Sträßleins von San Lorenzo nach Rosone findet Hanna wie im Traum eine Markierung. Die Lichtfinger unserer Lampen tasten über schiefgetretene Stufen. Das ist der Weg.

Er führt ins völlig entsiedelte Bergland der Costa delle Fontane Fredde (Kaltbrunnengrat), einem 2000 Meter hohen Felsriegel, dessen rötlicher Rücken die Täler von Piantonetto und Orco/Locana trennt. An seiner Südseite bewegt sich nichts mehr – außer Kleingetier, stäubendem Steinschlag oder dem Schattenbild der vor Wind und Wetter segelnden Wolken.

Auch heute? Wir stehen am Fuß einer Schuttrinne und blicken rundum.

Feuchtkalter Dunst deckt die Flanken der Fontane Fredde. Das Zwielicht will nicht weichen. Nur wir stören die Stille mit unserem Stapfen im welken Kastanienlaub. Der alte Weg von Dorf zu Dorf verengt sich zum Pfad, zur Spur, zum Nichts. Schwefelgelb blüht Ginster auf verwilderten Feldern, Strauch neben Strauch. Grau starren die hohlen Gehäuse der Weiler Bertodasco (1175 m) und Perebella (1339 m) aus dornigem Unterholz.

Selten fühlten wir uns den Bergbauern so nah wie hier, wo sie fort sind. Ihrem nüchternen Existenzkampf Jahr um Jahr, dem willenlosen Warten während des sieben bis acht Monate langen Winters, der nicht endenden Armut von Generation zu Generation.

Als wir in Noasca (1058 m) stumm am Tisch einer Straßenbar hocken, Industriegebäck kauen und mit American Tonic verdünnen, könnte der Zeitsprung kaum größer sein: Draußen donnern Lastwagen vorbei, aus zwei Boxen ölt die Hitparade einer Kommerzwelle. Wir hören dem Sprechergefasel zu, doch gleichzeitig gehen uns die Bilder des Vormittags nicht aus dem Kopf: Meinardi, Cateri, Casetti, Coste und Prà – verfallene Wege, schwarze Fensterhöhlen, Ruinen. Jeder Name ein Dorfleben, jedes Dorf ein sich langsam nähernder Tod.

Unsere Gläser sind leer. Sonnenflecken auf dem Fußboden streifen die Beine. Wir gähnen laut. Warum eigentlich scheidet Noasca als Übernachtungsplatz aus? Der ‚Albergo Gran Paradiso‘ nebenan wirkt solide, er bietet auch GTA-Gängern Unterkunft. Trotzdem hält uns hier nichts. Denn das Wetter scheint besser zu werden, und außerdem gibt es ja noch so ein Sprichwort von anno dazumal: „Novasca, Novasca. Poco pane, lunga tasca.“[1]

Fremde Taschen und Brote in Ehren – wir halten uns lieber ans Eigene und ziehen Zwischenbilanz. Der Abschnitt San Lorenzo–Noasca war zur Hälfte ermüdend, doch trotz struppiger Steppenheide kein Irrgarten und mit fünf Stunden Gehzeit eine eher kurze Partie. Was wird die Fortsetzung bringen?

Zunächst nur Lärm und Abgasgestank auf der Staatsstraße 460. Dann, schon in praller Sonne, eine steile Dreiviertelstunde zu den kleinen Gemeinden Balmarossa und Varda (1525 m). Schließlich ebene Wege hinein ins Vallone del Roc, dessen Name uns an die Hochweiden bei Talosio/Prascondù erinnert.

Über eine von Ebereschen gesäumte, lichtbesprenkelte Mulattiera erreichen wir gegen

Rauchabzug im verlassenen Weiler Perebella und die leere Dorfschule von Maison (rechts).

Auch der Weiler Meinardi (1481 m) am Kaltbrunnengrat wird aufgegeben (unten).

Nur eine Ziege mustert die Fremden (rechts unten).

Maria zum Schnee, bitte für uns: Fresko in Cappelle überm Locanatal.

Vor der Alpe Potes (1530 m). Es wird nicht mehr lange dauern, bis dieser letzte Stützpunkt verfällt.

Das ‚königliche' Ceresole unter den drei Levannagipfeln (Postkarte um 1920).

Mittag das Dorf Maison. Birken und Nußbäume biegen sich knarrend im Wind, der die Wiesen bestreicht. Ein halbes Dutzend aus Gneis gemauerter Hütten liegt ineinander verkeilt am Hang. Nichts Menschliches rührt sich. Wir spähen durchs Fenster der letzten Behausung: Unter niedriger Decke fünf Holzpulte, eine bekritzelte Tafel, die Landkarte zerfetzt an der Wand – das alte Schulzimmer von Maison.

Unterricht an einem trüben Dezembermorgen. 1750? 1850? Oder 1950? Es bleibt sich gleich. Meterhohes Weiß auf den Dächern, spitze Griffel in rotgefrorenen Fäusten, der Lehrer hustet seit Wochen. Manchmal tage- und nächtelang Schneesturm. Bitte für uns, Madonna della Neve ... Wir spüren Kummer und Kälte, entdecken fromm auf Putz gepinselte Heiligenbilder in den Gassen von Mola und Cappelle. Auch dort wurden die Höfe vor Jahrhunderten eng zusammengebaut. Nicht aus Gründen des Schutzes, sondern um kostbares Weideland zu sparen.[2]

Nur noch der Dorfbrunnen von Cappelle lebt. Er gurgelt und stöhnt, speit Wasser in röchelnden Schüben. Ein passender Auftakt zum Elend des Nachmittags: Überwiegend weglos, beinahe ohne Markierungen, hacken wir uns durch einen Sperrgürtel ruppiger Grünerlen zur Alpe Prà del Cres (2002 m) hinauf. Erst der Abstieg unter rauschenden Lärchen nach Ceresole Reale (1500 m) versöhnt mit der Schinderei.

Zehn Stunden in Bewegung, allmählich reicht es für heute.

Ceresole, am 1925/29 gestauten See unter dem Gletscherkamm der Levanna gelegen, verweist auf altrömische Silberminen. Sein königliches Attribut ist ein Erbstück von Vittorio Emanuele II. Er kaufte 1862 das regionale Jagdrecht, schoß fortan mit Vorliebe Gemsen oder Steinböcke und gilt als Großvater des Nationalparks Gran Paradiso.[3]

Im ‚Albergo Fonti Minerali' (Ortsteil Prese) finden wir dreierlei: eine arsen- und eisenhaltige Hausquelle gegen Blutarmut, das seit sieben Tagen entbehrte Duschbad sowie Signora Daniela Chiris Pizzalokal. Zwei deutsche Alpinisten berichten abends von Regen und Schnee am Montblanc. So etwas, kommentieren wir lässig, ist für uns überhaupt kein Gesprächsthema. Zum Glück ...

Blutiger Streit unterm Colle Crocetta

20. Tag: Von Ceresole nach Pialpetta

Wie Fangarme greifen die Lanzotäler nach Westen hinein ins Bergland der Grajischen Alpen. Drei Flüsse entwässern das bereits zur Bronzezeit durch Bauern kultivierte Gebiet in südöstlicher Richtung. Sie heißen Stura di Val Grande, Stura di Ala, Stura di Viù und münden als Torrente Stura di Lanzo bei Turin in den Po.

Die geologischen Profile dieses Teils der sogenannten Penninischen Zone zeigen Kalk- und Glimmerschiefer, den granitähnlichen Gneis und verschiedene Grünschieferarten wie Serpentin oder Prasinit. Vorwiegend harte, rauhe Gesteine – ideal für Reibungskletterer mit kräftigen Fingern und entwickeltem Gleichgewichtssinn.[1]

Solche Merkmale jedoch sind auf der GTA nicht wichtig. Das Wandern vom Wallis nach Ligurien verlangt andere Qualitäten: innere Ruhe, Genügsamkeit, Ausdauer, Feingefühl, ein gutes Maß an heiterem Sinn, den Blick fürs Große im Kleinen und umgekehrt.

Ceresole Reale liegt hinter uns. Wir haben den Nationalpark Gran Paradiso verlassen. Die italienische Alpentraverse schwenkt wieder südwärts. Nach neun Tagen West- und Südwestkurs, seit Oropa, geht es jetzt gerade von einem Valle di Lanzo zum nächsten. Fünf Pässe mit Durchschnittshöhen um 2500 Meter sind während der kommenden sechs Tage zu kreuzen. Dann ist Halbzeit. Im römisch-antiken Susa, unterm Mont Cenis (Moncenisio), begegnen sich die Nord- und Südrouten der GTA.

Nur noch sechs Tage bleiben übrig? Schon so lange sind wir unterwegs ...

Ich rechne zusammen, komme rückwärts zählend immer wieder zum selben Ergebnis. Nicht zu glauben: Vor knapp drei Wochen hat alles begonnen. Im Anzascatal bei Molini di Calasca. Auf einer Brücke über dem tosenden Wildbach, den das Walservolk d'Vischpu nennt.

Wir steigen rasch und leicht höher durch die Foresta di Crousionay. Dieses hellgrüne Lärchenband unter den Karen von Corno Bianco und Monte Morion gilt als einer der schönsten Bergwälder in Piemont. Er scheint sich mit seinen gefiederten Kronen bis an den Himmel zu recken – ein merkwürdig milder Kontrast zum historisch faßbaren Ernst der Umgebung.

Im ersten Drittel des vorigen Jahrhunderts, so wird noch heute erzählt, stiefelten ein paar

Lago di Ceresole Reale gegen den Grenzkamm der Punta Basei (3338 m).

Am Colle della Crocetta (2641 m). Im Hintergrund der Gran Paradiso.

Burschen aus Ceresole sieben Wegstunden weit über die Crocettascharte ins Val Grande. Sie wollten die Glocken der Gemeinde Groscavallo stehlen: ein rüdes Bubenstück, das auf Schmach und Spott spekulierte. Doch die *groscavallesi* waren weder feige noch faul. Sie vertrieben und hetzten ihre ungebetenen Gäste, Stunde um Stunde. Jenseits des Jochs kam es schließlich zur blutigen Abrechnung. Mehrere junge Männer wurden erschlagen und im Geröll verscharrt. Seither heißt das Gelände Piano dei Morti (2350 m), Ebene der Toten.[2]

Nichts deutet auf Gräber hin, als wir diese gottverlassene Stätte queren. Scharfe Windstöße lassen uns Schutz hinter hohen Felsblöcken suchen. Schon fast greifbar nah wächst im Süden ein kleines Kreuz aus der Gratkerbe des Colle. Wir peilen es an, klettern steil über Moränenschutt, umgehen die letzten Granit- oder Gneisbastionen und stehen nach insgesamt drei Stunden am Einschnitt des Colle della Crocetta (2641 m).[3]

Geschafft! Nicht schwierig war dieser 1100-Meter-Aufstieg, sondern bedrückend. Doch seit der Sattel erreicht ist, atmen wir wieder frei. Die Sonne wärmt mit blitzenden Strahlenbündeln, bis jede Melancholie verdampft. 300 Meter tiefer, im blauen Schlagschatten des Crocetta-Kamms, winselt der Wind um die Grüfte der Gesteinigten. Wie Jammern und Klagen weht es zu uns herauf.

„Katzenmusik", sage ich. Wir übertönen sie, denn zwei Mägen fordern ihr Recht. Bald blubbert die amerikanische *Backpacker*-Suppe im Topf. Löffelnd kauern wir neben einer bleichen Madonnenfigur. Sie steckt im Plattensockel des Kreuzleins (*crocetta*) von 1948, trägt eine verwitterte Schärpe und starrt nach Südosten: schmaläugig, ungerührt, kalt.

Kein besonderer Standort für die einsame Jungfrau? Vielleicht doch. Das Gipfelpanorama wäre durchaus zu loben. Es reicht von dem mit dunklen Türmen gespickten Mode-Viertausender Gran Paradiso im Norden über die Levanna[4] am Eingang des französischen Parc Vanoise bis zur Fels- und Eiskuppe der Úia di Ciamarella (3676 m) zwischen Punta Tonini und Mont Collerin.

Wir steigen ab, die Köpfe voller Bilder. Am spiegelnden Lago Vercellina vorbei spurt der Pfad über Schrofenhänge und staubtrockene Weiden zum Waldsaum des Val Grande. Rindengeruch und Grasdüfte begleiten uns bis vor das weiße Barockkirchlein von Rivotti (1450 m). Die Wiesen sind frisch gemäht, einige Almen oberhalb des Weilers werden noch bewohnt und betrieben. Viele heißen Gias[5]. Dieses Wort erinnert an die keltisch-ligurischen Siedler in vorrömischer Zeit.

Am Posto Tappa der Gemeinde Pialpetta (1069 m) endet unser langer Nachmittagsweg. Wir lassen Stöcke und Rucksäcke fallen. 2700 Höhenmeter seit Ceresole Reale reichen aus, um müde zu sein. Kurzes Geschnupper ... aha. Alles ist da wie vorbestellt: der gut sortierte Dorfladen, das ‚Ristorante Setugrino' mit mäßigen Preisen, die Gasflasche vorm Bett für den Morgenkaffee.

So läßt es sich leben.

Wir sitzen auf dem Brunnenrand und beißen in faustgroße Pfirsiche. Einschläfernd stottert das Wasser, die Sonne wirft langgezogene Schatten. Zwei kleine Mädchen mit Brombeeraugen stehen, Statuen ähnlich, in sicherem Abstand und staunen uns an. „Was meinst du", frage ich Hanna, „zu diesem Tag?" Sie lächelt: „Wir haben ja noch ein paar Stunden. Danke, daß es ihn gibt."

Treppenweg zwischen Rivotti (1450 m) und Pialpetta: Wir steigen ab, die Köpfe voller Bilder ...

Schürfer, Schmuggler, Land ohne Menschen

21. Tag: Von Pialpetta nach Balme

„Man soll in die Berge gehen, wenn man Lust dazu verspürt, aber man soll stets dessen eingedenk sein, daß Mut und Kraft nichts bedeuten, wenn sie nicht mit Vorsicht verbunden sind... Man soll nicht übereilt handeln, soll auf jeden Schritt achten, den man wagt, und von Anfang an daran denken, wie das Ende sein könnte.“[1]

Was viele alpinistische Frühstarter wußten, ist auch uns vertraut. Egal, ob in Fels und Eis oder auf der *Grande Traversata* – oft schicken wir sorgfältig suchende Blicke voraus und rühren erst dann die Beine. Um also morgens nicht herumzuhampeln, wird am Abend zuvor der Weg erkundet. Doch dieses System funktioniert nur bedingt. Heute müssen wir passen. Südlich von Migliere, dem Nachbarort der Gemeinde Pialpetta, verästeln sich ein paar Fährten im Wald. Keine ist bezeichnet, alle führen bergan. Aber welche hat den Colle di Trione zum Ziel?

Da gibt es nur eine Devise: Vorwärts und „auf jeden Schritt achten“.

Es bleibt freilich beim Entschluß. Denn schon bald geht unser Pfad in die Breite. Er buckelt mit den Merkmalen einer Mulattiera und präsentiert auch noch die typischen Kennzeichen. GTA-Schilder, aus Blech gestanzt, rot-weiß-rote Signets im Kleinschriftenstil. Wir können sicher sein: dies ist der Anstieg zum Colle.

Eine halbe Stunde nach Sonnenaufgang sind Gras und Buschwerk vom Tau noch benetzt. Blätter blinken im Gegenlicht, nadelfein tröpfelt es unter Lärchen und Birken. Die große Stille der Nacht verströmt sich in den zahllosen kleinen Regungen und Geräuschen des erwachenden Tages. Morsche Zweige knacken, ein fernes Flugzeug rumort, einzelne Vögel beginnen zu zwitschern. So leise, als trauten sie ihren Stimmen nicht.

Monoton rauscht der Fiume Stura. Er sammelt aus dem Talschluß 30 Bäche, die den Bergen zwischen Ciamarella und Levanna entspringen. Gestern nachmittag schwamm diese Gipfelkulisse im sonnigen Nebel, heute früh entfaltet sie sich zum Zehn-Kilometer-Prospekt: schroff und abweisend, ein Rohbau neben dem anderen. Fünf Scharten öffnen hochalpine Schlupflöcher nach Frankreich hinein, sie sind vergletschert und im Schnitt mit 3200 Meter vermessen. Spricht der höchste Übergang gegen alle? Er heißt Passo delle Disgrazie, Unglückspaß.

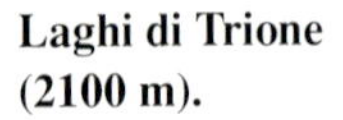

Laghi di Trione (2100 m).

Wollgras unterm Colle di Trione.

Zottige Gemswurz.

Das Joch überm Plateau des Grenzgletschers Grand Mean beschäftigt unsere Phantasie. Es läßt Hanna und mich unwillkürlich schneller treten. Wir diskutieren, stellen Hypothesen auf, verwerfen sie wieder. Passo delle Disgrazie ... Die Gedanken fliegen zurück und voraus, der Puls eilt hinterher.

Im kühlen Talkessel der Alpe Trione (Gias Nuovo, 1649 m) halten wir an. Dort wird gerade eine Kuhherde vom Schatten ins Licht dirigiert. Hunde kläffen, das Milchvieh trottet träge dahin. Zwei Hirten begleiten den Zug, ihre Rufe klingen wie Sprechgesang. Was wissen diese Treiber von den zerfallenen Silberstollen im Bannkreis eines mythischen Felsblocks, der Pera Cagna? Bis zum späten 16. Jahrhundert wurde hier gepickelt, gesiebt und im Val Grande verhüttet. Dann waren die Erzgänge leer. Ihre schimmernden Inhalte wandelten sich zur Legende, sie wurden märchenhaft wie der Monolith.

Geringe Spuren des Schürfbetriebs[2] sollen noch im Umfeld der Alpe Trione zu sehen sein. Wir suchen und finden außer wild gesäten Steinbrocken nichts. Viermal 400 Jahreszeiten haben alles gründlich planiert. Disgrazia! Pech und Enttäuschung. Da taucht das Paßwort wieder auf und setzt einen inneren Film in Gang.

Er zeigt, im Zeitraffertempo, die Jagd nach bescheidenem Wohlstand vor dem Hintergrund täglichen Mangels: Wer trotz Ackerbau und Grubenarbeit kein Auskommen fand, schleppte heimlich Verbrauchsgüter über den Alpenhaupt-

Bildstock vorm Weiler Ciampàs (1400 m) über Molette im Alatal.

kamm. Billiges Salz, kostbare Kaffee- und Tabakrationen vom Herzogtum Savoyen ins Fürstentum Piemont, Reis oder Olivenöl aus Piemont nach Savoyen. Selten weniger lang als zwölf Stunden, meist nachts mit 30 bis 40 Kilogramm auf dem Rücken. Die schwächsten dieser verschwiegenen Männer stürzten in Gletscherspalten, andere wurden erwischt und an Ketten geschmiedet. Welches Ende war gnädiger?

Passo delle Disgrazie, der Film reißt ab. Wir nehmen ihn als Hinweis auf düstere Varianten des Grenzverkehrs zwischen Italien und Frankreich. Sie haben viele politische Systeme überdauert. Erst das junge Europa ließ Profitraten schmelzen und höhlte den Bergschmuggel aus.[3]

Unser Weg nach Balme im Val di Ala läuft buchstäblich quer zur Geschichte. Er sah wohl nie die vor der Staatsmacht fliehenden Schleichhändler, wurde in keiner Hinterstube als Flüstertip weitergereicht. Doch auch ohne historische Bezüge sichert sich dieser Steig den ihm zustehenden Platz. Er kostet Kraft.

Nach und nach, während einer langen Rast am Colle di Trione (2485 m), wird uns das Spezialmaß der Plackerei bewußt: Schiefrige Steilstufen, loses Geröll, wie Schleifpapier scheuernde Erlen und Myriaden von Mücken haben sich gegen die moorbraunen Augen der Laghi di Trione behauptet. Wir sitzen auf den Rucksäcken. Froh darüber, daß es von jetzt an nur noch abwärts gehen soll. Jedenfalls heute ...

Aber was ist das? Mit geradezu stürmischem Schwung hüllen sich die Berge in grau wattierte Wolkenmäntel. Ein paar heftige Windstöße rempeln uns an. Es donnert. „Nur fort“, sage ich, „und erst mal vom Sattel weg.“ So rasch es das Gefälle erlaubt, steigen wir abwärts. Aus dem Schutt zu beiden Seiten der Spur gucken gelb und rosa die Köpfchen von Gemswurz und Alpen-Grasnelke.

Je mehr wir uns dem Taleinschnitt nähern, desto diesiger liegt der Nachmittag über den Weiden. Das letzte, leise Gepolter im Südwesten ist verstummt. Wir sind trocken geblieben.

Einsamkeit rundherum, Land ohne Menschen. Menschliches Land um so mehr? Die Stille breitet sich aus am Ufer des halb vertrockneten Lago Vasuera, bei den nahen Pyrit-Lagerstätten[4], auf jeder Almflur und im winzigen Weiler Ciampàs (1400 m). Als wir dort einen Bildstock, zwei alte Häuser und den Backofen bewundern, steht plötzlich jemand neben uns. Schön, dieser Platz, nicke ich. Er gefalle mir – *mi piace*. Nein, antwortet die Frau entschieden. Sie schüttelt ihren Kopf. Der Ort sei verkommen und häßlich, kein Anblick für Fremde: „Brutto, Signore!“

Mit Balme (1432 m) haben wir die höchstgelegene große Siedlung der Lanzotäler erreicht. Ihr zusammengedrängter und durch Lawinenabweiser geschützter Dorfkern deutet auf schneereiche Winter hin. Unser Quartier im Nebengebäude des ‚Albergo Belvedere Camusot‘ ist schlicht, aber tadellos ausgestattet. Ein Hauch von Fin de siècle umweht die „gruppo di edifici bene esposti con terrazze e verande“.[5] Oder spielt nur der Wind in den Tannen?

Blau blühen Gasflämmchen, die Pasta köchelt. Wir entkorken eine Flasche Dolcetto und machen es uns auf Großmutters Sofa bequem. Jetzt, endlich, holt der Landregen seine Versäumnisse nach. Er pritschelt gegen die Fensterscheiben. Schlafsackmusik!

„Wir sind arm, unser Leben ist kurz“

22. Tag: Von Balme nach Usseglio

Stehend trinken wir unseren Morgenkaffee. Er ist heiß und stark. Im schummrigen Schein einer Glühlampe wird geräumt und gepackt. Jetzt, zu Beginn der vierten Woche, fließen alle Bewegungen ineinander. Kein Fragen oder Suchen macht Mühe, jedes Ausrüstungsstück findet wie von selbst seinen Platz.

Die Tür knarrt. Der Schlüssel klemmt und muß stecken bleiben. „Was sagst du zur Nacht?“ fragt Hanna im Hausflur. Ihre Stimme wirkt ausgeruht, wach, unternehmungslustig. „Gut geschlafen“, antworte ich und verwende ein Wort, dessen Patina mir sonst eher mißfällt: „Ich fühle mich ... erquickt.“

Wir schnuppern nach draußen. Balme dämmert im Nebel. Die Luft riecht erdig. Sie ist warm und sehr feucht. „Gehen wir's an?“ Als das Zwielicht gegen den Tag keine Chance mehr hat, schnürt ein kleines Figurenpaar durchs Vallone Paschiet: hochbepackt, leicht vornübergebeugt, im ruhigen Rhythmus der Langstreckenläufer.

Heute ist Samstag. Wo bleiben die Wochenendausflügler? Für sie dürfte es noch zu früh sein, wir sind in Italien. Außerdem wird wohl der Wetterbericht für verspätete Aufbrüche sorgen. Wer aber trotzdem Großes wagt, mag zur Picknickzeit am Pian della Mussa parken. Dieses Edelplateau im obersten Alatal (1750 m) läßt sich risikolos als *drive-in* benutzen. Oder, herkömmlich, als Basis für eine Palette von Fels- und Eisanstiegen auf die Úia di Ciamarella.

Unser Weg des Weder-Noch führt ein weiteres Mal ins touristische Abseits und damit zu neuen Ufern. Konsequent dem Anspruch der *Grande Traversata* folgend, scheinbar Nichtspektakuläres auf den Schild wahrer Attraktionen zu heben. Originell, schwärmen in diesem Zusammenhang GTA-Verliebte vor jedem bemoosten Steindach, sei nur das Original.[1] Bäuerliches Handwerk, so hoffen sie, gewinne mit den Jahren seinen alten Stellenwert zurück. Die Kunst überlieferten Könnens lasse langfristig keine abgekupferte Künstlichkeit zu.

Wer die Kapitalmacht der modernen Freizeitpäpste und ihrer Nachbeter kennt, zieht womöglich andere Schlüsse – bis Gegenbeweise überzeugen. I Frè[2] im Paschiettal nimmt sie – zunächst noch, oder schon wieder? – vorweg. Die Runzelgesichter seiner Häuser haben alle Veränderungswut überstanden, nicht so das skigeliftete Nachbardorf Cornetti. Beide Siedlungen wurden während des 16. Jahrhunderts durch Bergleute aus dem Valsesia gegründet. Männer, deren Selbstverständnis nur zum Teil in den finsteren Erzgruben rund um Balme wurzelte.

Die Familien dieser Minenarbeiter des Nordens blieben hier ihrer frankoprovenzalischen Sprache[3] treu, dem Ackerbau und einer besonderen Wirtschaftsweise – der Transhumanz: Bauern treiben das Milchvieh im Frühjahr aus den Ebenen von Weide zu Weide bergauf. Sie erreichen im August die höchsten Almen unter der Vegetationsgrenze und steigen danach wieder ab.[4]

Absteigen, ja ... dem Licht entgegen! Unser Wunsch läuft mit der Wirklichkeit um die Wette. Wir sitzen unterm Blechdach des Bivacco Gino Gandolfo (2160 m) am Klapptisch und linsen zur Luke hinaus. Es ist dunkler geworden. Wie Mehltau liegt ein Feuchtigkeitsfilm auf Gras und Steinen. Hanna säbelt dünne Scheiben vom körnigen Parmesan, der Käse knirscht.

Wir essen.

Minuten später stehe ich schon wieder neben der Biwakschachtel, scharre mit Stiefelabsätzen und Stöcken im Sand. Kein Rennpferd vor dem Start könnte ungeduldiger sein. „Was ist passiert?“ „Nichts. Aber es wird vielleicht ... Muß irgendwann ...“ Ich dränge zum Aufbruch. Weiter, nur weiter!

Erst nachmittags löst sich die Spannung. Sie weicht einer totalen Reglosigkeit. Wir liegen im blau geblümten Wiesenbett des Valle di Viù. Das Etappenziel Usseglio (1265 m) vor Augen, klettern die Blicke noch einmal bergauf bis zum nebulosen Nirgendwo der beiden Pässe Paschiet und Costa di Fiorita. 1200 Meter Steilabstieg haben uns seit dem letzten Joch genervt – eine ununterbrochene Rutschpartie über rieselnden Schutt, rollende Steine, nasse Grasbüschel und schlüpfrige Wurzelschlingen. Nicht ohne Grund predigt die Associazione GTA immer wieder besondere Vorsicht bei Regenwetter.[5] Doch nur hier im Vallone di Venaus, so meinen wir, reckt sie den warnenden Finger zu Recht.

Giuseppe Costa, der Hirt aus Usseglio: „Kommt noch einmal, aber bald.“

Solche Themen sind für uns trotzdem kein Tagesgespräch. Wohl aber die Frage „San Desiderio – ja oder nein?“ Diese Kapelle, eine der ältesten in den Valli di Lanzo, konkurriert mit Erfolg gegen Kost und Logis: unser Posto Tappa kann warten. Wir werfen die Säcke hinters nächste Gebüsch, stoppen einen weinroten Alfa aus Turin und werden zwei Kilometer östlich vom Rastplatz entlassen.
40 Meter über dem Dorf, auf einem mit Birken bewachsenen Hügel, steht das bescheidene Bethaus. Der kleine, verputzte Bau trägt weder Glocke noch Turm. Er gilt als ein Werk des achten Jahrhunderts und wurde wohl mit römischen Fundamentsteinen gemauert. Als wir seine Bohlentür öffnen, stieren uns vom Altar her hohle Blicke an: Totenaugen unter knöcherner Rundung. Im Votivkasten bleicht das Reliquiar der Reinheit einer Santa Candida.
„*Salve, stranieri!* Wo kommt ihr her?“ Ich drehe mich um, wie beim Stehlen ertappt. Ein alter Mann steht vor uns. Klein gewachsen und mager. Grauer Schnurrbart, dünne Arme, abgewetzte Weste, löchriger Hut. „E tu?“ Er lächelt. „Ich ... aus Usseglio. *Questa valle.*“ Ein Wort macht dem anderen Platz. Der Hirt stützt sich auf seinen Stock, schickt seinem Hund einen Pfiff nach und beginnt zu erzählen.
„Rußland“, sagt er. „*Russia! Millenovecentoquarantadue.* 1942. Eine verdammt lange Zeit. Mit den *alpini* war ich dort, als Soldat. *È vero*: ein großes Land. Zu groß für mich. Viel Schnee und viel Platz. Aber ihr seid Deutsche. *Tedeschi*, ich weiß. Was wollt ihr hören? Sie waren nicht gut und nicht schlecht, eure Leute. *Così-così.* Wie alle im Krieg ...“
Als wir abends im ‚Albergo Grand'Usseglio‘ die lauwarme Suppe löffeln, denke ich wieder an den Mann. Wir beugen uns über weißen Damast, das Nachbarpaar nippt am Wein. Vor mir auf dem Tisch liegt ein zerknitterter Fetzen Papier: „Costa Giuseppe, pastore.“[6] Ich habe den Alten fotografiert. Wie aus der Wiese gewachsen posierte er zwischen seinen Kühen und sagte: „Hier sind wir arm. Unser Leben ist kurz. Kommt noch einmal, aber bald.“ Das mußte ich versprechen. Mit Handschlag.
Es blieb jedoch vorerst bei der guten Absicht, einem Bild für Giuseppe und seiner fast unleserlich hingekrakelten Antwort: „Caro amico, lo ringrazio di cuore: Danke, lieber Freund. Von Herzen.“

Die schlichten Züge des alten Vulpot

23. Tag: Von Usseglio nach Malciaussià

Ein großes und seichtes Gewässer soll einst das Tal von Usseglio bedeckt haben, gestaut durch die Endmoränen eiszeitlicher Gletscher beim Dorf Piazette. Vielleicht ist diese These nicht ganz aus der Luft gegriffen. Botaniker jedenfalls fanden die Reste einer typischen Binnenseeflora im oberen Viùtal[1], mündliche Überlieferung steuerte den populären Anteil bei. Was sollen wir davon halten?

Vorerst wenig. Denn im Schlafsack, wie Igel zusammengerollt und kein Zehntelgrad Wärme verschenkend, läßt es sich schlecht über draußen diskutieren. Aber wenn schon – für uns ist das vor- oder frühgeschichtliche Planschbecken weder geo- noch glaziologischen Ursprungs. Wir haben den Regen von der Nacht bis zum Morgen rinnen gehört und wissen Bescheid: so kam die Sintflut zustande.

„Heute bleibt es dabei", erklärt eine Frauenstimme, „heute wird Pause gemacht. Seit zwei Wochen war die Rede vom Ruhetag, und nichts ist gewesen. Ich sage bloß San Giovanni ..." Als freilich die Sonne für Sekunden ans Dachfenster scheint, gibt es kein Halten mehr. Wir rappeln uns auf. Wenn jetzt nicht, wann dann? Der Bettenrost ächzt. Ab nach Malciaussià. See und Rifugio sind nur 8000 Straßenmeter entfernt, 540 ermitteln wir vertikal. Ein Spaziergang.

Die Ruhe, jetzt tritt es zutage, hat schon längst mit uns Frieden geschlossen. Wie von selbst bestimmt sie das Tempo. Unterwegs ...

Es tut gut, wieder lärmfreie Frischluft zu atmen. Im Posto Tappa waren wir stundenlang gefangen zwischen Kellner, Koch und Kassier. Werksatmosphäre pur von der Tag- zur Nachtschicht, weil das Personal einen Dauerstreß mit dem anderen schlug: hier Madonna oder Dire Straits ohrenbetäubend, dort der Berufstrott im Suppen- und Soßenmilieu.

Vorbei. Usseglio, sein ‚Grand'Albergo' und die sich stumpf wiederholenden Hits sind schon vergessen. Wir wandern nach Westen.

Bei Villaretto begegnen uns schwarz gekleidete Bauern auf dem Weg zur Kirche. Hannas blanke Waden unter der Bundhose erregen, wieder einmal, weniger Sprachlosigkeit als die Leichtmetallstöcke. Derweil patschen zwei Kinder mit List und Lust durch jede erreichbare Pfütze, was das öffentliche Interesse rasch von einem Spektakel zum anderen lenkt: „Carlo, aspetta! Vieni qua, Adriana!"

Die Fahrbahn bleibt leer. Ein nach Malciaussià rollendes Auto ist nirgends in Sicht. Wir tragen unser Gepäck über den vielfach geflickten Teerweg und beschimpfen das Wetter. Grau-sam nennen wir es wegen seiner Farblosigkeit, verschwitzt und vom schwülwarmen Dampf bis in alle Nähte hinein durchfeuchtet.

Margone (1410 m) heißt der höchste dauernd bewohnte Ort des Valle di Viù. Die Straße dorthin wurde 1894 fertiggestellt. Zu einer Zeit, als viele verarmte Bergbauern ihre Heimat längst aufgegeben hatten und ins Flachland gezogen waren.[2] Reste des früheren Margùn bröckeln am Dorfrand – mürbe Kanthölzer und kunstlos gehämmerte Gneisblöcke, aus denen die ältesten Häuser erbaut worden sind. Vor Jahren noch soll eines mit der Zahl 1664 datiert gewesen sein.[3] Wir finden es nicht.

Aber die Gastfreundschaft lebt in Margone. Vor dem Pfarrheim singt eine Jugendgruppe ebenso laut wie falsch das Lied vom guten und nahrhaften Mais. Es ist kaum weniger populär als der aus Kupferkesseln geschöpfte, goldgelbe Brei: „Come si pianta la bella polenta? La bella polenta si pianta così ..."[4]

Als wir am Zaun applaudieren, entdeckt uns ein Vikar in verwaschenen Jeans. Ob wir Tee tränken? „Aaah si. La conosco, la GTA." Diesen Weg durchs Gebirge kenne er gut. „E domani", morgen, stehe Europas höchster Wallfahrtsberg auf dem Programm der Sommerfreizeit. „Ihr wollt auch zum Rocciamelone? Dann treffen wir uns im Cà d'Asti. Das ist eine schöne Hütte. *Ci vediamo!*"

Dieser Dreieinhalbtausender, denke ich, wäre zum Abschluß kein übles Gipfelziel. Wir können ihn ohne Probleme besteigen. Entweder von Norden und Westen auf einer leichten Gletscherroute oder südseitig über den versicherten Pilgerweg. Wenn der Himmel es nur gut mit uns meint und nicht zu spät seine aschgrauen Vorhänge lüpft.

Noch deutet nichts darauf hin. Wir queren den Torrente Stura di Viù und stapfen durch gelbe, klitschnasse Wiesen. Der kleine Seitensprung

Reste von Pferchmauern am Weg Malciaussià – Colle Autaret.

zur Alm Grangia Vaiet (1507 m) führt unwiderstehlich die Vorzüge trockener Hosen vor Augen. Ihnen wie unseren schmatzenden Strümpfen zuliebe wählen wir bald wieder festen Asphalt. Er leitet, teilweise unter der Trasse eines kaum mehr sichtbaren Saumwegs, in Kehren zum Stausee von Malciaussià (1805 m).[5]
Es nieselt. Schlaff hängt die italienische Fahne vor stahlblau gewelltem Wasserspiegel. Hier wollen wir bleiben. Lorenzo Ferro Famils ‚Albergo Vulpot' soll heute unser Posto Tappa sein. An der von hochalpin verkleideten Autofahrern umlagerten Bar werden Kuchen, Schnaps und Kaffee serviert. Die Wirtin, zu allem Überfluß, hat trotz des vielstimmigen Treibens ein Herz für deutsche Bergsteiger. Sie holt den Schlüssel vom Haken, winkt uns ins Dachgeschoß und öffnet das Allerheiligste. Enorm: Großvater Vulpots massive Eichenholzbetten mit Seeblick. „*Diecimila le due*. Zehntausend, weil ihr es seid."
Weil wir ...?
Da weht es auf einmal vorbei wie Hanfseil-, Tuch- und Schafwollgeruch. Dieses ‚Ihr' trägt die schlichten Züge des alten Vulpot, an dessen Gestalt ein Bergführer-Denkmal vor der Haustür erinnert. Er verkörperte fraglos jenen selten gewordenen Geist, der im zahlenden Gast erst den Menschen und dann die sprudelnde Geldquelle sieht.
Beim Abendessen, zwischen *polenta con spezzatino*[6] und *fettuccine* (Bandnudeln), erkundigen wir uns nach dem Wetterbericht. Das Tischmädchen aus Bergamo antwortet freundlich und in fließendem Englisch: „Very fine tomorrow. You may have no problems at all. Just wait and see." Ein kurzer Ausflug zum nebligen, nachtdunklen See gibt der Studentin leider nicht recht. Er schwemmt alle Hoffnungen weg, es regnet noch immer. Weshalb wir nun wirklich in stoischer Ruhe zu Bett gehen. Nach unserer erweiterten Faustregel ‚just wait – and see nothing'.

Lago di Malciaussià (1805 m).

Bei der aufgegebenen Sommersiedlung Pietramorta: Ende eines Weidetags.

... und sollten Geschautes nie mehr vergessen

24. Tag: Von Malciaussià zum Rifugio Cà d'Asti

Fünf Uhr, das darf nicht wahr sein. Viel zu früh piepst der Wecker. Ist etwas falsch gelaufen? Ich reibe die Augen, torkle zum Fenster und stoße den Laden auf. Große Überraschung. „Hanna!“ Barfuß tappt sie herbei, steht im dünnen Trikot neben mir. Ihre Zähne klappern vor Kälte. „Schau es dir an ...“

Schwarz und still liegt der See, wie ein sternenbestickter Teppich. An seinem Rand ruht das Spiegelbild vielgipfeliger Berge. Wir heben die Köpfe und sehen sie alle: vom Muret (3062 m), dem östlichen Vorbau des Rocciamelone, bis zur 150 Meter höheren Punta Avril. Frisch überzuckerte Felsbänder schimmern im Mondlicht.

Vor dem Rifugio schläft ein junger, nußbrauner Schäferhund. Er hat seine Schnauze ins Bauchfell gesteckt und fiept, als wir vorbeischleichen. Ich drehe um, kraule ihn hinter den Ohren und suche zwischendurch nach dem Höhenmesser. Die abgelesene Zahl verbürgt das Geschehen der Nacht. Seit Stunden hat es aufgeklart. Frostig, mit knisternden Grashalmen, empfängt uns der Morgen.

Erst heute früh werden uns die Schattenseiten des Lago di Malciaussià bewußt. Militärschrott rostet am Staudamm, ein modernder Bunker hält Wacht überm ‚Albergo Vulpot‘: martialische Monumente der Angst voreinander, Denkmäler gegen Mißgunst und Maulwurfsverstand. Sie sind so schäbig wie die letzte verlassene Siedlung im Nordwesten – Pietramorta, totes Gestein.

Während wir dort das Bachbett durchwaten, flattert ein Nachtvogel aus dem Gemäuer. Wir haben ihn erschreckt. Er saust als Sturzflieger auf uns zu und schraubt sich dann in die Höhe. Ein pulsierender Punkt, den der Himmel verschluckt.

Ihm nach?

Diese Frage läßt den Anstieg nicht leichter werden. Gelenke und Muskeln bewegen sich stokkend, unser Atem pumpt kurz, die Mulattiera hat keinen Höhenmeter zu verschenken. Der Weg vom Seeboden in Richtung Croce-di-Ferro-Paß macht Mühe und läßt immer wieder überlegen: Hätten wir nicht doch ...? Wäre es besser gewesen, wenn ...? Wer weiß. Unsere Entscheidung jedenfalls ist getroffen. Aus ‚schwerwiegenden‘ Gründen haben wir Eispickel, Halbseil und Zwölfzacker daheim im Keller gelassen. Die vergletscherte Rocciamelone-Nordwestflanke muß darum zwangsläufig ihren alpinistisch höheren Rang nach Süden hin abtreten. Zugunsten eines von Wallfahrern fromm zertrampelten Dutzendwegs.

Also sehen uns weder das Rifugio Tazzetti (2642 m) noch der Firn des Colle della Resta (3183 m) überm Grenzgletscher Glacier de Rochemelon. Aber wir stimmen kein Klagelied an. Im Gegenteil! Nicht eine Stunde der vergangenen drei Wochen war heller und farbiger als dieser vorletzte Tag unserer nördlichen ‚Großen Traverse‘. Nirgendwo zwischen Molini und Malciaussià wurden die Poren derart nach außen gewendet. Alle Sinne sind fast bis zur Schmerzgrenze wach.

Viertel vor neun. Minuten der Ruhe, Zeit zur Rast.

Wir sitzen fröstelnd am Colle della Croce di Ferro (2558 m). Die sandgelbe Sonne verschwendet noch keinerlei Wärme. Das Viùtal geht unter im Wolkenmeer: ein vollgelaufenes Boot. An unseren Blicken eilen die Größten der Grajischen und Cottischen Alpen[1] vorbei, Gipfel an Gipfel. Wir drehen uns um die eigene Achse. Wer hält solcher Bilderflut stand?

Hanna und mir gelingt es. Als öffneten wir uns jetzt erst dem wahren Erleben und sollten einmal Geschautes nie mehr vergessen. Dazu gehört auch das Jochkreuz am Colle Autaret[2]. Es ist mit dem Fernglas deutlich zu sehen, nordwärts in sechs Kilometer Distanz.

Wir müssen nicht beschwören, ob dort vor zwei Jahrtausenden römisches Handelsgut die Pforten der Berge passierte. Vieles spricht zwar für den hohen, eisfreien Autaret – unter anderem ein erhalten gebliebener Opferstein.[3] Doch unser antiker Favorit bleibt Croce di Ferro, der Durchlaß von Susa ins Valle di Viù. Obwohl die Suche nach Denar und Sesterz keine grünen Kupfermünzen zutage fördert, sondern nur Abfall des Plastikzeitalters.

Zehn Meter unter dem Paß zweigt der mit ‚Sb‘ bezeichnete Sentiero Balcone[4] zur Alpe Le

Combe ab. Ihn lassen wir links liegen. Unser Weg ritzt jetzt die rissigen, sonnengebräunten Grasflanken des Monte Palon (2965 m). Er verliert dabei nur wenig an Höhe und erlaubt, trotz der Rucksäcke, ein wohltuend lockeres Schlendern. Wir genießen es nach dem forschen Gang von Pietramorta zum Colle.
Werden ihm weitere Schnelläufe folgen?
Keine Gefahr. Die Wetterlage wirkt stabil. Von Turin her nähern sich schwer beladene Wolkenschiffe. Sie stranden schon an den bewaldeten Vorbergen des Valle di Susa oder segeln zum Moncenisio und nach Frankreich hinaus. 2000 Meter unter uns, im Flußtal der Dora Riparia, flimmert das zersiedelte Weichbild der Kleinstadt Bussoleno (462 m): ausgestreutes Gewürfel, Grau neben Grau.
Zu zweit unterwegs im Gebirge. Ein Traum, mit Händen zu greifen. Freiheit? Ja, aber nur per Kredit. Rückzahlung folgt. Bald wird uns wieder die andere Wirklichkeit fressen.
Nehmen wir heute und morgen noch das, was sich bietet. Den Rocciamelone zum Beispiel: erdfarbener Kegel unter seeblauem Himmel. Die Spitze umwölkt, am Vorgipfel ein Steinmann. Dieser ferne Daumen Gottes und das Rifugio Cà d'Asti[5], in 2854 Meter Höhe als Pilgerheim geführt, sind mit bloßem Auge gut zu erkennen. Wir erreichen den Betonbau auf einer Wegspur, die sich durchs steile Weideland zieht. Schafe blöken, zwischen Altschnee und Schutt blühen Edelweiß, Hornkraut und Trauben-Steinbrech. Einmal mehr sind wir allein mit uns selbst.
Um so turbulenter geht es nachmittags zu vor der Casa d'Asti. Hunderte von Wallfahrern wuseln bergauf und bergab, zwei Tage nach dem jährlichen Massenansturm zur Gipfelmadonna der ‚Bimbi d'Italia'[6]. Begeistert sind die Leute und am Rand ihrer Kräfte, erschöpft und überdreht zugleich. Einige klappern mit Eispickeln, andere werden auch ohne diese Werkzeuge lautstark als Helden der Berge gefeiert. Wir kochen, auf freundlichen Abstand bedacht, unser Süppchen. Gegen Abend kehrt Ruhe ein.
„Ciao! Dove andate? Aaah ... alla cappella. Domani mattina?" Im kalten Gastraum hocken 20 oder 30 Jugendliche aus Margone, sie erkennen uns wieder und freuen sich. Es ist fünf Uhr vorbei. Das Haus nebelt ein, wir beginnen zu frieren. Unberührt von rauchenden Nasenlöchern steht die schwarzgekleidete Wirtin in ihrer Küche. Vor halb acht, sagt sie, gebe es nichts zu beißen. Genau drei Stunden später wird christliche Nächstenliebe geübt. *Poco pane, lunga tasca*: Minestrone als Fertigprodukt, halbe Portionen für ganze Kerle. Als ich gegen den Nepp protestiere, wird die Gestora um etliche Grade aktiver. Sie keift.
Hat nicht, erinnere ich mich eines Kapitels im tiefgründig-heiter formulierten ‚Alpenspaziergang'[7], ein gewisser Karl Lukan vom „gemütlichen, ältesten Schutzhaus Italiens" erzählt? Hanna liegt neben mir auf dem Lager. Sie kaut an unserer vorletzten Brotrinde und schüttelt energisch den Kopf: „Der war in einer anderen Hütte. Verlaß dich drauf."

Schafherde am Passo di Capra (2456 m). Im Hintergrund Gipfel des Naturparks Orsiera-Rocciavrè.

Immer nur vorwärts, sempre avanti

25. Tag: Vom Rifugio Cà d'Asti nach Susa

Pullover, Trinkflasche, die beiden Kameras und ein wenig Proviant – nur so viel brauchen wir für den Rocciamelone. Zwei leichte Nylonrucksäcke genügen als Rückendeckung, der Anstieg zum Gipfel wird kaum Probleme bereiten.
Meine Stirnlampe funzelt. Ihr schwacher, orangeroter Strahl wischt über Betonstufen und Getränkekisten. Die Hüttentür schreit in den Angeln. Wird jemand wach? Kurz nach halb sechs ist kein vernünftiger Mensch unterwegs. Deshalb sind wir, unbelehrbar wie immer, auch heute ohne Begleiter. Vom Rifugio aus laufen unsere Blicke kreuz und quer beim Versuch, im Morgengrauen den Weg zu erkunden.
Die Exkursion endet, wo sie begonnen hatte: am maroden Rundbau der Wallfahrtskapelle von 1789.[1] Er wächst, keine fünf Meter entfernt, vor der Hütte wie ein schirmloser Pilz im Geröll. Seine Mauer wird durch ein Eisenkorsett zusammengehalten. Das Dach ist ein einziges Loch.
Es ist luftig, aber nicht kalt. Wir spüren Kraft in den Beinen und gehen die Südseite des heiligen Bergs mit federnden Schritten an. Dunkler Sand knirscht unter unseren Stiefeln, ab und zu kollert ein Brocken, die Felsen flammen im Licht der aufgehenden Sonne. Minuten später ziehen Wolken vom Tal her und löschen das Feuer.

Sonnenaufgang an der Crocetta (3306 m).

Hinter dem Südgrat wettert es, aus Wind wird Sturm. Wir verschnaufen am Steinmann des Vorgipfels (La Crocetta, 3306 m). Noch eine halbe Stunde bis zur Spitze.
„Sieh mal", sagt Hanna, „die haben dem Roccia eine richtige Treppe verpaßt ..."
Ich nicke. In den Gipfelaufbau sind Tritte und Absätze gesprengt, lange Seile sollen das Gehen der Pilger erleichtern. Fürs innere

Rocciamelone (3538 m), Europas höchster Wallfahrtsberg.

Gleichgewicht ist aber doch ‚Unsere liebe Frau' zuständig. Sie breitet, wie entschuldigend, die Arme aus über dem Rifugio Santa Maria. Es liegt ihr am Scheitel des Rocciamelone zu Füßen.
3538 Meter. Feuchte Felskuppen, Schneereste, ein Radiomast. Von der angeblich superben Aussicht dürfen wir träumen: Monviso und Montblanc, Gran Paradiso, Monte Rosa und Matterhorn – alles ertrinkt im Weiß, kein Berg läßt sich blicken.
Dafür tritt ein Mann im hochgeschlossenen Anorak aus dem Hüttchen. Es ist der Priester des *santuario*. Er wird bald die obligaten Messen für Wallfahrer lesen und braut uns ohne Umstände einen ebenso süßen wie starken Kaffee.
Seine holzgetäfelte Kammer gleicht Kapitän Nansens Schiffskabine auf dem Dreimaster ‚Fram', wie sie im norwegischen Polarmuseum von Oslo zu sehen ist.[2] Der Pfarrer auf Norddrift: Chronometer und Kartenblätter, gestapelte Vorräte, Wolldecken, Bücher, ein modernes Funkgerät. „Hier ist es kühl", lächelt unser Gastgeber mit bläulichen Lippen. „Vor zwei Wochen war ich noch in Afrika. Ich komme direkt aus dem Sahel. Aber das macht nichts. *Non fa niente!* Der Herr hilft überall." Dieser polyglotte Geistliche hat recht. Wir glauben ihm, wenn auch eher meteorologisch gesehen, und einem unserer Vorgänger:
„Vom Dach des Santuario hingen lange Eiszapfen herab, und es war eisig kalt auf dem Gipfel. Wir verließen ihn bald. Kurz vor dem Schutzhaus nahm ich die Zipfelmütze ab und zog Handschuhe und Anorak aus. Zwischen dem Schutzhaus und La Riposa zog ich den Pullover aus. In den Kastanienwäldern, auf die die Sonne so heiß niederbrannte, daß ich fürchtete, es könnten uns heiße Maroni auf den Kopf fallen, zog ich auch noch das Hemd aus."[3]
Uns also ergeht es ähnlich wie dem Alpenbummler Lukan aus Wien. Mit dem Unterschied, daß wir bis La Riposa (2205 m) vielen krebsrot keuchenden Pilgern begegnen und die frühere Herberge in Trümmern vorfinden.[4]
Statt der Kastanien schützen Lärchen vor allzu heftiger Himmelsglut, die Alpe Vottero liefert sprudelndes Trinkwasser und einen Rastplatz mit Blick zum Rocciamelone. Sein Gipfel steckt noch immer in Wolken. Wir liegen, die Arme unter den Köpfen verschränkt, auf grün ausgebreiteter Weide: seelisch satt und ein bißchen heimwehkrank schon jetzt.

Ich schnuppere Harzduft. Meine Finger spielen mit kleinen, klebrigen Zapfen. Bald wird uns das alles nicht mehr gehören.
Zieht ein Trick diesen letzten Bergtag in die Länge? Il Trucco (1706 m), das Almdorf über der Giandulaschlucht? Wir entscheiden uns gern für

Susa im Dora-Riparia-Tal (500 m), das Segusio der alten Römer.

den Abstecher zur ‚Trattoria Il Truc'. Dieses Rifugio Alpino, sauber und behaglich, wird von einer schwarzhaarigen jungen Frau geleitet. Ileana Bruno stellt die wohlgefüllte Karaffe vorm Haus auf den Tisch. Wir nehmen zwei Gläser mit schäumendem Rotwein und prosten ihr zu.
„È difficile", sagt Ileana. Es sei schwierig hier oben. „Wir haben 20 Betten, aber nur selten so viele Gäste. Deutsche? Doch, die kommen manchmal. Fast immer von Norden. Oder auch ein paar Franzosen. Aber unsere eigenen Landsleute? *No. Sono pigri.* Die sind faul. Sie möchten nicht tagelang wandern. Wer zum Rocciamelone will, fährt sowieso mit dem Auto vom Tal bis Riposa und wieder zurück."
Nun ja, denken wir, das muß kein typisch italienischer Wesenszug sein. Vor uns liegen noch 1200 Meter Abstieg. Zuviel für heute? Aber nein. Die Schatten sind kurz. Es ist erst zehn nach zwölf. Sollen wir ...? „Bleiben Sie doch", meint Signor Bruno verschmitzt, als habe er meine Pläne erraten. Er deutet auf seinen Bauch, und Ileanas Mutter ruft aus der Küche: „Ich mache Polenta. Okay?"
Okay. Wir bestellen den nächsten Roten. Im Süden, jenseits des Susatals, heben und senken sich die Cottischen Alpen wie ein überdimensionaler Brandungskamm. Hanna hat glänzende Augen. „Wann?" fragt sie leise. „Weiß nicht" antworte ich. Neben uns flattert ein selbstgeschneidertes GTA-Tuch im Wind.
Lassen wir das. Morgen wird *der Weg* schon Vergangenheit sein.
Seit dem Rocciagipfel führt er nur noch bergab. Vergilbter Ginster und raschelndes Lorbeergesträuch rändern den schmalen, trockenen Steig. Myrte und Thymian duften balsamisch in der Nachmittagshitze, jeder Schritt durch die Macchia[5] wirbelt Schwärme geflügelter Kleintiere auf. In den Gärten von San Giuseppe di Mompantero reifen vitriolblaue Weintrauben. Heuschrecken zirpen scharf und laut. Sie kommen nicht an gegen den Baulärm, der im Tal das Vortreiben einer neuen Autostraße verkündet.
Wir nehmen Abschied vom Gebirge.
Susa (500 m), ‚Albergo Stazione': Weiches Doppelbett, Dusche, flauschige Badehandtücher. Eine Treppe mit Teppichbelag. Kellner, lautlos, in gebügelten Jacken. Jeder Wunsch ist erfüllbar, Clubkarten oder Schecks werden diskret akzeptiert.
„Sie sind gewandert? *Formidable!* Wie lange, wie schnell? Mit Gepäck? *Oh-la-la. Et le confort, ça va?* Nehmen Sie ein Drink. *Viens-alors, chérie! Regarde les allemands.*"
Es wird Abend. Wie rosafarbener Samt liegt er über den Dächern der alten Römerstadt. Santa Maria Maggiore und San Giusto, zwei romanisch-gotische Kirchtürme, stechen ins Blau. Wir lehnen an einem warmen Brückengeländer und lutschen Eis, unter uns gurgelt die Dora Riparia. Susa ist voll von französischen Schnapstouristen. Sie fallen durch exaltiertes Gelächter auf und schleppen das hastig Erworbene, in bunte Tüten verpackt, mit sich herum. Konterbande, nach der kein Zöllner mehr fragt.
Allein stehen wir vor dem Augustusbogen. Er erinnert, in Marmor gehauen, an das Bündnis zwischen einem römischen Kaiser und seinem Präfekten. Der milde Nachtwind läßt Laubbäume flüstern, hinter den Bergen steigt die Mondsichel auf. Abnehmende Phase, ein ‚C'. Wie *ciao*.
Unsere Uhr zeigt zehn. Kommen wir wieder? „Morgen", sage ich gegen alle Vernunft, „pakken wir um. Kleine Lasten und los. Die Route ist nie zu verfehlen. In einer Woche sind wir schon am Monviso." „Und dann", spinnt Hanna den Faden weiter, „geht es zum Meer. Immer nur vorwärts. *Sempre avanti.*"

Grande Traversata delle Alpi zwischen Il Truc und Susa. Hier, südöstlich vom stark befahrenen Mont Cenis, endet die GTA-Nordroute. Vor uns liegen noch weitere 25 Etappen bis zum Zielort Úpega in den Ligurischen Alpen.

Die dünne Lebensschnur von Dorf zu Dorf

26. Tag: Von Susa-Meana zur Alpe di Toglie

Zwölf Monate später. Stazione di Meana im Dora-Riparia-Tal. Bremsen kreischen, ein Lautsprecher plärrt, dumpf fallen Abteiltüren zu. Der Frühzug Turin–Modane hält zwei Minuten lang. Ein Pfiff, schon setzt er sich wieder in Bewegung. Wir stehen am Bahnsteig und schultern die Rucksäcke: vom Sitzen steif, übernächtigt, verdrossen. Stille Enttäuschung liegt in der Luft. Niemand wartet auf uns, kein GTA-Schild weist demonstrativ nach Süden.

Aber haben wir wirklich geglaubt, mit Blech und Trara empfangen zu werden?

„Moment", sagt Hanna. „So viel ist klar. Das Horn dort oben im Dunst muß der Rocciamelone sein. Weißt du noch?" Ich erkenne die Schwünge des Pilgergrats, sehe ein paar Schneeflecken und atme durch. Alte Bekannte lieben manchmal den überraschenden Coup. Plötzlich sind sie da, von einer Minute zur anderen, doch ihr Ruf erreicht dich nicht mehr. Du bist ihnen voraus ...

Wir unterlaufen das Doppelgleis.[1] Unsere Schritte hallen im Tunnel, der kleine Provinzbahnhof ist menschenleer. Irgendwo klingelt ein Telefon. Von Meana di Susa (595 m) sehen wir Aprikosen- und Zwetschgenbäume, rote Ziegeldächer, pickende Hühner und den ‚Albergo Bellavista'. Schöne Aussicht nach drinnen: Die Wirtin blickt dem unerwarteten Gästepaar freundlich entgegen. Ihr Cappuccino schmeckt besser als das schale Zeug in Turin, Stazione Porta Nuova.

„... und der Weg zur Alpe di Toglie, die GTA?"

„Was soll mit ihm sein", schmunzelt Olimpia Ghione. „Seit ich hier lebe, hat den jeder gefunden. Wie man hört, sind gestern zwei Deutsche aufgebrochen. Denen laufen Sie einfach hinterher. Noch Kaffee?"

„Nein, danke."

Es wird Zeit, daß wir gehen. Gute dreieinhalb Wochen liegen vor uns, 25 Etappen bis zum Zielort Carnino im Negronetal der Ligurischen Alpen.

„Tutto a piedi?"

Alles zu Fuß. Die Gedanken daran, ab heute 350 Kilometer unter den Sohlen zu spüren, ersetzen freilich kein reales Geschehen. Nehmen wir also das, was mit Händen zu greifen ist: rot-weiße Pinselstriche an der Mauer des Bahndamms, eine ausgetretene Waldschneise in Richtung

Neue Erlebnisse warten: Licht und Schatten über Meana (595 m) im Susatal.

Borgata Grangia[2] und Campo del Carro. Erste Zeichen dafür, daß die ‚Große Traverse' tatsächlich auf den Höhen über Meana beginnt.
Unser Gepäck ist leichter als im Vorjahr. Daunenschlafsäcke und Biwakausrüstung wurden gestrichen, außer dem Nötigsten sind noch der Kocher und zwei Proviantrationen ‚für alle Fälle' dabei. Jeder Rucksack wiegt nur zwölf Kilogramm. Das macht mobil und schafft Reserven. Wir brauchen sie, denn die Südroute läuft angeblich ihrer nördlichen Schwester davon und wird sich auch hochalpine Sprünge leisten.
Heute deutet nichts darauf hin. Während wir, am leeren Bett des Rio Corrente entlang, hinter Menolzio (728 m) bergauf stiefeln, lesen die Augen schon lebhaft im neuen Album der Eindrücke. Plätschernde Brunnen, fernes Glockengeläut, Pfirsichbäume und strohgelbe Wiesen, der Weg als dünne Lebensschnur von Dorf zu Dorf, sich sonnende Greise und ein schwanzwedelnder Hund – kein Bild dieses Julitags geht uns verloren.
Doch wir sehen nur seine momentan sichtbare Hälfte: den hellblauen Himmel, die dicht verzweigten Kastanien, das Blumendekor der Gärten. Was hier so harmonisch und aufgeräumt wirkt, hat bloß einmal im Jahr Saison. Wenige Wochen nach dem Ferragosto[3] riecht es zwischen den Häusern nicht mehr nach frisch gebackenem Brot. Dann sind wieder alle Fenster und Türen verriegelt. *Finito con la vita campestre,* Schluß mit dem Landleben.
Für uns, ganz im Gegenteil, beginnt es erst jetzt. 800 Höhenmeter über Menolzio stoppen wir mittags vor einem großen, schlicht gemauerten Bau. Rotgepunktete Vogelbeerbüsche, Holunder- und Haselsträucher, Buchen und Lärchen waren unsere einzigen Begleiter auf dem Weg zur Alpe di Toglie (1534 m). Nun sind wir müde und haben Durst. Die Sonne brennt. Wo, bitte, ist der Posto Tappa?
Eine eiserne Feuerstiege führt ins Obergeschoß der 1981 eröffneten Alm. Dort sitzen drei Männer und zwei Mädchen am Tisch. Sie spielen Karten, trinken Wein aus Wassergläsern, reden laut durcheinander und beachten uns nicht. Was soll's? Die Dusche ist da, der Gasherd, ein Karton voller Zuckerstücke und das Stockbetteninventar. Liegend schlürfen wir lauwarmen Tee. Unsere Wäsche trocknet im Freien, nebenan knallen Korken. Jemand hantiert mit Musikkassetten. *Italia fortissimo,* wieder und wieder: „Come va, gondolier' ..."
Wir wechseln nach draußen. Vorgezogene venezianische Nächte machen uns mürrisch. Aber auch die vor Kuhmist starrende Weide schenkt keinen rechten Genuß. Denn Motorräder knattern auf den Almwegen, eine Unzahl schillernder Schmeißfliegen dreht ihre Runden, Hitzedunst verwehrt jede Sicht.
Niemand kann helfen. Warum sind wir hier?
Gefragt, was ihr das Wiedersehen mit den Bergen bedeute, meint Hanna seufzend: „Es geht mir schlecht. Ich bin wie außer mir. Die Seele ... meine Seele ist noch nicht angekommen. Sie hinkt hinterher."
Spätabends finden wir unsere Mitte wieder – in großer, weltumspannender Einsamkeit. Das Wirtschaftsgebäude der Alpe di Toglie ist leer, man hat die GTA-Wanderer sich selbst überlassen. Still stehen wir auf dem obersten Treppenabsatz und sehen zu, wie alle Gipfel langsam erkalten. Stern um Stern beginnt am Himmelsgewölbe zu funkeln.
„Come va, gondolier'?"
„Unverschämt gut", sage ich. „Allein mit der Nacht. Was wollen wir mehr."

Weinterrassen bei Scotto mit dem ‚heiligen Horn' des Rocciamelone.

Ein Stück Piemont aus friedlosen Zeiten

27. Tag: Von der Alpe di Toglie nach Usseaux

Fast gleichzeitig werden wir wach. Statt des Weckers surrt der Mechanismus einer inneren Uhr, dieser Präzision können wir blind vertrauen. Unser Lager ist rasch geräumt. Das Kaffeewasser singt im Topf auf dem Herd. Zwei Nasen schnüffeln zur Tür hinaus, die Luft riecht satt nach feuchtem Holz. Langsam beginnt sich der Himmel rosa zu färben.

Am Rezept für heute haben wir schon gestern gebastelt. „Laß uns früh gehen", sagte Hanna unterm Bettzeug. Sie kaute an ihrer Unterlippe und warf den GTA-Taschenführer beiseite. „Sieben oder acht Stunden bis nach Usseaux? Also, weißt du, jeder von uns braucht doch mindestens zehn."

Daran denke ich, während wir mit schnellen Schritten auf einem ebenen Waldweg nordwärts wandern und dabei Meter um Meter an Höhe verlieren. Falscher Kurs? Wohl kaum. Unsere Karte bestätigt die Richtung. Man wird sehen ... und sieht: Unter den Ausläufern eines wenig markanten Monte Benedetto (1717 m) knickt der Pfad im spitzen Winkel nach Süden. Er führt, ohne Zweifel, zum Colle dell'Orsiera und weiter ins Chisonetal der Cottischen Alpen.

Zwanzig vor sieben. Ungewöhnlich stark heizt die Sonne. Wir packen unsere Bundhosen weg und schlüpfen in dünn gewirkte Shorts. Ich versuche, mit dem Fernglas einen letzten Blick auf die smogverhangene Stadt Susa zu richten. Daraus wird nichts. Das Segusio der alten Römer liegt allzu weit weg im Nordwesten. Ein französischer Reisender des 19. Jahrhunderts nannte es „schlecht gebaut, eng und schmutzig". Sein Urteil schloß er, als Bildungskind seiner Zeit, mit dem Verdikt: „Die Nahrung für den Geist ist in Susa ebenso kärglich zugemessen als

Bergeria dell'Orsiera (1931 m) im Parco Naturale Orsiera-Rocciavrè.

für den Körper. Weder Bibliotheken noch Kabinette sind hier zu finden."[1]
Verdient starker Tobak oder nur elitäres Geschwätz? Die heutigen Segusianer werden wohl beides schmunzelnd quittieren.
Unser Aufstieg, im Halbschatten unter Lärchen und Buchen verlaufend, berührt jetzt das Territorium des ‚Parco Naturale Orsiera-Rocciavrè'. Dieses Schutzgebiet wurde seit 1970 geplant (‚Pro Natura', Club Alpino Italiano) und zehn Jahre später zum Naturpark erklärt. Es umfaßt 8500 Hektar Bergland zwischen Susa- und Chisonetal. Der geologisch komplizierte Bau jenes Teils der Alpi Cozie Centrali besteht überwiegend aus Kalk. Zwei seiner höchsten Gipfel sind die Taufpaten des Parks: Monte Orsiera (2890 m) und Monte Rocciavrè.[2]
Am Fuß zerrissener Nordflanken ergießt sich gurgelnd der Rio Orsiera ins Tal. Hier ist es düster und kalt. Wir drehen uns um. Ein beschädigter Bildstock mag einst das Morgen- und Abendgebet frommer Hirten geweiht haben – wenn nicht schon die sichtbare Nähe des Rocciamelone genügte. Nun kündigt der Steinpfeiler den Almbetrieb einer Bergeria dell'Orsiera[3] (1931 m) an. Vom Bach aus dringt das Blechgeläut ihrer Weidetiere zu uns herüber, die Milchzentrifuge rattert.
Wir stapfen durch kniehoch wuchernden Knöterich. Vor steingedeckten Hütten hocken drei ältere Männer auf Melkschemeln, Kühe dehnen die Hälse. „Salve ..." Rhythmisch und ohne Pause strullt Milch in hölzerne Kübel. Nur eine Frau am Waschzuber antwortet leise, doch sie hebt nicht den Kopf.
In diesem Moment wird es hell. Ohne Vorwarnung, wie auf Kommando. „Gerade so", meint Hanna, „als schalte der oberste aller Beleuchter seinen größten Scheinwerfer an."
Von Südosten her blitzt die Sonne über den Kamm der Punta di Mezzodi, das Hochtal dampft im Licht. Lila Glockenblumen, karminrote Steinnelken und zartgelb blühende Läusekräuter funkeln betaut. Ein schwacher Wind läßt sie zittern. Er kühlt auch uns, bis wir zwei Steilstufen abgehakt haben und gegen zehn Uhr am Colle dell'Orsiera stehen: ausgepumpt, aber froh.
2595 Meter. Höhenmesser und Karte stimmen exakt überein, der Luftdruck ist konstant. Das schöne Wetter geht auf sein Konto. Wird es uns künftig begleiten?
Hier oben, vor blauer Monviso-Kulisse, erinnert ein Stück Piemont an friedlose Zeiten. Anderthalb Meter hohe Zickzackmauern sperren den Paß. Sie wurden während des Sommers 1747 zur Abwehr französischer Truppen erbaut. Deren Fußvolk drang gegen Turin vor und wollte zwei Festungen heimlich umgehen: Exilles im Dora-Riparia-Tal und Fenestrelle im Valle del Chisone. Die 20000 Franzosen hatten aber nicht den Mut ihrer bergerfahrenen Gegner bedacht. Am 19. Juli kam es zum Kampf auf der Testa dell'Assietta (2567 m), wo nur 8000 Piemonteser ihre Feinde das Fürchten lehrten.[4] Weshalb die Schanzen und Schützengräben weiter ostwärts (Colle delle Finestre, Colle dell'Orsiera) militärisch ungeprüft blieben. Sie sind noch heute erhalten, was uns freilich weniger beeindruckt als die auffallend klare Fernsicht. Sie reicht, zehn Gehminuten über dem Joch, nordöstlich gut 100 Kilometer weit bis zum Monte Rosa.

Am Colle dell'Orsiera (2595 m). Gegen Süden, 50 Kilometer entfernt, der Monviso.

In Richtung Chisone durch ein Trümmerkar absteigend, sehen wir nach Westen hin die Dauphiné-Alpen mit den glänzenden Gletschern der Barre des Écrins (4102 m).[5] Allmählich zieht sich das Land hinter fein gewobene Schleier zurück. Es ist heiß. Kein Lufthauch schafft Kühlung. Unter unseren Tritten knacken verrottete Zweige, zwischen rostroten Lärchenstämmen fällt der Weg in engen Kehren zum Weiler Puy (1616 m).

Im Weiler Puy oberhalb Fenestrelle (Chisonetal).

Sein alter Ortskern riecht nach Schimmel und faulem Gebälk. Nur ein plappernder Brunnen täuscht Leben vor.[6]
Grillen zersägen die Mittagsstunde, unsere trockenen Hälse schmerzen. Was im Distel- und Dornengestrüpp spielt, bleibt Geheimnis. Auch Tochter im Schwarzwald verheiratet ist und badische Mundart mit italienischer Klangfarbe mischt. Wir lachen europäisch zum Abschied, winken und wandern weiter. Harzgeruch weht uns entgegen. Durch Kieferngehölz windet sich ein Steig unter der Befestigung Forte Serre

Das Nachbardorf Pequerel (1730 m) mit seinem gemauerten Lawinenkeil von 1716: 30 Häuser als Kolonie graubrauner Nesthocker.

das zwei Kilometer von Puy entfernte Nachbardorf Pequerel (1730 m) wirkt leer. Es hängt unter einem großen, gemauerten Lawinenabweiser von 1716. Der aus versteppten Äckern wachsende Keil läßt die 30 Häuser als Kolonie graubrauner Nesthocker erscheinen: ängstlich geduckte Vögel, deren bißchen Leben vor reißender Kralle bebt.
Pequerel war früher wie Puy ganzjährig bewohnt und von Feldern umgeben. Trotz der Höhenlage reiften Kartoffeln und Roggen, eine Elementarschule galt nicht als Extravaganz. Heute schützen weder das Stromkabel noch die neue Straße vorm programmierten Kollaps. Denn acht oder zehn fahrende Ferienfamilien können keine Dorfgemeinschaft ersetzen.
„*Peccato* – Sie kommen leider zu früh“, fängt uns eine kunstblonde Frau am Ortsende ab, „erst in zwei Wochen feiern wir das Fest für ‚Madonna della Neve‘...“
Es stellt sich heraus, daß ihre dunkelhaarige Marie (1892 m) zu den grünen Weiden von Giordan. Eine Mulattiera, steinig und kurvenreich, endet im Dorf Usseaux (1416 m).
Dort schlägt die Kirchenuhr viermal, als wir ans Tor des Hauses Via della Roccia 1 klopfen. Hanna hatte recht. Genau zehn Stunden sind verstrichen seit dem Start vor der Alpe di Toglie. Eine kleine Tür tut sich auf, Signora bittet zu folgen. Gepflasterter Innenhof, knarzende Treppe, holzverkleidete Stube mit Bergblick: der Posto Tappa von Usseaux.
Bald lodert das Feuer fürs Duschbad, gegen Abend belegen wir eine blumenumrankte Terrasse und werden poetisch. Gelobt sei Odetta Baleardis *cucina casalinga*[7], ihre Nudelgedichte voller Knoblauch und Öl! Schwalben schwatzen unterm Dach des 200jährigen Hauses, die Luft ist lau. Morgen werden wir weiter nach Süden ziehen. Hinein ins Land eines jahrhundertelang verfolgten, aber nie unterworfenen ‚Ketzervolks‘ – der Waldenser.

Das Licht scheint in der Finsternis

28. Tag: Von Usseaux nach Balsiglia

Weiße Pfirsiche, Brot aus der Truhe, Aprikosen und einen Käselaib hat uns Signora Baleardi gestern verkauft. Sie schichtete ihre Schätze im kühlen Keller auf einen Tisch: „Basta così?“ Danke, es reicht. Jetzt räumen wir Reste weg fürs zweite Frühstück am Colle dell'Albergian. Vier Stunden entfernt liegt die sanft gerundete Senke, 1400 Höhenmeter über Usseaux zwischen Chisone- und Germanascatal.
Den steifen Beinen gelingt nichts. Wir poltern vors Haus. Samtwarme Dunkelheit umfängt uns. Mit welchen Wetterlaunen wird dieser Tag die Gehzeit verlängern? Jede Hautfalte spannt. Nein, besonders wach sind wir nicht. Doch das Wandern bergab, ohne Mühe, bringt den Kreislauf auf Touren.
Bald ist unser Quartier nur noch ein Steinchen im Dorfmosaik. Wir stehen am Gegenhang, südlich des Torrente Chisone, unmittelbar vorm Eingang zum Vallone dell'Albergian. Vieldeutig raunt der Föhrenwald. Nebel steigt aus den nassen, bittersüß duftenden Wiesen.
Meine Gedanken tröpfeln. Fremde Ortsnamen reihen sich im Kopf aneinander: Pourrières, Laux und Chambons, Balboutet, Fenestrelle und Mentoulles. Kurz darauf erinnere ich mich der Jahreszahl 1617 am ältesten Brunnen von Usseaux. Sein Trog trägt mehrere in den Stein geschnittene Lilien. Aber ja! Warum ist uns das königliche Bourbonenwappen nicht gleich aufgefallen? Dieses Bergland war früher französisch, bis 1713 die Grenze zum Alpenhauptkamm hin verlegt wurde. Seither gehört auch das obere Chisonetal zu Piemont.[1]
Die krumme, oft durch Autos verstopfte Senke des Valle del Chisone reicht 55 Kilometer weit: vom Colle di Sestrières, im Westen, nach Pinerolo am Rand der Poebene. Sestrières (2030 m) bedeutet ‚Ski total‘ seit den dreißiger Jahren. Damals fanden zwei wie Wassertürme wirkende Hotelzylinder ein standesgemäßes Publikum. Auch ein großer Golfplatz wurde der hohen Gesellschaft zu Füßen gelegt.[2] Er sollte bequemer fließende Einkünfte sichern, als sie die kargen Viehweiden hergaben. Wer machte Plus?
Beim Denken an den frankophonen Schneezirkus, an lärmendes *pré* und *après*, schlagen unsere Herzen nicht höher. Der Tanz ums Tourismuskalb bleibt uns erspart. Wir folgen einer sehr alten Mulattiera. Sie ist stellenweise mit Steinen befestigt und im unteren Teil gut konserviert. Hoch über dem Rio del Laux wird der Saumweg schmäler und führt in gerader Linie dem Colle entgegen.
Am anderen Talhang regt sich etwas. Kühe umkreisen eine Alm, drei Zwerge kriechen durch Moränenschutt hinauf zum Ricovero Laghi d'Albergian.[3] Seine marmorierte Fassade scheint brüchig zu sein. Auch das Dach sieht

Unterwegs zum Colle dell'Albergian.

Wetterwechsel. Über dem Taldunst der Gipfelkamm des Monte Orsiera (2890 m).

kaputt aus, aber ein kleiner See im Hintergrund funkelt wie poliert.

Unser einsames Tal will nichts als bezaubern. Filzige, gelb gepunktete Edelweißsterne blühen zu Tausenden auf den Wiesen. Während einer Rast entdeckt Hanna zwischen Felsritzen die nur im südwestlichen Alpenraum heimische *Campanula alpestris*. Ihr deutscher Name (Allionis Glockenblume) paßt zum graziösen Schwung des violetten Kelchs.

Kurz unterhalb des Sattels werden die letzten Aprikosen geteilt. Der Himmel bezieht sich. Vom Grat her weht ein unangenehm kalter Wind. Ihm sind wir am Colle dell'Albergian (2713 m) voll ausgeliefert, wechseln zur Nordseite und holen Luft. Unsere Blicke streifen gewaltig verkantete Felsbrocken. Dieses abgelegene Joch, das graue Geröllfeld vielleicht, war um 1400 Schauplatz einer Waldenser-Tragödie. Zur Weihnachtszeit wurden hier 80 Kinder und Säuglinge vor ‚christlichen' Feinden versteckt. Sie starben im klirrenden Frost.[4]

Aus Wind wird Sturm, die Dunkelheit wächst. Schwarze Wolken plustern sich über der Hochfläche Pian di Fea Nera. Zwei eben noch warm besonnte Kalkgipfel im Süden, Monte Ruetas und Bric Ghinivert, sind verglüht. Andere Spitzen flackern auf wie Positionslampen, die unseren Abstieg zum Valle di Massello (Germanasca) markieren. „Lux", sage ich leichthin, „lux lucet in tenebris. War da nicht was mit diesem Spruch?"

„... und das Licht scheint in der Finsternis"[5]: die brennende Kerze als Symbol einer tapferen, erbittert bekämpften religiösen Minderheit. Fromm und mutig waren sie zweifellos, diese Waldenser. Ihr Wegbereiter hieß Petrus Valdes und kam aus Lyon. Als reicher Kaufmann hatte er um 1174 seine Habe verschenkt und eine christliche Armutsbewegung gegründet. Die in Europa rasch bekannte Laienschar fühlte sich allein dem Wort Gottes verpflichtet. Sie attakkierte den Machtmißbrauch der vor Geld und Gold strotzenden Staatskirche. Jegliche klerikale Autorität wurde abgelehnt, auch Feudalherren warteten vergebens auf Treueschwüre. So entwickelten sich die *valdesi* zum Ärgernis und, mehr noch, zur revolutionären Kraft.

„Aha", meint Hanna. „Bibelfeste Menschen haben also das halbe Mittelalter auf den Kopf gestellt. Sie galten als Systemveränderer, und darum ..."

„... wurden die Waldenser von Adel wie Kirche verfolgt, erschlagen, nahezu ausgerottet. Nur

hier, hinter den Barrikaden schwer begehbarer Berge, konnten sie überleben. Ihre letzte Heimat liegt bis heute in den Valli del Chisone, Germanasca und Pellice."[6]
Männer und Frauen waren sprichwörtlich furchtlos. Erst im Museum von Balsiglia (1370 m) wird uns klar, wie couragiert sie einst überm Dorf ihren Glauben verteidigt hatten: 1689, aus schweizerischem Exil in die alten Täler zurückgekehrt (Glorieuse Rentrée)[7], hielten 360 Waldenser ‚mit Gott' 4000 Franzosen stand. Als dem natürlichen Bollwerk Pan di Süccre Ende Mai 1690 der Sturm drohte, schlichen sie während einer Nebelnacht auf Strümpfen durchs Soldatenlager und – schrieben Geschichte. Das Wunder von Balsiglia war geschehen.[8]
„Wissen Sie", lächelt die weißhaarige Kustodin Angela Tron, „auf *Ihrem* heutigen Weg haben vor 300 Jahren *unsere* Leute den ersten Waldenserort wieder gesehen. Kann man sich vorstellen, was das heißt?"
Wir sitzen in Sonne und Wind unter einer fispelnden Esche. Die Welt ist wieder hell, immer größere Löcher reißt das Wetter zwischen den Wolken. Neben uns blubbert der Dorfbrunnen. Am nahen Brückengeländer, über dem Torrente Germanasca di Massello, lehnen zwei Bauern mit geschulterten Heurechen. Sie rauchen Pfeife und sprechen kein Wort.

Rast auf dem Colle dell'Albergian (2713 m), wo im Spätmittelalter 80 versteckte Waldenserkinder erfroren.

Schläfrig schließen wir die Augen. Eine graubraune Menschenkolonne taucht auf: bewaffnete Männer im Abstieg, müde und zugleich seltsam ruhelos. Sie haben den Colle del Pis von Westen her traversiert, unterwegs vor der Cascata del Pis[9] an lodernden Feuern eilig zerlegte Schafe geröstet, und nun ...
„Bei Balsiglia fiel den Waldensern eine Gruppe von 30 Milizen in die Hände. Der Kriegsrat beschloß, diese Bauern aus der Poebene zum Tode zu verurteilen. Sie wurden auf der Brücke enthauptet und ihre Leichen ins Wasser geworfen."[10]
Fröstelnd beziehen wir abends den Posto Tappa im zweiten Stock des Museumsgebäudes. Bergdohlen krächzen, der Bach tost wie vor 300 Jahren. Blutrot wirft die sinkende Sonne ihr Licht übers Tal.

Pflanzen der Cottischen Alpen: Allionis Glockenblume ...

... Kleinblütige Königskerze (links), Berg-Hauswurz und Knäuel-Glockenblume (unten).

Italia mia, Stiefel voller Wunder

29. Tag: Von Balsiglia nach Rodoretto

Der neue Tag beginnt gut. Nach traumlosem Schlaf sind wir mobil und darauf aus, noch mehr über die Waldenser zu erfahren. Das Museum unter uns, im alten Schulhaus von 1889, hat Interesse geweckt. Es wurde 250 Jahre nach dem ‚Glorioso Rimpatrio' eingerichtet und seither kaum mehr verändert. Wir sitzen am Fenster der früheren Lehrerwohnung. Die beiden Flügel stehen offen, Holzrauch und Stalldünste mischen sich mit dem Geruch unseres Morgenkaffees.

Dieser Posto Tappa ist musterhaft sauber. Er entspricht waldensischer Lebensart. Sie war seit jeher geprägt von Selbstlosigkeit, Fleiß, ehrlicher Rede, hoher Moral im Handel und Wandel – kurz: praktizierter Nächstenliebe. Wie weit sind andere Christen davon entfernt?

Wir fegen Schlaf- und Kochraum, rücken vorm Tisch eine Anzahl dreibeiniger Schemel zurecht und drehen den Schlüssel im Türschloß. Angela Tron winkt, als wir die Brücke queren. Was sie uns zuruft, wird vom Radau der Bäche verschluckt.

Nur zwei Blicke halten Balsiglia fest. Mehr brauchen wir nicht fürs spätere Weißtdunoch. Das okzitanisch Balsilho[1] genannte Dorf liegt unter einem kalten, meerblauen Himmel. Bodenfrost kriecht durch Mark und Bein. Kein heller Strahl wärmt die mit Stein oder Wellblech gedeckten Hütten. Erst als die Gipfel Lou Ciâtel und Pan de Süccre[2] von der Sonne erfaßt werden, sagt Hanna leise: „Unsere Waldenser haben schon recht. *Lux lucet.* Das Licht leuchtet im Dunkel. Auch wenn alle Berge wer weiß wo wie Strohfeuer brennen – ihre Kerze tut's vor unseren Augen. Nichts läßt sie flackern."

Ich nicke. Dann ziehen wir los. Es wird Zeit, vier Beinen Bewegung zu schaffen.

Eine schmale Schotterstraße bringt uns nach Gros Passet (1320 m). Zum Weiler, der aussichtsreich auf felsigem Sockel lagert, gehört das Herzstück waldensischen Widerstands: die *scuola valdese*. Solche Dorfschulen wurden vor etwa 150 Jahren nicht nur an den fruchtbaren Hängen des Valle di Massello erbaut. Ihr Mäzen war ein britischer Offizier, Charles Beckwith, dem das kleine Volk in den ‚Tälern der Freiheit' wie wesensverwandt erschien.[3]

Doch was, fragen wir uns, bedeuten vergitterte Fenster? Sie mögen aufs Konto einer Papstkirche gehen, die vor Jahr und Tag jeden reformatorischen Ansatz als Stachel im Fleisch ihres Herrn empfand. Mittlerweile werden Valdes-Protestanten zwar inoffiziell toleriert, als Ketzer gelten sie aber noch immer. Daran wird sich (weil den Waldensern katholische Dogmen absolut fremd sind) so rasch nichts ändern.

„Links oder rechts?" „Bergauf wäre falsch. Dieser tiefer liegende GTA-Zweig führt nach Perrero. Du weißt ja, die tiefer liegende Ostroute ..."

Nein, wir bleiben im Westen und laufen nach Süden. Unser Kurs wird insgesamt der französischen Grenze folgen und damit zugleich alpiner sein. Sympathisch bescheiden wirkt der fußbreite Wiesenweg, den wir jetzt wählen. Er verbindet drei Siedlungen im Bereich einer Großgemeinde: Roccias, Aiasse und Porrence. Die Häusergruppen liegen locker verstreut zwischen Weiden, Kartoffeläckern, Walnuß- und Obstbäumen. Auffallend sind viele sorgsam gemauerte, gut erhaltene Dachkamine. An den Stalltoren fehlt nie das Schlupfloch für Katzen.

Im Dorf Ciaberso (1200 m), wo Holz gehackt wird, lädt ein katholischer Pfarrer per Plakat an der offenen Kirchentür zur Begegnung mit Gott. Zehn Wanderminuten tiefer streift die *Grande Traversata* einen kühlen, klassizistischen Bau: den Waldensertempel.[4] Er ist verschlossen.

Hoch steht das feuchte Gras. Wir sind naß bis zu den Hüften. Gelbe Halme und Rispen riechen verrottet, als habe schon der Herbst seine ersten Nachtfröste darüber gelegt. Mild scheint die Sonne. Wie von selbst kommen wir aus dem Massellotal ins Vallone di Salza nach Campo und Didiero (1210 m). Dann schraubt sich der himbeergepünktelte Weg durch Föhrenwald hinauf zur Lärchenregion. Außer einer kreischenden Motorsäge erinnert hier nichts mehr an Menschen. Bald ist auch sie verstummt.

Unsere Hemden trocknen im föhnwarmen Wind am Colletto delle Fontane (1572 m). Die Sicht nach Südosten ist frei, doch sie wird nebenan noch wesentlich freier. Was passiert?

Sechs Picknickleute biederer Herkunft nehmen unter Bäumen Platz – zwei Rentner, drei Matronen und eine gut gewachsene junge Frau.

Nur noch selten wird rund um die höheren Bergdörfer in Piemont Getreide angebaut: Roggenfeld bei Bounous (1491 m) über Rodoretto.

Maestro Enzo Tron öffnet ...

Unmittelbar nach ihrem Auftritt beginnt sich die Schöne bis zur Grenze des Möglichen zu entkleiden: ein so garniertes ‚Frühstück im Freien‘[5] nimmt seinen Lauf.
Kennst du das Land, wo Diskrepanzen blühn? *Italia mia*, Stiefel voller Wunder! Wir entfernen uns diskret vom Tatort, schütteln die Köpfe übers eigene Staunen und wandern weiter in Richtung Südwesten. Weich federt ein roter Nadelteppich unter unseren Stiefeln. „Diese Großmütter“, murmle ich, „wären früher allein schon beim Gedanken an öffentliche Nacktheit erstarrt. Jetzt hocken sie derart gelassen im Gras, als läge ein Mostfaß neben ihnen ...“
Auf dem Colle di Serrevecchio (1707 m) leeren wir unsere letzte Wasserflasche. Es ist mit einem Mal windstill und drückend heiß. Der Weg, von Lavendelkissen und Knabenkraut gesäumt, ringelt sich als Schuttspur nach Rodoretto hinunter. Orangefarbene Dukatenfalter taumeln im Schwarm vor uns her. Gegen Süden, noch zwei Tage entfernt, lugt die scharf profilierte Punta Cornour (2867 m) durchs Lärchengeäst.
„Bella vista“, deutet in Serrevecchio ein alter Mann hinter sich. Er verjagt zugleich, mit Stockhieben, zwei giftig kollernde Truthähne. Wir danken unserem Beschützer und finden die ‚schöne Aussicht‘ selbst: Villa di Rodoretto (1432 m) liegt unter uns zwischen Wiesen, windbewegten Laubbäumen und kleinen Getreidefeldern.

... den Waldensertempel von Rodoretto. Dieser religionstypisch karg ausgestattete Bau wurde 1845 errichtet.

Im Museum des Waldenserdorfs wird später ein pensionierter Lehrer, Maestro Enzo Tron, das episch breite Historienbild dieser Siedlung entrollen.[6] Doch zunächst suchen und finden wir Anna Cianalinos blitzblanken Posto Tappa. Zwar gibt es in Rodoretto die ‚Trattoria Breusa‘ schon lange nicht mehr, doch auch eine umgebaute Garage erfüllt ihren Zweck.
Wir sind mit allem zufrieden.
Enzo Tron ist ein feinnerviger Mann. Er betreut das 1973 eröffnete Heimatmuseum und erklärt uns dort in stark akzentuiertem Französisch die Bedeutung bäuerlicher Geräte. „Unsere Erde“, lächelt der Kustos wie entschuldigend, „rutscht von den Steilhängen zu Tal und muß immer wieder bergauf geschleppt werden. Sehen Sie nur diese Flechtkörbe an!“
Der Tempel von 1845 wirkt schlicht, geradezu provozierend karg. Er enthält Holzbänke, erbauliche Wandzitate (‚Liebe deinen Herrn aus ganzem Herzen‘), einen Kanonenofen, die 200jährige Bibel und das Kerzensymbol vor der Kanzel. Den Gekreuzigten beten Waldenser nicht an, weil Moses verkündet hat: „Du sollst dir kein Bildnis machen.“
Bis in die Nacht hinein sitzen wir auf der Gasse vor unserem Haus. Ob wir den stillen, fast scheuen Dorflehrer je wiedersehen werden? Vielleicht doch einmal, denke ich und erinnere mich seiner Worte zum Abschied: „Le Seigneur avec vous ...“

Das geschrumpfte historische Herz

30. Tag: Von Rodoretto nach Ghigo

Schnarchen, Geflüster, Kichern, stickige Luft. Schmerzhaft verkrümmte Beine im Schlafsack. Der Kampf ums Dachfenster – bitte auf, bitte zu. Ein Wust aus Rucksäcken, Stiefeln, Mützen, Schals und sauer riechenden Socken. Jedes Umdrehen, dicht an dicht, bedeutet zwei Rippenstöße: einer von rechts, ein weiterer nach links. Wie viele Hüttenstunden haben wir so schon durchwacht?

Nichts dergleichen plagt uns in Rodoretto. Bereits die vierte Nacht, seit Meana di Susa, sind wir allein. Das ruhige Gehen und Rasten kommt uns längst vor wie maßgeschneidert. Es schärft jenen Blick, den Hanna ‚Herzlupe' nennt. Diese intensive Betrachtungsweise war von Anfang an möglich, weil alpine Modezentren nie zur Debatte standen. Den Glanzlack, die wohlfeile Schale, mögen andere attraktiv finden. Uns reizt der Kern.

Als wir kurz nach acht Uhr vors Haus treten, klappert Signora Cianalino nebenan mit Geschirr. Sie kam gestern abend noch daher mit Kartoffeln, Butter, Tomaten und Brot. Dieser Handel bedeutet viel, denn von Susa bis Ghigo gibt es entlang der GTA keinen einzigen Dorfladen.

Wir schnuppern um die Ecke. Beim Nachbarn im Garten knistert ein Feuer. Schwalben flitzen zwischen gekalkten Fassaden hin und her. Der Morgenhimmel ist von verwaschener Bläue, Petrus hat Tüll darüber gelegt. „Wie wird das Wetter? Was sagt RAI[1]?" Unsere Wirtin lacht. Sie zuckt mit den Schultern: „RAI macht Musik, wie immer. Aber wir brauchen hier keine Vorhersage. Morgen ist Jakobstag, da regnet es sowieso. *San Giacomo leert die Flasche aus.* Sie werden ja sehen ..."

Nun gut. Lassen wir uns überraschen. Wer weiß schon, ob auf Heilige wirklich Verlaß ist? Heute jedenfalls wird unser Weg kaum mehr als zwei Stunden lang sein und weiter die ‚Glorreiche Rückkehr' begleiten. Nach dem Weiler Ciai führt er durch Wiesen abwärts ins Vallone di Rodoretto und dann am Gegenhang langsam bergauf.

Hohe, hellgrüne Farne wachsen unter schwarzen Fichten zu beiden Seiten des Steigs. Mitglieder der Associazione GTA haben ihn

Rodoretto 1924. Links überm Kirchturm (mit klassizistischer Giebelfront) der ‚tempio valdese'.

wiederentdeckt und um 1981 rotweiß markiert, doch den Waldensern ist er seit mehr als 300 Jahren bekannt. ‚Lou viôl dâ ministre‘, Weg der Pfarrer, heißt die Verbindung zwischen Rodoretto- und Germanascatal. Sie passiert den flachen, jetzt gerodeten Rücken Galmount[2] (1678 m): „Nein“, sage ich und muß mich alsbald verbessern: „Doch, ich kann sie hören. Die Stille.“
Wir pausieren neben einem toten, vom Wetter der Jahre zernagten Baum. Tief unter uns liegt das Dorf Villa di Prali (1392 m). Menschen, wie klein auch immer, sind nicht zu erkennen. Der

Bäuerinnen mit Sichel und Schleifstein. Wer wird nach ihnen die Rücken krümmen?

ein Dienstpfad jener wackeren Geistlichen, die einst hüben wie drüben ihren Gemeinden aus dem Buch der Bücher vorlasen – in Gouiggou (Ghigo) und Roodouret.
Schwarzwild hat das Gras auf Galmount zertrampelt. Wir stehen, sozusagen, im Kreis der 600 Männer um ihren Anführer Henri Arnaud. Am 28. August 1689, dem später ‚trostreich‘ genannten Tag des ‚Glorioso Rimpatrio‘, sehen sie talwärts mit Prali Villa ein neues und zugleich vertrautes Stück Heimat. Die Waldenser empfinden Freude, aber auch bohrenden Schmerz. Sie denken an Pierre Leydet, Pfarrer von Prali, der sich hier im April 1686 „vor den mordenden und plündernden (französischen) Truppen zwischen den Felsen versteckt hatte, jedoch entdeckt worden war, als er laut einen Psalm anstimmte. Er wurde bewaffnet angetroffen und ... in Luserna gehängt.“[3]
„Hörst du?“

Ortskern wirkt aufgeräumt und kompakt. Vergleichbares entsteht manchmal, wenn Kinder mit Bauklötzchen spielen: eins an das andere – fertig.
In Villa, drei Jahrhunderte zuvor, machte der Waldenserzug reinen Tisch. Für Pierre Leydet wurde die katholische Kirche angezündet, das Fanal wies den Weiterweg nach Ghigo di Prali (1455 m). Dessen Tempel war in ein Gotteshaus der Rechtgläubigen verwandelt und mit Heiligenstatuen vollgepackt worden. François Huc, hugenottischer Zeitzeuge, notierte kühl: „Wir schleuderten die Figuren lieber aus dem Fenster, als sie durch die Tür herauszubefördern, weil das bequemer war.“[4] Danach sprach Henri Arnaud auf der Kirchenschwelle zu seinen Brüdern. Er predigte erstmals seit dem Abmarsch am Genfer See vor zwölf Tagen.
Würde der Pfarrer hier und jetzt beim Anblick von Ghigo verstummen? Wir tun es nicht. Uns

Ghigo di Prali (1455 m) Mitte der zwanziger Jahre: bestellte Felder bis zu den steilsten Lagen hinauf.

erbarmt das geschrumpfte historische Herz dieser explodierenden Skimetropole, dem ein Hotelring die Blutzufuhr sperrt. Wie aus seiner eigenen Mitte entlassen steht der 1556 errichtete Tempel (heute Museum[5]) im Schatten einer neuen Waldenserkirche. Ihr langweilig-nüchterner Bau gilt allgemein als interessantes Beispiel moderner evangelischer Architektur. Ebenso wie das Begegnungszentrum Agàpe[6], dessen fabrikähnliches Gefüge sich über dem Ort hinter Bäumen zeigt.

Nein – Ghigo di Prali stiften wir keinen Preis. Alte Fotos im Museum illustrieren seine Entwicklung. Bis zur Nachkriegszeit waren bescheidene Dimensionen die Regel, erst durch den Pistenboom brach das Dorf auseinander. Der massive Wintertourismus, mit allen Ansprüchen einer vergnügungshungrigen Klientel, ist ihm nicht bekommen.[7] So mag es kaum verwundern, daß uns gerade hier eine Welle geschäftiger Ungeduld entgegenschlägt: beim Warten am Postschalter, vor den Kassen des Supermarkts, ja sogar im Café.

Der Posto Tappa hinterm ‚Albergo delle Alpi' heißt ‚Gite d'Étape', denn wir sind nur noch sechs Kilometer von der französischen Grenze entfernt. Im Familienbetrieb des Padrone Giulio Peyrot geht es freundlich zu. Wanderer sind offenbar gern gesehene Gäste. Die Unterkunft wurde vor kurzem sanitär überholt, ein Zementsack neben Stockbetten dokumentiert das Geschehen. Der Rest scheint aus Ghigos Urzeit zu stammen: Eichenfachwerk, Naturstein, ächzende Dielen.

Sonne, adieu! San Giacomo will recht behalten. Den vielbeinigen Rummel im Rücken und ein bestelltes Nachtmahl vor uns, sitzen wir am Fluß. Die Köpfe ruhen auf angewinkelten Beinen. Der Torrente Germanasca quasselt. So träumt es sich leicht. Am Westhang, unter dem Monte Selletta, stehen zwei Männer seit Stunden gebückt im Kartoffelfeld. Die letzte Mahd ist vorbei. Eine Bäuerin schleppt Grummet mit der Kiepe zu Tal. Trotz ihrer Last wankt sie nicht.

Ghigo, wie es war. Welches wird sein und bleiben?

Heute ist das alte Waldenserdorf nicht mehr wiederzuerkennen.

San Giacomo leert die Flasche aus

31. Tag: Von Ghigo nach Villanova

Weniger ist mehr. Im Zusammenhang mit der Rucksackfülle können wir diese Erkenntnis täglich von neuem testen. Nun hat sich auch unser Wanderleben auf ein paar Fragen reduziert. Die wichtigste, am Morgen, gilt meist dem Wetter: Sorgt es für Klarheit, oder sind Berge und Täler vernebelt? Ich reibe meine Augen – mißmutig, weil unausgeschlafen. Das kleine Fensterviereck beweist noch nichts. Es hängt an der nackten Wand des Albergo wie ein rahmenlos-dunkles Bild.

Gestern abend, beim schmackhaft zubereiteten GTA-Menü[1], fiel unsere Entscheidung für den direkten Waldenserweg. Die historische Route reicht von Ghigo zum Colle Giulian und weiter ins Valle Pellice. Wir werden also heute weder via Sessellift den blauen Tredici Laghi[2] entgegenschaukeln noch das Rifugio Lago Verde des CAI Germanasca ansteuern. Der Südkurs hat Vorrang, Südost- wie Südwestvariante bleiben tabu. Denn sehr vielen Italienern bedeuten Picknicks und Bergseen höchste Erfüllung. Läßt sich beides elegant miteinander koppeln, sind Jubel und Trubel lautstark vereint.

Die ersten zwei Kilometer im Vallone della Miniera (Bergwerk-Tälchen) machen schon deutlich, was uns knapp unterm Colle erwarten wird – Wolkenbrei. Doch wir wollen nichts anderes zur Wahl: Der Giulian, ein Paß ohne große Attraktionen, dürfte unmittelbar von Norden her vergleichsweise wenig begangen sein. Er wird speziell wegen seiner Aussicht zum Monviso gelobt.[3] Schwarz auf weiß wirkt so etwas gar nicht übel, aber grau in grau?

„Salve, salve!" Unter Lärchen am Hang steht, als Wunder des Morgens, eine strickende Hirtin im Schottenrock. Sie erwidert überrascht meinen Gruß. Zwei scheue Hunde streichen um ihre Beine. Obwohl der Himmel bedeckt ist, wird es zunehmend warm. Bei den Almhütten Miande Selle (1695 m) beginnen wir zu schwitzen, im oberen Vallone Clapou werden die schweren langen durch leichtere kurze Hosen ersetzt.

Atempause. Wir spähen nach Süden. Ich richte, einer unbewußten Regung folgend, das Glas aufs Joch. Hoch über uns lösen sich zwei helle Striche von den Felsen des Monte Giulian. Hinter ihnen brodelt Gewölk.

Es geht nun steil empor zwischen Latschenbewuchs und rostrot blühenden Alpenrosen. Eine halbe Stunde unter der Scharte treffen wir endlich das Paar: zwei italienische Frühaufsteher, Mann und Frau, die wohl bei Nacht in Villanova gestartet waren. Sie laufen langsam und wirken zermürbt. Nach kurzem Wortwechsel trennen sich unsere Wege. Stumm schauen wir den beiden Absteigern nach, hören dann und wann noch das Poltern einzelner Steine.

Mein Blick tastet sich ins oberste Valle Germanasca hinein, das jetzt diffus von der Sonne beleuchtet wird. Alles zusammengenommen, denke ich, ein schwerkrankes Tal. Noch vor 150 Jahren wurde die Entsiedelung durch den Talkbau gebremst, dann schlug der Staublungentod seine Schneisen. Schließlich wanderten viele Bauern nach Nord- und Südamerika aus oder zogen ostwärts in Richtung Perosa Argentina, Pinerolo, Turin. Vom Skitourismus Marke ‚Ghigo' profitierten sie nicht. „So macht", zieht ein Waldenser heute Bilanz, „das Tal einen recht traurigen Eindruck: verlassene Dörfer, heruntergekommene Terrassen und Weinberge, überwucherte Wiesen und verwilderte Wälder."[4]

Eine schulterhohe, trockene Steinmauer bietet am Colle Giulian (2451 m) etwas Schutz gegen den Wind. Hanna und ich schnappen nach Luft. Wir lassen die Stöcke fallen, breiten Vorräte aus, hantieren mit Klappmessern und beginnen zu futtern: Käsestücke, Panini, Salamischeiben, saftige Birnen, Kekse, Tomaten, Schokolade, Bonbons.

Kaum halbwegs satt, mahnt uns das schlechte Wetter zum Aufbruch. Immer undurchdringlicher wabert der feuchtkalte Dunst. Er war auch den evangelischen Heimkehrern um *Ministre* Arnaud zu Hilfe gekommen. Zwei Tage vor ihrem letzten Ziel hatten sie am 29. August 1689 erfahren, „daß ungefähr 100 Mann den Paß (Giulian) verteidigten. In Schlachtordnung aufgestellt und durch den Nebel geschützt, griffen die Waldenser an. Die Piemontesen leisteten Widerstand ..."[5]

Sie wurden alle vertrieben. Ein kleiner Teil jener Truppe flüchtete Hals über Kopf nach Villanova. Die Soldaten verschanzten sich dort hinter den massigen Mauern des Forts Mirabouc

Hirtin über der Alm Miande Alberge (1510 m) bei Ghigo.

und erwarteten neue Instruktionen. Wir tun es ihnen gleich, allerdings befehlsfrei bummelnd und nichts anderes als den nächsten Posto Tappa mit heißen Getränken im Sinn.
Uns erfreut heute jede einzelne GTA-Markierung. Ohne diese oft blassen Doppelstriche wären wir im dichten Nebel verloren. Zwischen der Bergeria Giulian (2097 m), dem Gegenanstieg zur Colletta delle Faure (2110 m) und den Ruinen von Le Randulire (1734 m) frage ich manchmal: „Kompaß? Man sollte vielleicht ...?"
„Vergiß ihn", antwortet Hanna. Sie schüttelt das Wasser aus ihren Haaren und fügt hinzu: „Schau dir doch die Sauerei an."
Wir laufen schneller. Aus fahlem Weiß wird schmutziges Gelb. Vor der Alm Culubrusa (1450 m) hockt eine alte Frau, ihre Hände zittern. Oben am Hang nehmen zwei Halbwüchsige das Wildheu mit langen Holzrechen auf. Sie arbeiten rhythmisch, einer winkt. Im selben Moment grollt es leise über uns. Ein Blitz züngelt, der erste Donnerschlag kracht. Schon fallen dicke Tropfen. „San Giacomo leert die Flasche aus!" rufe ich und sehe die Burschen bergab galoppieren. Dann beginnt es zu schütten. Wir werden vom Apostel Jakobus getauft. Der Heilige hat Wort gehalten.
Wo die Bäche Crosenna und Pissoi in den Torrente Pellice toben, sperrt ein Granitklotz das Tal. Am Fuß dieser Kuppe liegt Villanova (1223 m): aus graugrünem Bruchstein gemauerte Häuser, enge Gassen, eine Zollkaserne, verschlossene Fenster und Türen.[6] Im Posto Tappa am Ortsrand gibt es weder elektrisches Licht noch Warmwasser. Der kalte Zementboden hat seit Wochen keinen Besen gesehen, die Wolldecken riechen muffig und sind klamm. Aber wir finden Platz, haben ein Dach über uns und wollen nicht klagen.
An der Bar von Elda Rostagnol herrscht Hochbetrieb. Es begrüßen uns neugierige Blicke, Lachen und Stimmengewirr. Unter einem offenen Vorbau im Freien wird starker, süßer Kaffee serviert. Traubenschnaps und Kräuterlikör machen die Runde. Wir trinken Wein. In Sichtweite sitzen Johanna und Friedrich – Lehrer, wie sich später herausstellt, von der Waterkant. Beide

Aus fahlem Weiß wird schmutziges Gelb – Nebelsuppe im Vallone Garavaudau unter der Colletta delle Faure.

waren auf den ersten Blick als Importe zu erkennen und verbreiteten zunächst ein wenig Distanz. Als aber dann die Wirtin ihre Gaumenkitzler auftischt und ermunternd nickt, wird schon einmal dankbar gelächelt.

Wir verabreden uns für morgen, zwanglos und ohne konkrete Pläne. Man wird sehen, was San Giacomo vor hat. Bis weit nach Mitternacht unterhält er Hanna und mich mit seinen trommelnden Wasserspielen. Die Leute aus *Hamburgo* sind anderswo untergekommen. Ob auch sie langgestreckt liegen und lauschen?

Villanova (1223 m) im Pellicetal. Das aus Bruchstein gemauerte Dorf wirkt wie eine Wehranlage.

Mitreißend ist der Anblick – emozionante!

32. Tag: Von Villanova zum Rifugio Granero

Das Getröpfel hat aufgehört. Wo sind wir? Mit einem Ruck bin ich wach, wickle mich aus verwurstelten Decken und rutsche vom Bett. Taptap geht es barfuß zum Fenster: knirschende Scharniere, ein kühler Luftzug, scharf beleuchtete Berge unter aquamarinblauem Himmel. Warum länger warten?
„Los, Murmeltier ... sieben Uhr vorbei!"
In den kleinen Gärten vorm Haus wird gehackt. Kartoffeln, Salat, ein paar Lauchbüschel, Zwiebeln – kaum mehr kann während des Bergsommers wachsen. Doch allein aus solchen Gründen gibt das Landvolk seinen Boden nicht preis. Waldenser waren bis zum 19. Jahrhundert die einzigen evangelischen Christen Italiens. Sie lassen schon deshalb ihre Heimat viel später als andere los. „Wenn wir weichen", sagte uns vor zwei Tagen ein buckliger Bauer in Ghigo di Prali, „dann werden unsere Täler katholisch. Das darf nicht sein."
Villanova erinnert an eine mittelalterliche Burg ohne Palas, Wehrturm und Ringmauer. Die Häuser wurden dicht aneinander gebaut. Sie scheinen sich gegenseitig schützen und stützen zu wollen. Ihre verrammelten Pforten halten demonstrativ alle äußeren Einflüsse ab. Sind wirklich 800 Jahre vergangen, seit Petrus Valdes mit seinen Anhängern exkommuniziert wurde und auf dem Scheiterhaufen verbrannte?[1]
Vor der Trattoria grüßt uns schmunzelnd ein Mann, als seien wir alte Bekannte. Er schleppt Ziegenfutter im verknoteten Tragesack durch das Dorf. „Buon via", guten Weg, wünscht die Wirtin Elda Rostagnol. Wir haben ihr den Posto-Tappa-Schlüssel gebracht und glauben am Mienenspiel zu erkennen, was sie insgeheim denkt: Das Leben könnte beschaulich sein. Aber nein, diese Deutschen brechen nach Mitternacht auf ...
In Wahrheit ist es halb neun. So spät starten wir selten. Vor uns liegt ein knapp zehn Kilometer langes Wegstück mit mehr als 1100 Meter Höhendifferenz – Anstieg pur. Er verspricht, dem schon jetzt sich bildenden Dunst nach zu schließen, gehobene Temperaturen.
Wir verlassen die Waldensertäler auf einer Mulattiera. Oberhalb von Villanova biegt das schmaler werdende Valle Pellice südwärts in

Grünfutter für die Ziegen.

Richtung Monviso. Es wirkt verlassen und wild: jeder menschliche Rückzug hinterläßt Spuren, indem er Spuren verwischt. So sind, zum Beispiel, auch vom Grenzfort Mirabouc (1422 m) nur noch wenige Reste zu sehen.
Dieses piemontesische Pentagon war 1565 unter dem Talgouverneur Grazioli di Castrocaro erbaut worden. Von Franzosen gestürmt, wieder zurückerobert und 1794 ein zweites Mal überrannt, wurde das waffenstarrende Fünfeck schließlich geschleift.[2] „In Ordnung", meint Hanna und betrachtet die Trümmer. „Vergiß nicht, daß man auch hier zur Treibjagd auf Waldenser geblasen hat. Sie waren Freiwild, nichts weiter."
So düster wie ihre Vergangenheit präsentiert sich die Hochebene Pian d'ji Mort (Totenflur). Während des Frühlings 1655 erstickten dort 32 *valdesi* im Schnee. Eine Lawine begrub sie und holte nach, was fanatischen Feinden zuvor

Der Weg (hier hinter Villanova): Generationen von Berglern haben ihn gepflastert, benutzt und erhalten.

mißlungen war: ‚Frohe Ostern‘ nach Art des Hauses Pianezza – beim Massaker, das der gleichnamige Marchese hatte wüten lassen.[3]
Die mit Lärchen, Föhren und Krüppelkiefern bedeckte Talfurche liegt noch im Schatten. Sie vermittelt den Eindruck tiefster Verlorenheit. Zum ersten Mal auf der GTA, wenige Talorte ausgenommen, stecken wir mitten im Fremdenverkehr. Etwas abseits vom komfortablen Schutzhaus (1950 eröffnet, 1978 abgebrannt und später rekonstruiert) kauert mit grünen Fensterläden die Privathütte Ciabota del Prà. Sie ist wellblechgedeckt, ein kunstloses Relikt aus der Frühphase alpinistischen Treibens. Vor ihrer offenen Tür wartet ein Maultier mit hängendem Kopf. Nur sein Ohrenspiel zeigt, daß es unsere Stiefeltritte hört und versteht.

Die stille Almsiedlung Prà auf der gleichnamigen Sommerweide.

Nur der Torrente Pellice und seine stäubend stürzende Nachbarin Cascata del Pis durchbrechen das Schweigen. Wir queren den Grund eines Sargs, über dessen Längsseiten die Gipfel wie gelbe Wachslichter glimmen.
Aber bald, nach dem kurzen und sonnigen Anstieg zur Barriere des Colle della Maddalena (1737 m), kann das Auge seine Umgebung wieder ohne Abstrich genießen. Es findet zum Leben zurück. Lichtübergossen dehnt sich vor uns ein flaches Becken, die alte Sommerweide Conca del Prà. Mitreißend groß ist ihr Anblick. *Emozionante!* Begeistert wird er uns beim Rifugio Willy Jervis von bunt kostümierten Touristen erklärt. Sie sind nach dem neuesten Credo gekleidet, jeder ein selbsternannter Marktschreier seines Gefühls.
„Ecco, guarda! La conca!“ Ich wasche betont umständlich mein Gesicht am Brunnen und murre: „Als seien wir blind ...“

Nach Westen schraubt sich ein historischer Handelsweg zum 2298 Meter hohen Colle della Croce. Der Übergang ins französische Vallon du Guil wurde einst gern von Waldensern benutzt, das Fort Mirabouc sollte ihr unerwünschtes Auf und Ab kontrollieren.[4]
Vorbei an der einsamen Almsiedlung Prà (1713 m) kreuzt unsere *Grande Traversata* den vier Kilometer langen Wiesenplan. Wir sind völlig allein. Niemand wählt den hitzeflirrenden Anstieg zum Rifugio Granero. Hier, wo warme Fallwinde wehen, soll früher ein See die Berge gespiegelt haben. Dann begann der Felsrand des Colle della Maddalena zu bröckeln, und das Wasser floß ab. Was blieb, war Conca del Prà.

Wäsche trocknet hinterm Zaun der Alpe Partia d'Amunt (1750 m). Ihre niedrigen Hütten sind dem Umfeld perfekt angepaßt. Jedes Schneebrett wischt im Winter über sie weg. Wir lernen während des Aufstiegs, daß die Bergbewohner noch zur Zeit unserer Großeltern eine absolut nüchterne Vorstellung von Natur (auch der eigenen) hatten. Die Hybris des Herrschens galt wenig. Leben hieß Standhalten.

Es ist jetzt windstill. Gelb bezeichnet führt der Weg auf den steilen Moränenwall eines längst geschmolzenen Gletschers. Wir gehen langsam im Gleichschritt. Die Sonne verbrennt Nacken und Schultern. Letzte Lärchen bleiben zurück, rosafarbenes Leimkraut blüht zwischen den Steinen.

Am Rand der Wiese Pian Sineivie, gut 300 Meter unter dem Rifugio, fand vor Jahrzehnten ein Suchtrupp die Leichen von neun US-Soldaten. Ihr Flugzeug war dort im Sommer 1957 abgeschmiert und zerschellt. Verstreuter Schrott und ein Denkmal erinnern an das Unglück.

„Sie sind", sage ich um zwei Uhr mittags, „hoch geflogen und tief gefallen. Laß uns ein Glas auf die Männer trinken."

Wir sitzen beim Wein im Rifugio Monte Granero (2377 m) des CAI Uget/Val Pellice.[5] Der Gastraum ist holzgetäfelt, dunkel verräuchert, gemütlich. Antonella Odin, die ebenso junge wie aparte Wirtin, schenkt ihm eigenes Flair. Von den Wänden blicken seil- und hakenbewehrte Sektionsmatadore, durchs Ostfenster guckt der 3171 Meter hohe Hüttenberg. Wieder kommt Wind auf.

Ohne weitere Mitschläfer dürfen wir hier Johanna und Friedrich erwarten. Sie sind zweieinhalb Stunden nach uns am Ziel: müde, aber zufrieden. Es tut gut, eine Behausung zu haben ... Als Hanna und ich spätabends zum letzten Mal den kleinen Steinbau umrunden, ist das Tal unter uns grau vernebelt. Sterne zwinkern am Himmel, der Höhenwind hat sich schlafen gelegt. Kein Laut ritzt die gläserne Stille.

Alpe Partia d'Amunt (1750 m) über der Conca del Prà.

Giro del Viso, Tour aller Touren ...

33. Tag: Von Granero zum Rifugio Vallanta

Wolken wabern von Norden her: Rückblick während des Anstiegs Rifugio Granero–Colle Seillière.

Beim ersten Dämmern stehen wir vor der Hütte. Ihre gelben Schlagläden wirken graugrün, fast wie unter Wasser. Es ist kalt. Morgenstund, Gold ...? Unsinn. Vorgekaute Sprüche schmekken durch Wiederholung nicht besser. Im Gegenteil.
Eine Handvoll Wasser hat die Dusche ersetzt. Je zwei mit ranziger Butter bestrichene Brotkanten müssen als Frühstück genügen.Ich rechne nach: Mittwoch, letzter Einkauf in Ghigo. Bis morgen, Sonntag, werden unsere Vorräte reichen. Dann sehen wir weiter. Das Dorf Chianale im oberen Valle Varaita soll tadellos ausgestattet sein, meint der GTA-Taschenführer. Er kündigt *negozio* und *ristorante* an – eine Trattoria ‚Blaue Seen' oder so. Klingt ja ganz nett.
Schon nach 20, 30 Schritten taucht das Rifugio hinter glatten Gletscherschliffen weg. Der jetzt wieder rot-weiß markierte Pfad streift den Speicher des Torrente Pellice, Lago Lungo. Am Langen See wirft ein Anglerpaar Schnüre aus.
Heute bestimmt Hanna unser Tempo. Ich sehe sie über mir steigen mit elastischem Gang. Nur ihr regelmäßiges Ausatmen ist zu hören und manchmal scharrende Geräusche, wenn zwei Stöcke am Stein keinen Halt finden.
Rosa leuchten in der Morgensonne die Bänder und Nischen des Pic Traverse (2993 m). Klar hebt sich dieser Berg vom hellblauen Himmel ab. Unter seiner Nordwand gewinnen wir, Kehre für Kehre, den Zugang zum nächsten Joch. Alpen-Leinkraut wächst violett auf erdig rieselndem Schutt. Kaum zu glauben, wie schnell die Grate um uns herum flacher werden! Noch ein paar Quergänge zwischen Felsblöcken, dann ist der Colle Seillière am italienisch-französischen Grenzkamm erreicht.
2851 Meter, Viertel nach sieben. In genau einer Stunde sind wir hierher gestürmt. Aber was

bedeuten schon Zahlen? Sie schildern nicht den Märchenblick zum Monviso, der sich zu unserem Erstaunen so gut wie wolkenfrei zeigt: eine wuchtige Pyramide aus Ophiolith.[1]
Vor zehn Minuten lag der Paß noch im Schatten des Monte Granero. Nun wird er vom Licht übergossen. Es wärmt die Rucksäcke, den vereisten Steinmann, das fein gezuckerte Gras. Wir lehnen an einem ockerfarbenen Felsturm und lassen alle Bilder passieren. Hannas Haare wirbeln im Wind. Sie lächelt.
Wie gut, denke ich plötzlich, diese *Traversata* miteinander zu erleben. Anders als jener schottische Literat, dessen Wanderung 1878 durch ein rauhes Mittelgebirge führte. Seine Tagträume nur mit der störrischen Eselin ‚Modestine' teilend, schrieb er ein Jahr später: „Es gibt eine Gemeinschaft, die ... Einsamkeit in höchster Perfektion ist. Und im Freien mit der geliebten Frau zu leben, ist für einen Mann von allen Leben das vollkommenste und freieste."[2]
Hannas Lippen sind blau statt rot. „Frierst du?" frage ich vorsichtig. „Wenn ich den Nebel hinter uns sehe, dann schon. Fein, daß der Norden uns nicht mehr kümmert. Hauen wir ab."
Ein großer, vor Jahrzehnten noch beweideter Talkessel tut sich auf. Wir verlieren an Höhe. Das Hüttendach des Refuge Mont Viso (Ref. Baillif) legt unseren Kurs fest. Bei den kaum erkennbaren Resten der Bergerie du Grand Vallon (2428 m) kommt es zum ersten Treff mit einer französischen Wandergruppe. Eins, zwei, fünf... irgendwann lassen wir das Zählen sein. Zumal unser Gruß nur selten und meist von oben herab erwidert wird. *Liberté, égalité, fraternité* in den Bergen – ist das vorbei? Hat es die ‚Solidarität über 2000 Meter' jemals gegeben, oder war sie stets bloß ein romantisierender Quatsch?
Zwei Drittel der modebewußten Neo-Trachtler peilen, wie wir sehen, vom Refuge aus den Colle della Traversette (2950 m) an. Er leitet ostwärts zur Poquelle nach Pian del Re. In unserer Richtung ist niemand unterwegs. Dies hängt damit zusammen, daß eine ebenso beliebte wie überlaufene ‚Tour du Viso' im Uhrzeigersinn rund ums Massiv führt. Wer also wollte solch einem Vier-Tage-Vorschlag buchstäblich bewanderter Fachleute widerstehen? Gegen den Strom steuert es sich offenbar nirgendwo leicht.
Freilich folgen auch wir, wie fast alle Deutschen, der uns empfohlenen Route von Norden nach Süden.[3] Mit dem unbestreitbaren Vorteil, als Minorität innerhalb der Minderheit praktisch niemals Leuten hinterher zu trotteln oder sie zu überholen.

Neun Uhr, der Monviso rückt näher. Ein weicher Wolkenkragen deckt seinen zerschrundenen Nacken. In vollen Zügen atmen wir die geruchlose Frische des Morgens und spüren das Gleichgewicht in uns selbst. So, am kleinen Lago Lestio längsbummelnd, bringt der steile Geröllanstieg zum Passo di Vallanta (2811 m) keine Probleme mehr. Die mit Serpentinbrocken gefüllte Bresche zwischen Monte Losetta und Punta Gastaldi ist eisigen Windböen ausgesetzt. Wir beschließen trotzdem zu rasten.
‚Giro del Viso', Tour aller Touren ... Über das Fußvolk des cottischen Kaisers hinweg sehen wir staunend nach oben. „900 Meter Nordwestwand[4]", sage ich, „ein Hochgebirge für sich aus Fels und Firn. Hier war es. Heute vor sieben Tagen." Ivan Gonnet hat uns gestern davon erzählt. Der junge Hüttenwirt des Rifugio Granero legte eine zerlesene Zeitung auf den Tisch und ließ uns die Botschaft entziffern: „Wieder zwei Opfer. Steinschlag am Monviso." Den beiden kletternden CAI-Funktionären aus Crissolo hatte keine Routine genützt. Ein Helikopter, vom Rifugio Gagliardone gestartet, barg ihre zerschmetterten Körper.
Husch! Während wir den Sturz diskutieren, nebelt es ein. Bereits zu Beginn unserer frostigen Pause wehten weiße Rauchfahnen vom Nachbarberg Viso di Vallanta. Nun ist die Sicht dahin. Wir steigen ab. 300 Meter unterm Sattel sind Rifugio Gagliardone und Rifugio Vallanta (2450 m) schemenhaft zu erkennen. Beide Schutzhütten liegen auf Rufweite voneinander entfernt. Zwischen ihnen blinkt etwas in der Sonne, wahrscheinlich ein See.
Wenn *wir* schon kaum durchblicken, denke ich, wie findet dann erst das hanseatische Lehrerpaar seinen Weg?
Mühelos, stellt sich später heraus. Zu dieser Zeit, am Nachmittag, haben wir längst gemeinsam den Funktionsbau der Vallantahütte bezogen. Unser Domizil heißt ‚Visolotto' nach dem kleinen Bruder des Monviso. Die nüchterne Betonzelle riecht fabrikneu. Ihr widmen wir dösend die Stunden bis zur Abfütterung im Giro-Zirkus. Manege frei – das 84 Normplätze fassende Haus ist voll belegt. Immer mehr Nachtgäste treibt der wieder quellende Nebel herein.
In dieser Stimmenflut bilden unsere Partner und wir ein Bollwerk fatalistischer Ruhe – gestärkt vom Witz jenes Insiders, der da reimte:
„Du möchtest gern alleine wandern.
Doch ständig stören Dich die andern.
Auch Du bist – das bedenke heiter! –
Ein andrer andern, und nichts weiter."[5]

Mehr als 1000 Meter überragt der Monviso (3841 m) die Kerbe des Passo di Vallanta.

Wir lieben kein Leben aus zweiter Hand

34. Tag: Vom Rifugio Vallanta nach Chianale

Einer, der im Dorf blieb und die andere Welt lesend erlebt (Chianale).

Anti – ach ja: antizyklisch. Mit diesem neudeutschen Wort im Kopf wandern wir weiter. Schon nach kurzem Gefälle wird klar, was ‚dem Konjunkturzustand entgegenwirkend' bedeutet. Wir stoppen auf 2350 Meter Höhe. Das ineinanderfließende Weiß ist, verglichen mit gestern, total. In Richtung Vallantajoch und Valle Varaita herrscht trotz des frühen Morgens Karawanenverkehr. Der dichte Nebel stärkt den Herdentrieb, unser Abzweig zum Passo della Losetta findet keine Beachtung. Wir wählen ihn (antizyklisch) und sind alsbald allein.

Der Weg knickt im spitzen Winkel von Süden nach Norden. Er ist leicht zu verfehlen, besonders heute. Leid, denke ich, tun einem die Sonntagstouristen. Wie geht nur der Viso mit so vielen enttäuschten Liebhabern um?

Für sie hält die Natur keinen Trost bereit. Denn Berge, was immer man ihnen auch andichten mag, weisen jede menschliche Regung zurück. Sie verkörpern Gleichgültigkeit. Nur in uns werden manchmal Grate und Gipfel lebendig: als Reflektionen eigener Wünsche, Hoffnungen, stiller Ideen ...

Unter der knapp 3000 Meter hohen Punta Seras steigen wir aufwärts. Die letzten Stimmen aus dem Vallone di Vallanta sind verstummt. „Da, da!" ruft Hanna. Ich zucke zusammen. Im Osten schält sich ein mit Türmen besetztes Horn aus dem Dunst – Monte Visolotto, das Klettergerüst. Wenig später liegt die ganze Umgebung frei. Sie dampft wie nach einem Sommergewitter.

Was wir vom Rifugio Vallanta noch sehen, ist sein bleigraues Dach. Stumpfer Pfeil auf steinernem Bogen, gegen wen oder wohin gerichtet? Friedrich und Johanna sitzen jetzt vor ihren Kaffeetassen. Ob sie uns folgen werden, wissen wir nicht. An ihrer Stelle würde ich zum Posto Tappa nach Maddalena absteigen. Unser

Umweg über die Siedlung Chianale im hintersten Varaitatal hat wohl keinen rechten Sinn mehr.
Das Wetter stimmt trübe. Der Höhenmesser meldet rasch sinkenden Luftdruck, seine Nadel rückt vor. Es zieht wieder zu. Und dann?

„Okay“, antworten zwei Carabinieri zugleich. Sie wirken wie uniformierte Heldentenöre, durchs Ewigweibliche herausgefordert, und können ein paar Schmachtblicke nicht unterdrücken.
Wir sind im Valle Varaita, das bereits zur Pro-

Chianale (1797 m) im Valle Varaita – ein zusammengestückelter Flickenteppich.

Verlassene Militärbaracken, Stacheldraht, Nebelfetzen: Passo della Losetta (2872 m). Den Superblick auf Monviso oder Visolotto können wir vergessen. Zehn bis zwölf Meter Sicht reichen am höchsten Punkt eben noch aus, um die beiden ersten Wegschlingen bergab zu erkennen. Wind und Sprühregen treiben uns schnell ins Vallone di Soustra hinunter. Keine Minute zu früh, denn wir eilen mit der Kälte um die Wette. Bis sich zeigt, daß das Rennen entschieden ist. Es graupelt und schneit.
‚Null-Grad-Grenze bei 2000 Meter‘. So etwas klingt gar nicht schlecht – schwarz auf weiß gedruckt oder am Ende der Radionachrichten. Wir freilich lieben kein Leben aus zweiter Hand. Uns macht es Vergnügen, tropfnaß die vom Colle dell'Agnello nach Chianale schlängelnde Zollstraße[1] abwärts zu tippeln. Den am Schlagbaum postierten Staatsbeamten schallt ein lautes „Von Italien nach Italien“ entgegen.

vincia di Cúneo zählt. Der Regen hat nachgelassen. Dann und wann züngelt die Sonne aus einem Wolkenschlitz und läßt Grashalme funkeln. Beißender Holzrauch kündigt das Dorf Chianale (La Cianál, 1797 m) an.
„Bin mal gespannt ...“, nimmt Hanna meine unausgesprochene Neugier wie eine Fährte auf. Auch ich recke den Hals, aber ohne Erfolg. Was ist los? Hatten wir nicht kürzlich vorm Wandregal des Rifugio Granero ein Buch durchgeblättert und in ihm das verblüffend homogen erbaute Chianale entdeckt?[2] Heute wollen wir wiederfinden, was offenbar mit Bedacht aus der Vogelschau fotografiert wurde.
Laß sein, sage ich mir. *Va bene*. La Cianál hat noch andere Reize. Zu ihnen gehören die ‚Trattoria Laghi Bleu‘ samt dem fälligen Abendmenü, ein Dorfladen und der benachbarte Posto Tappa. Padrone Giovanni Dao, ebenso mager wie wortkarg, zeigt uns den leidlich gereinigten

Türklopfer in Chianale.

Schlafraum im Obergeschoß. Vier Stufen führen von dort zur Altane unterm Dach. Selbst ein kleiner Kanonenofen ist vorhanden, leider fehlt Brennholz.
Schon wieder rinnt der Regen. Jetzt ein knisterndes Feuer entfachen ...
Wir sitzen, in rauhe Decken gehüllt, auf einer Bank und schnuppern Dorfatmosphäre. Aus dem Gasthof dringt Stimmengemurmel. Eselshufe klappern, der Torrente Varaita di Chianale strudelt und quirlt. Bei geschlossenen Augen sehe ich uns noch einmal durchs Vallone di Soustra stapfen: stundenlang, pausenlos, von körnigen Hagelschauern abwärts gescheucht. Kaum zu glauben, daß diese Triften einst an provençalische Hirten verpachtet wurden.[3] Sie zahlten fürs Weiderecht reichlich mit gutem Geld.
Chianale, der höchste dauernd besiedelte Platz im Varaitatal[4], war früher nicht zuletzt deshalb ein wohlhabendes Dorf. Solide gemauerte Häuser berichten vom Selbstbewußtsein ihrer Erbauer. Die Höfe gruppieren sich zu beiden Seiten des Bachs um zwei Kirchen und eine doppelt gewölbte, romanische Brücke.
Beim Rundgang am späten Nachmittag bewundern wir breite Portale mit großzügigen Architraven. Diese Quersteine erinnern an Elemente der Megalithkultur. Auch kunstvoll geformte Türklopfer aus Metall und offene Holzbalkone zum Lagern von Reisig fallen uns auf. Maskenhaft starrende Steingesichter sollten vorzeiten finstere Mächte abschrecken, ihr keltisch-ligurischer Ursprung ist kaum mehr umstritten.
Während wir noch das geschichtliche Für und Wider bedenken, kräht eine Stimme: „Mammaaa, il sole!“ Knirps, du hast recht. Darum fix in die Stiefel und hinauf zum Steilhang nördlich des Dorfs. Von hier aus läßt sich Chianale mit der Fotografie im Häuserkatalog der Granerohütte vergleichen. Es hat nur wenig am Tourismus gelitten und wirkt mit seinem Dachmuster wie ein grau zusammengestückelter Flickenteppich: Patchwork in Stein.
Wir hocken hungrig zwischen Glockenblumen und rotem Klee. Der von den Bergen streichende Abendwind wühlt im Gras. Die Sonne verkriecht sich hinterm stumpfen Kegel des Roc della Niera (3177 m), sie nimmt allen Wiesen das Goldgelb und schwärzt den Lärchenwald. Gleich wird es kühl.
Was uns jetzt noch erwärmen könnte, wischt die Wirtin des ‚Laghi Bleu‘ wortlos beiseite. *La cena*, das ebenso spät wie förmlich servierte Essen, macht einem Schlankheitskoch alle Ehre. Auch Johanna und Friedrich, die hinter uns über den Passo della Losetta gestiefelt waren und mit spitzen Nasen ihre Teller betrachten, werden nicht besser versorgt.
Als wir bei Dunkelheit in Richtung Quartier zurücklaufen, spricht Hanna das Schlußwort zum Sonntag: „GTA, Grande Tragedia delle Alpi.“[5]

In den alten Dörfern der ‚Bauernrepublik'

35. Tag: Von Chianale nach Chiesa/Bellino

Berge verbinden. Seit Menschen im Alpenraum Fuß faßten, hat sich diese Erkenntnis immer wieder bestätigt. Wir sagen zwei Leuten adieu, deren waches Interesse für alle Details der *Grande Traversata* drei Tage lang gut getan hat. Johanna und Friedrich wollen heute ihre Abschiedsetappe angehen. Größeres ist im Hamburger Ferienbudget nicht mehr drin.
„Also dann – Chiesa ..." „Bellinotal, abgemacht. Gegen Abend!"
Am Morgenhimmel jagen zerrissene Wolken. Unsere Halstücher wehen wie Wimpel, wir werden durchgepustet. Chianale schläft. Kein Mensch beäugt den Aufbruch fremder Gestalten. Der Wind rüttelt an losen Dachplatten, er läßt Straßenlaternen tanzen. Das dunkle Dorf bleibt zurück. Im Nordwesten, über dem Colle dell' Agnello, glitzern Sterne.
Berge müssen nicht trennen. Oft bilden sie Brücken. Wie komme ich darauf? Unterwegs nach Pontechianale fällt mir der vor rund 800 Jahren gegründete ‚Bund von Briançon' ein. Auch die alte Trasse, auf der wir abwärts wandern, querte einst seinen Bereich ...
Bauern aus zehn Talschaften[1] zwischen Südostfrankreich und Oberitalien waren im zwölften Jahrhundert aktiv geworden. Bis 1343 kauften sie ihrem Lehnsherrn, dem letzten Grafen von Vienne (Dauphin) alle Feudalrechte ab und waren fortan unabhängig. Die neue, selbstverwaltete Organisation Grand Escarton (okzitanisch: escartàr = verteilen) hatte keinen geringen Preis: 12000 Florin und eine jährliche Dauphin-Rente von 4000 Golddukaten. Sie brachte jedoch allen Gemeinden des Bundes gleiche Rechte und ökonomische Stabilität.
1713 fiel die ‚Bauernrepublik' dem Schachspiel der Mächtigen im Frieden von Utrecht zum Opfer.[2] Königlicher Kalkül triumphierte, der dezentral und antihierarchisch verwaltete Staat

Die Alm Grangia Forest mit Pelvo d'Elva (3064 m) und Bric Camosciera (2934 m).

Mulattiera im Bellinotal: breit genug, um zwei beladene Maultiere passieren zu lassen.

freier Bergbewohner war Geschichte. Werden wir seine Reste finden?
Im Skizentrum Maddalena der Gemeinde Pontechianale wohl kaum. Dieser Weiler am künstlichen Lago di Castello (1575 m) zeigt nichts mehr vom Stolz des Grand Escarton. Er ist mit

violettem Gewölk, das ein paar Atemzüge lang den frisch verschneiten Monviso losläßt und sich dann von neuem um die Wandfluchten legt. Gastspiel beendet, Vorhang!
Mehr Glück haben wir mit dem Blick aufs Valle di Bellino. Am Colletto della Battagliola

Chiesa di Bellino (1480 m). Schön, schlicht und geschlossen wachsen die Bergdörfer der ‚Castellata' aus einer noch sorgsam kultivierten Umgebung.

Schleppliften, Hotelkästen und Appartementblocks gespickt – fremdfinanzierten Objekten, die Dörflern allenfalls Almosen zuschieben und an denen zum Teil schon der Pleitegeier seinen Schnabel wetzt.
Eine Caravan-Kolonie riegelt den Ort nach Süden hin ab. Wir begegnen Frauen in rosa geblümten Morgenmänteln, die ihre Pudel spazieren führen. Nach etlichen Anläufen mit „buon giorno" und „salve" geben wir unsere Versuche auf. Ein imaginärer Hinweis lehrt uns schweigen: Oase der Ruhe, grüßen nicht erwünscht.
Der gestern gefallene Regen hat im Boden tiefe Furchen hinterlassen. Wir steigen unter Lärchen und hohem Erlengestrüpp zum Battagliolasattel empor. Jeder Schritt durchs klitschnasse Dikkicht setzt kleine Gießbäche frei. Wir schütteln uns wie Hunde nach dem Bad und sehnen einen warmen Ofen herbei. Aber da ist nichts außer

(2260 m), dessen kahler Kamm anno 1744 Schauplatz heftiger Kämpfe zwischen den Allianzen Savoyen-Piemont/Österreich und Frankreich/Spanien/Preußen war[3], sorgt der Westwind für bessere Sicht. Im hellen Kreis einer Himmelslampe ruht das Dorf Chiesa unter den Gipfeln von Pelvo d'Elva (3064 m) und Bric Camosciera (2934 m)
Heuflächen, lockeres Strauchwerk, grüne Kartoffelfelder und 20 dicht um die Kirche gedrängte Höfe bestimmen das Bild. Es mag vor zwei oder drei Jahrhunderten wenig anders ausgesehen haben als heute. Noch bevor ich meine Impression fotografisch festhalten kann, ist der Lichtpunkt erloschen. Wir steigen auf einer mit großen Kehren ins Weideland greifenden Militärstraße ab. Nicht den GTA-Zeichen nach und direkt über die Grangia Esperià (1924 m) zum Ziel, sondern in Richtung oberes Bellinotal.

Beim Mähen in Chiesa: Als Gott die Zeit schuf, hat er nichts von Eile gesagt ...

Bei den Almhütten von Verné wird es endlich sonnig und heiß. Heuschrecken fiedeln, die weinrote Dach-Hauswurz blüht am Wegrand. Ein blonder Bauer rumpelt auf seinem Traktor näher. „Mitfahren?" ruft er lachend. Noch nie in Italien haben wir derart blaue Augen gesehen. Sie sind wasserklar und würden eher zu einem norwegischen Lachsfischer passen. Auch die buschigen, hellen Brauen erinnern ans Fjordland oder den Inselarm der Lofoten.
„Salzluft", flüstert Hanna. „Nördliche Nächte ..." Doch wir kommen zu keinem Ergebnis. Rätsel bleibt Rätsel.
Im Weiler Pleyne (1576 m) stellt uns eine hinkende Alte das ehemals royalistisch-italienische Posthaus vor. Ihr Baß dröhnt, dem schwachen Gehör helfen wir lautstark nach. Zwei andere Frauen zwischen sechzig und achtzig staunen über deutsche Bergstiefel, befühlen die harten Profilsohlen und preisen zugleich die meteorologische Unfehlbarkeit rheumatischer Leiden. „Morgen", versichert das ältere Weiblein nicht ohne Strenge, „morgen wird es regnen. *È vero, Signora. È vero!*"
Wir wollen und können uns dem Zauber dieses okzitanischen Valle di Bellino (Blins) nicht mehr länger entziehen. Im behäbig auf sanften Hügeln lagernden Bauerndorf Celle (Séles, 1675 m) dokumentieren säulenbewehrte Häuser mit reichen Fresken die große Zeit des Grand Escarton. Nicht monarchistischer Pomp prägte den Bund von Briançon, sondern eine sich frei entwickelnde Landkultur. Ihre Zeugnisse sind in Celle und Chiesa (Rüa La Ghiéiso) bis heute erhalten: Stuckverzierte Fenster, Sonnenuhren, gepflasterte Auffahrtsrampen zum Stall. Aber auch steinerne Abschlußrosetten an den Dachbalken, keltoligurische Fratzen oder Portale mit trapezförmigen Architraven.
Wie Schlafwandler tappen wir unter einem cremefarbenen Himmel durch Séles, das Anfang der achtziger Jahre noch von 27 Sommerfamilien bewohnt war.[4] Kettenhunde kläffen, drei junge Mädchen winden Strümpfe am Waschtrog aus, im dämmrigen Dorfladen schneidet die Inhaberin Käse zu handtellergroßen Portionen. Irgendwo tickt eine Pendeluhr. Oder ist es der Holzwurm?
Zwei Stunden später trinken wir *caffè corretto* in Chiesa (1480 m). Fliegen summen. Unsere Füße tun weh. Hinterm Bartresen klingeln Likörflaschen, wenn draußen ein scharf geschossener Ball gegen die Hauswand knallt. Margherita Levet, Wirtin der ‚Trattoria del Pelvo' am Eingang zum Ort, antwortet mit Lachfältchen und präsentiert einen exemplarisch sauberen Posto Tappa. Wir fühlen uns gleich daheim.
Chianale, Celle, Chiesa ... Jedes Blatt am Klee ähnelt dem anderen in seiner archaischen Form. An Rüa La Ghiéiso aber ist die Walze der Gegenwart besonders gnädig vorbeigerollt – und nicht allein sie. Auch unsere Weggefährten haben aus unerforschlichen Gründen ihre Segel gestrichen. Was uns von ihnen bleibt, legt Signora Levet zum Abendessen als Hors d'œuvre vor. Ein zerknitterter Zettel teilt lapidar drei Daten eines deutschen Anrufers mit. Sie lesen sich so: „Freidic Phimme, Friedemsannee, Amburgo."
Über den Monte Pelvo d'Elva gleitet eine Apfelsinenwolke. Lauter als sonst zirpen die Grillen. „Gehen wir schlafen", sage ich, „es wird spät." Noch 15 Tage bis zum GTA-Schluß im Tánarotal der Ligurischen Alpen.

Ein Tal, seinem Schöpfer halbfertig entglitten

36. Tag: Von Chiesa/Bellino nach Chiappera

Trockenes Brot und Tee? Nein, danke. Heute wird es kein Frühstück geben. Zu oft haben wir gestern das höfliche „altro?“ (noch mehr?) mit „si, Signorina“ quittiert. Immer wieder wurde unser Wunsch erfüllt, und jedes Mal hob ein Lächeln die Lippen der Haustochter. Auch sie war nicht gerade unterernährt ...

Mitten durch Chiesa winkelt unser Weg zur Bushaltestelle vorm Weiler Mas del Bernard (1466 m). Am Dorfbrunnen bürsten wir geräuschvoll die Zähne, gegen sein Prusten und Spucken kommt mein Gurgeln mit kaltem Wasser nicht an. Das Bellinotal liegt noch erstarrt in bereiftem Türkis. Heuduft und stallwarmer Tiergeruch zirkulieren zwischen den Häusern. Manchmal scheppern Glöckchen, wenn gefräßige Lippen hinter einer Tür an der Futterraufe spielen.

Sechs harte Schläge vom Turm der romanischen Pfarrkirche – nun wird es Zeit. Haben wir nichts im Posto Tappa vergessen?

Ein Kleinbus soll uns heute talaufwärts bis zur Endstation transportieren. Während wir in Mas del Bernard warten, treibt ein alter Hirt schwarzglänzende Ziegen vorbei. Sein Gang ist rhythmisch wie der von Leuten, die selten auf Asphalt und viel über Bergwiesen laufen. Uns trifft ein brennender Blick: junge, wachsame Augen im Runzelgesicht.

Als wir das blau lackierte Fahrzeug der ‚Commune di Bellino‘[1] entern, streift die Sonne den Pelvo d’Elva. Nach und nach leuchtet ein hellgelber Saum am oberen Rand der südlichen Talseite (okzitanisch: ibàc), die Nordflanken (adréch, vom lateinischen ad rectum) des Valle Bellinese dämmern wie Land unterm Meeresspiegel.[2] Der Bus ist leer. Kurve um Kurve schwingt das schmaler werdende Sträßlein höher. Es erreicht Pleyne, Prafauchier, Séles, Chiazale/Lu Ciasal und endet in Sant’Anna di Bellino (1882 m).

Auf zwei mit Flechten belegten Felsblöcken neben dem Wendeplatz entfalten wir unsere Karte. „Ortstermin“, sagt Hanna und blickt rundum. Außer der kleinen Kapelle, einem Ferienheim, mehreren bunten Zelten und Almhütten gibt es nur Büsche, den Bach Varaita di Bellino, Nadelgehölz, Steine und kurzes Gras.

Wir wandern seit gestern durch die Region der Südlichen Cottischen Alpen. Das GTA-Band

Die Hochalm Grangia Lunga mit der Grenzbastion Tete de l’Autaret (3015 m).

hat sich in Chiesa verzweigt. Südostwärts führt eine beschauliche Route über den Colle della Bicocca ins Hochtal der Gemeinde Elva, nach Südwesten hin wird die italienisch-französische Chambeyrongruppe passiert. Diesen langen grenznahen Weg ziehen wir vor, obwohl das

Namenlose Zacken überm Vallone del Maurin.

Etappenziel Serre[3] im Vallone d'Elva als kunst- und kulturhistorischer Fixstern gilt.

Ein strahlender Tag rechtfertigt unser Votum für die alpinere Variante. Der Himmel ist blau, die im Schatten noch sehr kühle Luft spricht gegen launisches Wetter. Bis zur Wasserscheide zwischen Valle Varaita und Valle Maira steigen wir in großer Einsamkeit. Das moosgrüne Weidegebiet wurde früher von allen Weilern der Gemeinde Bellino genutzt, es war wegen seiner wohlschmeckenden und gut verkäuflichen Produkte bekannt. Heute sind fast alle Hochalmen nur noch triste Relikte besserer Zeiten. Die höchste liegt im nördlichen Seitental Vallone di Rui auf 2600 Meter: ein eindrucksvoller Rekord.[4]

Höher kamen jene militärischen Handwerker, die am Colle di Bellino (2804 m) Bunker und Unterstände bauten – für einen ‚Blitzkrieg', den Italiens Duce Mussolini im Juni 1940 gegen das durch deutsche Truppen bedrängte Frankreich vom Zaun brach. Die Aktion „blieb aber schon am ersten Tag hoffnungslos stecken und bedeutete eine Blamage ..."[5]

Der Paß erschließt mehr als nur Betontrümmer, verrostete Eisenarmierungen oder in den Fels gesprengte MG-Nester. Er trennt zwei völlig unterschiedliche Landschaftsbilder: Auf das eher milde und weite, jetzt von eilenden Wolkenschatten belebte oberste Valle di Bellino folgt mit den ‚Cúneo-Dolomiten' eine schroff ragende Gipfelflucht. Diese Berge, deren höchster (Aiguille de Chambeyron, 3411 m) nordseitig vergletschert ist, verkörpern scharfe Ziele im doppelten Sinn. Ihre wie mit mächtigen Meißeln aus dem Kalk gehauenen Wände und Kanten bieten Klettergenuß bis hin zu extremen Schwierigkeitsgraden.

Der Schrei eines Murmeltiers stoppt alles Schauen. Auf dem nahen Schuttkegel des Monte Bellino (2942 m) stehen drei Liliputaner. Sie winken. Wir schultern die Rucksäcke und steigen ab. Unterm Colle sind die Monolithen Torre Castello (2452 m) und Rocca Provenzale (2402 m) unsere Wegmarken in Richtung Süden.[6] Der rötliche Torre sieht aus, als habe ihn ein Beilhieb gespalten.

Weltentrückt wirkt das begleitende Vallone del Maurin: öde und wild, vom Eisfluß vieler Jahrtausende verschrammt, seinem Schöpfer halbfertig entglitten. Erst an der letzten Kehre des Schotterwegs zur Alm Grangia Rivero erhält es Leben durch die farbige Schnur einer Wanderkolonne. Wir sitzen im Gras über dem Weiler Chiappera (1661 m). Vor dieser obersten Siedlung des rund 50 Kilometer langen Mairatals liegt der Posto Tappa ‚Campo Base'.

Ob er Betten für uns hat?

Nein – „we are sorry." Ohne Voranmeldung, erklärt eine Mitarbeiterin des selbstverwalteten Hütten- und Campingprojekts[7], gehe in der Hochsaison nichts. Doch dank ihrer Fürsprache finden wir schließlich ein anderes Quartier unter dem Dachstuhl der Bar von Chiappera. Dort sind noch Notlager frei: schäbig, mit jeweils 10000 Lire grotesk überzahlt und von den Vermietern scheel offeriert. Wenigstens rinnt Warmwasser im Bad der Familie. Es gleicht einer Rumpelkammer.

Die Nachmittagsstunden dehnen sich. Wir haben uns auf schwammweich schaukelnde Matratzen verkrochen – lustlos, fehl am Platz, abgeschoben. Ein gewaltiges Wärmegewitter bricht über das Tal herein. Zwischen zwei Regengüssen laufen wir im Spreizschritt nach Norden zum Basecamp, wo uns ein famoses Abendmenü erwartet: *Pasta al sugo tonnato*[8], Rinderfilet an Blattspinat, gemischte Früchte und Wein.

Eine Gruppe französischer Bergfreunde drückt ihre deutschen Freunde ans europäisch schlagende Herz. *Biensur*, wir verstehen einander. Internationalität war wohl schon immer alpin verwurzelt. Oder nicht?

Beim Rückweg zur Mottenkiste über der Dorfbar hören wir hinter uns laut gesungene Lieder. Jetzt, denke ich, kriegt der Vollmond doch noch sein Ständchen ab. Aber ohne die Marseillaise.

Chiappera (1661 m) im hintersten Mairatal. Die Rocca Provenzale, ein versteinerter Schiffsbug, scheint das Dorf in Grund und Boden zu rammen.

Das botanische Bonbon unterm ‚Wadlbeißer'

37. Tag: Von Chiappera nach Chialvetta

„Wie war deine Nacht?" „Danke, auch schlecht. Es reicht. Mir hängt diese Höhle zum Hals heraus."
Hanna hustet. Ich bin schon seit gestern heiser. Zweifel warten am Beginn der Etappe. Als wir unser Dachlager räumen und auf seine Hühnerleiter schimpfen, sind noch keine Pläne in Sicht. Hohe Luftfeuchtigkeit, himbeerrotes Wolkengeflimmer und eine lauwarme Brise – unter solchen Umständen wird jede Routenwahl schwer.
Entscheidungskraft ist gefragt. Darauf kommt es jetzt an. Was wollen wir tun: Direkt nach Chialvetta über den im italienischen GTA-Führer als zahm beschriebenen Colle Ciarbonet spazieren? Oder zwei Stunden länger und 2700 Meter hoch durch vergleichsweise wüstes Gelände stiefeln? Das Wetter scheint zu kippen. Trotzdem würde mir der abgelegene Colle d'Enchiausa in den persönlichen Kram passen. Deshalb schlage ich listig vor, einfach drauflos zu laufen.
Also dann ... Wir blicken beim Gehen zurück. Chiappera duckt sich hinter dunklen Eschen, von lehmgelben Steinhäusern bröckelt der Putz. Die Rocca Provenzale, ein versteinerter Schiffsbug, droht das Dorf in Grund und Boden zu rammen.
Rennt niemand davon?
Kein Gedanke daran. Der Bergsturz bleibt ein Trugbild. Nicht polternde Felsmassen führen zur Katastrophe. Etwas anderes frißt am Valle Maira: So wie verwitterter Kalk seit Jahrmillionen als feingemahlener Sand dem Meer zutreibt, hat sich das Tal unaufhaltsam entvölkert. 80 Prozent Abwanderung wurden zwischen 1861 und 1980 registriert. In der Nachbarschaft sieht es nicht besser aus.[1]
Ob gemeinsames Handeln aller Alpenstaaten den Schwund würde bremsen oder gar stoppen

Anstieg zum Colle d'Enchiausa. Der Doppelgipfel des Auto Vallonasso (2885 m) dient als Wegmarke.

Lago d'Apzoi: blaues Auge im grauen Schutt.

können? Im Rahmen einer Alpen-Konvention, deren Instrumentarium sämtliche Probleme von Wirtschaft, Gesellschaft und Umwelt systematisch vernetzt lösen müßte?[2] Was viele Politiker noch immer als realitätsfern abtun, mag bereits bald durch die Wirklichkeit eingeholt werden ...

Wir steigen am Südhang des Vallone del Maurin hinauf zum Ursprung der Maira (Sorgenti della Maira, 1645 m). Diese starke Karstquelle strömt über dem Weiler Saretto aus einer flachen, sumpfigen Mulde. Sie entwässert den 300 Meter höher gelegenen Lago Visaisa. Als sein smaragdgrüner Tiegel endlich in Sicht kommt, haben wir das ihn rahmende Hochkar umrundet. Der neue Kurs steht längst fest.

Noch knapp zwei Stunden vom halb vertrockneten Lago d'Apzoi (2303 m) bis zum Paß mit dem seltsamen Namen: En-chi-au-sa. Ein frischer Westwind hat den Himmel geputzt, er spiegelt sich zartblau im oberen See. Weit schweifen unsere Blicke nach Norden. Wir finden, fern am Horizont, einen der Chambeyrongruppe vorgelagerten Gipfel namens Monte Vallonasso (3034 m). Unmittelbar neben ihm thront die Bastei des Monte Sautron (3166 m).

500 Meter von hier beginnt Frankreich. Zugeschüttete Laufgräben und zerrissener Stacheldraht erinnern an den 10. Juli 1940: Welche Kinder Italiens durften damals für die glatzköpfige Karikatur eines römischen Imperators das Nachbarland attackieren? Wie viele kamen nie mehr zurück? Wer trauerte am Tiber, im Bergland der Basilicata oder auf Sardinien?

Totenstille. Drei schwarze Vögel kreisen lautlos über unseren Köpfen. Dann werden sie vom Nebel verschluckt. Reste einer seit Jahrhunderten aufgelassenen Mulattiera enden abrupt, durchs Trümmerfeld spätglazialer Gletscherzungen bahnt sich die *Grande Traversata delle Alpi* ihren kaum erkennbaren Weg. Ein 40 Grad steiler, wie Koks rieselnder Schutthang macht nur noch beiläufig Mühe. Wir stehen auf dem Colle d'Enchiausa (2740 m). Er wird als ‚Wadlbeißer' notiert.

Kurze Atemlosigkeit, Kälte, Hunger. Vom „sehr markanten und weithin sichtbaren"[3] Mont Oronaye (Tête de Moise, 3100 m) ist nichts zu entdecken. Klamme Finger kämpfen mit klemmenden Reißverschlüssen. Hanna hockt am Rand des sichelförmigen Sattels und bewegt langsam die Lippen. Ich habe verstanden. Wir flüchten.

Schon die ersten Grashalden lassen den Polarschock vergessen. Dort sonnt sich ein regionaler Solist im Geröll: der Narzissenblütige Lauch.[4] Seine roten, gebündelten Glöckchen glänzen. Wir bestaunen das botanische Bonbon, zumal plötzlich fünf schwerbepackte Langschläfer auftauchen und achtlos an ihm vorübertrampeln.

So rückt allmählich der Mittag ins Land. Wie leicht sind ein paar Stunden hinter geschlossenen Lidern verträumt ...

Kontemplativer Zauber liegt über dem Vallone d'Unerzio, das vom Mairadorf Acceglio aus sechs Kilometer nach Süden reicht. Entspannt wandern wir auf gepflasterter Spur bergab. Wiesen duften, Hummeln und Bienen schwirren goldbestäubt von Blüte zu Blüte. Ein sachter Grundton klingt unentwegt mit: als werde jene verborgene Saite gestrichen, deren Schwingung alles Leben in Gang hält und lenkt.
Viviere und Pratorotondo (Prariúnd, 1689 m) heißen zwei steinalt wirkende Weiler im Talschluß. Da wie dort verbellen uns kalbsgroße Köter. Ihre Ketten rasseln. Wer, außer ihnen, hält hier noch Wacht? „Viele sind es selbst bei uns nicht mehr", bedauert Rolando Comba und bringt den dritten Kaffee. „Zirka 50 während der Sommermonate und sieben im Winter. Mit mir ..." Wir ruhen uns unter einem breiten Vordach aus. Donner rollt. Minuten später beginnt es zu gießen. Eine Hühnerschar stiebt zeternd davon. Alarm!
Chialvetta (1494 m) samt seinen behaglichen Bauernhöfen und der nicht weniger einladenden ‚Osteria della Gardetta' gefällt uns auf Anhieb. Rolando, ihr schwergewichtiger Wirt, trägt Geschupptes fürs Abendessen ins Haus. Franzosen sind angesagt: Feinschmecker, natürlich. „Lieben Sie frische Forellen?"[5] Wir nicken und werden unsere Wahl nicht bereuen. Wenn auch eine Nacht hindurch die dürstenden Kehlen nach Wasser verlangen. Denn was wollen Fische zu jeder Zeit? Schwimmen!

Der Weg zwischen Pratorotondo und Chialvetta.

Chialvetta (1494 m) im Vallone d'Unerzio, einem Seitental des Valle Maira.

... daß sich Geschichte nie wiederholt

38. Tag: Von Chialvetta nach Pontebernardo

Das mußte so kommen. Wir haben es gestern bei Marsala und Weißwein zu spät werden lassen. Jetzt wirkt sich unser Schlendrian aus. Nichts liegt, wie sonst, im Dunkel des Posto Tappa geordnet bereit. Bis alle Siebensachen verstaut sind, rückt der Uhrzeiger von halb sechs auf sechs. Mit unvermeidlicher Konsequenz wekken wir die Franzosen. Doch keiner läßt sich anstecken, niemand folgt uns ins Freie.
Wozu auch?
So stehen wir denn allein vor Rolandos Osteria. Totale Stille, kein Haus ist beleuchtet. Der Morgen riecht nach Regen. Bis unser kleiner Kocher zwei Schalen voll Wasser erwärmt hat, wird Negozio fällig ist. Erst in vier Tagen. Ab jetzt wird gespart."
Das gibt den Ausschlag. Die vollen Regale von Strepeis oder Bagni di Vinadio sind wichtiger als Signor Combas Kochkunst. Packen wir's noch einmal an!
Chiesa/Bellino ausgenommen, erleben wir heute seit fünf Tagen den vierten mausgrauen Aufbruch in Serie. Der überwachsene Saumweg in Richtung Pratorotondo-Viviere trieft vor Nässe. Es ist windig und geradezu hochsommerlich kühl. Verkehrte Welt: Gestern abend meldete ein süddeutscher Freund telefonisch „sie-ben-und-drei-ßig Hitzegrade am Bodensee.

Wo Fahrwege fehlen, ist das Tragetier noch immer unentbehrlich (Valle Stura).

die Zeit durch Gymnastik verkürzt. Schlechte Aussichten: Das Wetter ist derart trübe, daß immer mehr für einen Ruhetag spricht. Schon blitzt die Idee auf, ihn in dieser Unterkunft zwischen *frittata targone* und *cipolle farcite*[1] zu feiern ...
Unser Tee schmeckt flau. Wir hätten im Campo Base nicht nur Äpfel und Brot, sondern auch noch zwei Päckchen Darjeeling besorgen sollen. „Denn du weißt", sagt Hanna, „wann der nächste Könnt ihr so etwas glauben?" Nein, das konnten wir nicht.
Vor Pariúnd werden uns mitfühlend-freundliche Blicke entgegengeschickt. Zwei junge Pfarrer in Soutane und Bergschuhen, Frühaufsteher wie wir, beobachten den Himmel. Ihrem Kopfschütteln nach zu schließen, hatten sie bisher mit Sankt Peter noch keinen Kontakt.
Wieder tobt das Hundegespann. Hat es seit gestern nichts gelernt? Der Waschplatz des

Pontebernardo (1322 m) im Valle Stura di Demonte gegen den Felsriegel Le Barricate.

Weilers ist mit Zinkeimern umstellt. Wir nehmen die Kapelle für San Giovanni Battista wahr und den rußschwarzen Gemeinschaftsbackofen. Sieben miteinander vermauerte Häuser zählen zum Ort. Aus nur einem Kamin in Pratorotondo kräuselt blauer Rauch. Er wird vom steifen Westwind an der Schornsteinkante zu Boden gedrückt.
Hinter Viviere, dessen Schachtelbau wie Noahs gestrandeter Kasten über dem Vallone d'Unerzio hängt, nimmt die Dämmerung zu. Will es denn heute gar nicht mehr hell werden?
Oberhalb der Alm Grangia Calandra (1955 m) führen Wegspuren bergauf. Sie queren die Hochweiden von Prato Ciorliero und erreichen den bombastisch befestigten Passo della Gardetta (2437 m). Eine finstere Ära der Angst und des Mißtrauens glotzt uns aus tiefliegenden Schießscharten an. Jeder dieser mit Kalkbrokken getarnten Bunker wirkt auf gespenstische Weise intakt. Wir bezweifeln spontan, daß sich Geschichte angeblich nie wiederholt – und reden uns doch das Gegenteil ein.
In den offenen Festungsgängen orgelt und heult es. Der Wind ist zum Sturm angewachsen. Am Joch, vor Jahrzehnten durch Mussolinis militärische Straßenbauer erschlossen, steht flatternd ein silbernes Zelt. Wolkengewühl läßt der Sonne keine Chance. Nur ab und zu ist sie als blasse Scheibe zu sehen.
Die Nebelgrenze beginnt oder endet bei 2500 Meter Höhe. Eine vom Steinschlag deformierte Armeetrasse leitet zur felsigen Kerbe des Passo di Roccia Brancia (2620 m). Dort wird der von Norden her pfeifende Luftstrom wie durch eine Düse gepreßt. Er wirft uns beinahe um. Gesicht und Hände unterkühlen buchstäblich in Windeseile. Was ist mit den Wollhandschuhen? Sie stecken werweißwo. Noch während unseres Abstiegs zur Fonda Oserot[2] kneten wir das blutarme, bereits sonderbar harte Gewebe.
Der Weg nach Pontebernardo dürfte bei extrem schwacher Sicht kaum zu finden sein. Nur spärlich bezeichnet, kreuzt er ein geologisch interessantes Gebiet. Schade, daß wir nur Teile davon sehen. Diese Karstregion entstand im Erdmittelalter (Mesozoikum). Aus Ablagerungen des Jurameers bildeten sich vor 225 bis 65 Millionen Jahren jene weiten und nahezu wasserlosen Weidebecken, die wir heute durchwandern.[3]
An ihrem südlichen Rand, hoch überm Valle Stura di Demonte, schießt Lavendel ins Kraut. Seine lila Blütenstände duften betäubend. Plötzlich brennt die langentbehrte Sonne vom Himmel. Kein Lüftchen weht. Es ist sehr heiß. Grillen wetzen geschäftig, in der Tiefe murmelt ein Bach. Aus dürrer Brache wachsen Reste des Weilers Servagno (1736 m): leere Gehäuse ohne Fenster und Türen, wucherndes Dornengestrüpp.[4] Als wir zur Talsohle absteigen, begegnen uns zwei Männer mit Packpferd und Hund. Wohin? Die Antwort bleibt aus.
Hannas Kniegelenke schmerzen, doch sie verzieht keine Miene. Splitt knirscht unter unseren Sohlen. Wir atmen Abgase ein und trotten auf schmalem Bankett in Richtung Südwesten. Durch den Stura-Engpaß Le Barricate, seit prähistorischer Zeit als natürliche Sperre genutzt, dröhnt Kolonnenverkehr. Von 400 Meter hohen Kalkwänden hallt das Getöse zurück.
„Ach, Zivilisation ..." „Aber gegen eine warme Dusche hast du nichts?" „Stimmt."
Das Quartier in Pontebernardo (1322 m), sauber und bestens bestückt, gehört einem Herrn namens Renato Roà. Er betreibt 50 Meter entfernt seine Familienpension ‚Barricate'. Wir haben Küchenstühle auf den Balkon geschoben, legen Beinpaare übers Geländer und dösen. Die Sonne tut gut. Es war nicht falsch, uns gestern als „i due tedeschi" avisieren zu lassen: am Spätnachmittag wird der Posto Tappa durch zwei Dutzend lärmender Italiener gestürmt.
Wir weichen ihren Dünsten und treffen einen nach dem anderen zum Abendessen im Restaurant. Weiße Tischinseln, dezente Parfums und distinguierte Blicke machen es uns schwer, nicht die feinen Freuden gewisser Zeitgeister zu kommentieren. Eine verschnarchte Nacht stellt indes bald, was schief schien, wieder gerade.

Stumme Meister und schweigsame Schüler

39. Tag: Von Pontebernardo zum Rifugio Talarico

Lavendelblauer Himmel, ein frischer Tag guckt übers Gebirge. Wir haben nichts anderes erwartet. Unsere italienischen Freunde verschlafen die Gunst dieser Stunde. Unter dicken Decken träumen sie, vielleicht, schon das nächste schützende Dach oder gefüllte Teller herbei. Ihr Lebensrhythmus stellt unsere Gewohnheiten auf den Kopf, doch auch er hat womöglich etwas für sich: morgens flach, abends wach.

Wenn wir wollen, ist heute alles ganz leicht. Vier Kilometer Staubstraße lotsen selbst Fußkranke in anderthalb Stunden zum Ziel – hinein ins Vallone di Pontebernardo, das vom Sturatal aus mit wenigen Schwüngen nach Südwesten zweigt. Wer es bis Prati del Vallone vier Nummern größer mag, wird unsere Meinung teilen. 2650 Höhenmeter bergauf und bergab, dazwischen zwei Jöcher? Gerade recht, um Prati wohltemperiert zu erreichen. Avanti, allora!

In meiner Hosentasche klappert ein Schlüssel. Sein Rifugio-Talarico-Anhänger erklärt Hanna und mich während der kommenden Nacht zu, hoffentlich, ungestört hausenden Gästen. Signora Roà hat das daumenlange Ding gestern aus ihrer Lade gefischt und dafür zweimal 10000 Lire kassiert: „Tariffa CAI, esclusivamente per la Sezione Ligure. Capito?“

Ist ja in Ordnung. War bloß eine Frage ...

Wir steigen in direkter Linie zum Weiler Murenz (1567 m) hinauf. Pontebernardo und dessen östlicher Nachbarort Pietraporzio liegen rund 300 Meter tiefer. Das Valle Stura di Demonte gehört bereits zu den See- oder Meeralpen. Noch zehn Etappen, dann sind auch sie durchwandert, und die GTA nähert sich ihrem Ende.

Ihrem Ende? Der Gedanke daran setzt leise Unruhe frei. Sie kribbelt nur kurz – aber doch so, als stehe eine Prüfung bevor und erinnere an unzureichend gelernte Lektionen.

Jene zum Thema Dächer wird uns seit gestern nahegebracht. Wir haben sie begriffen: Bis vor Jahrzehnten waren im Sturatal Häuser und Ställe mit Stroh gedeckt.[1] Seit nach 1960 auch hier der nicht länger lohnende Getreidebau aufgegeben wurde, hat dünnes Wellblech die Roggenhalme fast völlig verdrängt. In Pontebernardo oder Murenz jedenfalls zeugt kein morscher Placken mehr von der einst kunstreich und dicht gebundenen Fülle.

„Äpfel, Birnen, Trauben? Alles ist da.“ „Richtig. Gestern am Dorfplatz und letztes Jahr ... Weißt du noch, wie in Ronco Canavese ein Sonntagshändler frisches Obst vom Lkw weg verkauft hat?“

Zwanzig nach neun, Becchi Rossi (2261 m). So wird der Stumpf genannt, den wir 800 Meter überm Stura-Flußlauf berühren. Das fleischfarbene Schiefergestein ist rauh wie Sandpapier.

Ferrere (1869 m) liegt weltabgewandt nahe der Grenze zu Frankreich. Das einst von 300 Leuten bewohnte Dorf ist seit 1972 so gut wie verlassen.

Wir recken unsere Hälse: Von Le Barricate schräg aufwärts zur Scharte hat Herr Mussolini zwischen 1930 und 1939 ein weiteres Bunkersystem ins Gefälle der Auta di Baret treiben lassen.[2] Was den Erbfeind Frankreich fernhalten sollte, muß Millionen Steuerzahler insgesamt

Murmeltier im Vallone di Forneris.

kräftig geschröpft haben. Wievielen verarmten Bergbauern hätte man dafür mit staatlicher Hilfe ihre Heimat erhalten können?

Die von Ferrere (1869 m) kapitulierten während der fünfziger und sechziger Jahre. Wir fangen das Haufendorf im Nordwesten per Fernglas ein. Noch sind seine 25 Häuser nicht verfallen, lassen Rauchschwaden und ein Schafpferch gewisse Rückschlüsse auf bescheidenes Leben zu. Doch wer will uns schon täuschen: Als 1970 endlich die Straße zwischen dem Sturatal und Ferrere (Ferrjros) eröffnet war, gab es nichts mehr zu retten. Wo früher bis zu 300 Menschen gewohnt hatten, hausten gerade noch zwei.[3]

Es wird Zeit, daß wir aufbrechen. Der Weg nach Prati ist lang. Er schlängelt hinab ins einsame Vallone di Forneris und gewinnt dort, vom tiefsten Punkt aus (1850 m), wieder an Höhe. Vereinzelte Findlinge, kantig und groß wie Blockhäuser, geben der Landschaft ein urweltlich-ernstes Gepräge. Die GTA schwenkt nach Süden zum nächsten Joch, das zwei Felsgipfel namens Rocco Verde und Monte Peiron voneinander trennt.

Wir steigen schnell bergauf. Windstille, dämpfige Luft, keuchendes Atmen. Zerfetzte Drahtverhaue und hell klirrendes Geröll. Unser Schweiß lockt Schwärme schwarzer Mücken herbei, kein Gefuchtel vertreibt diese Plage. Am Colle di Stau (2500 m) hocken wir unter einer stechenden Sonne und warten, bis der Puls sich beruhigt. Das scharfe Tempo fordert seinen Tribut. Im lasurblauen Glast sind die Übergänge von morgen schwach sichtbar – Passo sottano di Scolettas und Passo di Rostagno. Dahinter ...

Aber nein. Denken wir lieber an heute.

Prati del Vallone, später Mittag. Hanna und ich haben Glück: Der kleine, lachsrot gestrichene CAI-Bau ligurischer Alpinisten ist leer. Er war bei unserer Ankunft versperrt und durch massive Riegel gesichert. Vor dem Rifugio Talarico (1750 m) knattert die italienische Fahne. Wie niedergemäht liegen wir am Fuß einer dunkel rauschenden Lärche. Wasser pullert aus eiserner Röhre, Fenster wie Tür stehen weit offen und wärmen das ausgekühlte Logis. Der Blick streift über Prati, die grasgrünen Almböden im hintersten Vallone di Pontebernardo, zum Westabsturz der Cima del Rous.

Eine schwerelose Ruhe trägt uns aus dem Nachmittag ins Glühen des Abends hinein. „Die Berge", rede ich vor mich hin, „sind stumme Meister und machen schweigsame Schüler."

„Gut getroffen ..."

„... vom alten Goethe. Der hat jedes Feld bestellt."

Als die am Lawinenhang sich bergende Hütte schon Schlagschatten wirft, schlendern zwei Figuren zur nahen Ferienkolonie von Don Giovanni hinüber. Der populäre Priester und Pflanzenfreund Zio John[4] ist auf Dienstreise, doch ein grauhaariger Amtsbruder schließt seine Besucher ins Herz. Er verkauft uns, auf Wunsch, viel mehr als ausgehungerte Mägen ertragen – ein Kilo Pasta, Knoblauch, sechs Tomaten, Hartkäse und mehrere Hände voll Obst. Für diesen fröhlichen Mann sind wir ein wanderndes Paar ohne irdische Heimat, das die künftige sucht. An uns darf er, nicht zuletzt, die Gültigkeit des Bibelspruchs exemplarisch beweisen: „... und der himmlische Vater ernähret sie doch."[5]

Derart an Körper und Seele gesundet, sitzen wir noch lange lesend am Hüttentisch. Im Lichtstrumpf über uns zischt das Gas. Niemand stört den stillen Abend im Rifugio Talarico.

… aber die Jungen lachen, wenn du von Arbeit erzählst

40. Tag: Vom Rifugio Talarico zum Rifugio Migliorero

Kleine Gänge zeichnen heute die Etappe vor. Ihre Stationen heißen Schlafkammer, Küche, Flur und Aufenthaltsraum. Ich schnappe mir den Besen und fege das ganze Quartier aus. Es riecht nach Segeltuch, Kerzenwachs, Leder und Holz.

Diese Hütte entsprach unserem Geschmack. In den Jahren 1934/35 erbaut, hat sie noch eine Menge vom Geist genügsamer Väter bewahrt. Auch hier (wie im Rifugio Granero) wurden Angehörige der Gründergeneration hinter Glas verewigt: keine glatten Bürogesichter, sondern Köpfe mit auffallend scharfen Zügen.

Hanna schmiert Butterbrote, während unser Krümelzeug samt dem Nachlaß schlampiger Vorläufer ins Freie fliegt. Alles ordentlich? Dann los. Der Hüttenschlüssel liegt auf dem Tisch. Signor Roà aus Pontebernardo müßte zufrieden sein. Wir ziehen die Tür hinter uns zu und mustern den Morgenhimmel: leichter Taldunst, Temperatur im Keller – da kann nicht viel schiefgehen.

Unser Wandertag beginnt erst um Viertel nach sieben, jener der Sennen von Prati ist schon zwei Stunden älter. Als wir den ebenen Weidegrund queren, wird gerade das Vieh versorgt. Aus prallen Eutern schießt schäumend die Milch. Drei Männer melken im Takt. Sie lassen sich bei der täglichen Arbeit nicht einen Wimpernschlag lang durch fremdes Volk irritieren. Nur einzelne Kühe, wie immer, glotzen erstaunt und lecken ihre Mäuler mit rosigen Zungen.

„Guck mal. Da drüben am Gegenhang. Vier, fünf, acht und neun Gemsen ... Nein: zwölf!" Nun sehe auch ich das Rudel. Es kürzt lautlos die Spitzkehren unserer gestrigen Abstiegsroute vom Colle di Stau ins Pontebernardotal.

Im Faltenwurf der französischen Grenzberge, zwischen Cime des Blanches und Monte Vallonetto, liegen silberne Rinnsale wie feingesponnene Fäden. Zio Johns Sommersiedlung und das Rifugio Talarico zeigen sich in neuer Gestalt – als Würfelspiel. Die umgebauten Militärbaracken sind durch Erdwälle vor Lawinen geschützt. Jetzt wird dort unten vermutlich Kaffee und Weißbrot auf blanken Tischen serviert. Wir aber lassen mit Meilenschritten mannshohe Grünerlen zurück und haben nur den einen Wunsch: Wärme. Er wird am Passo sottano di Scolettas (2223 m) erfüllt.

Stille, sobald wir stehen. Großer Ausblick nach Süden zum Bollwerk des Becco Alto d'Ischiator (2996 m). Uns ist unsagbar wohl. Seit die Körper Anstrengungen nicht mehr als schiere Last empfinden, lernen wir eine Phase wachsender Gewichtslosigkeit kennen. Sie scheint genau das zu sein, was die Seele zum Erfassen und Verarbeiten aller Eindrücke braucht.

Kurzes, taufeuchtes Gras blitzt in der Sonne. Vor uns öffnet sich die steinige Talwanne des Vallone del Piz. Wir erreichen sie über eine in den ockergelben Nordwesthang gesprengte Heerstraße. Ihre Galerien und Balustraden verfallen, Europa kann sie entbehren. Vom kleinen Almgehege Gias del Piz (2042 m) aus ringeln kaum sichtbare Steigspuren zum Paß unterm Monte Ténibres[1] hinauf. Knorrige, schief stehende Lärchen begleiten den Pfad wie letzte Wegpfosten, die eine flimmernde Piste ins Nichts der Wüste entlassen.

Zu unseren Füßen verdorrt das bis September blühende Graue Kreuzkraut. Oft wird es ver-

Durch den Geröllstrich Bassa di Schiantala zum Einschnitt des Passo di Rostagno.

wechselt mit jener ähnlichen, nur im piemontesischen Alpenraum wachsenden Pflanze *Artemisia glacialis*, die zu Likör veredelt werden kann. Allein der Gedanke daran möbelt uns auf. Er sorgt für den Restschwung: vorbei am verschlossenen Rifugio Zanotti (CAI Ligurien), ein wie auf tausend Jahre ausgerichteter Steinbau mit blauen Läden, wurde 1937 eröffnet. Sie bietet 100 Leuten Platz und mag einst für bessere Zeiten geplant worden sein. Jetzt wird das Haus von Beniamino Bagnis bewirtschaftet – im Jeder-sorgt-für-sich-selbst-Verfahren.

Vom Rostagnopaß (2536 m) geht der Blick bis in die zentralen Seealpen hinein.

hinein in ein Trümmerkar und schließlich empor zur längst sichtbaren Kerbe des Passo di Rostagno (2536 m).

Madonna mia, hier wartet sie lächelnd auf uns. Fromme Wegmarkierer haben Mariens verkitschtes Abbild in einen kniehohen Steinsockel gemörtelt. Der Fernblick ist heute ungewöhnlich gut. Gegen Nordwesten präsentiert er, hinter dem durchwanderten Geröllstrich Bassa di Schiantala[2], die beiden letzten Jöcher Scolettas und Stau. In Richtung Südost nimmt das Auge den kommenden Sonntag vorweg und tastet sich jenseits des Passo di Laroussa bis in die zentralen Seealpen vor.

Wir sind durstig. Insekten summen, der Schweiß perlt. Eine Trink- und Ruhepause ist mehr als erwünscht. Dann geht es, staubtrockene Hänge traversierend, im Laufschritt bergab.

Wochenendstimmung rund ums Rifugio Migliorero[3] (2100 m) des CAI Fossano. Kinder kreischen und werfen einander Bälle zu, Großfamilien widmen sich den Inhalten unerschöpflicher Picknickkörbe. Am seichten Ufer des Lago Ischiator inferiore stehen zwei olivgrüne Bergsteigerzelte. Die überm See liegende Hütte, Der Hotelier aus Bagni di Vinadio wirkt wie ein Hirt und begrüßt uns mit festem Händedruck: „Zimmer für zwei? Haben wir. Ein Kämmerchen. Hier ist der Schlüssel."

Den Nachmittag vertrödeln wir unter jungen Lärchen. Abends fällt Nebel ein. Der Wirt kocht *tagliatelle al chef* und nimmt im separaten Sektionszimmer neben uns Platz. Er kaut nur Salzkartoffeln mit Essig und Öl, wir werden mit einem Dolcetto d'Alba verwöhnt. Über dem Vallone dell'Ischiator entlädt sich ein krachendes Hagelgewitter. Blitz folgt auf Blitz. In der gesteckt vollen Gaststube klopfen verspätete Ankömmlinge Skat. Es stinkt nach nassem Hund und filzigen Socken.

„Ich", sagt Beniamino Bagnis, „sehe die Sache so: Unsere Bauern sind am Ende. Wer will sich noch mit Viechern herumplagen? Auch meine drei Söhne nicht. Mich hat der Vater als Bub zum Hüten auf die Hochalm geschickt, obwohl uns schon damals das Hotel ‚Nasi' in Bagni gehörte. Aber die Jungen lachen dich aus, wenn du von harter Arbeit erzählst. Ohne Stadt läuft bei denen nichts mehr. Sie halten Cúneo glatt für Amerika. Doch Amerika ist weit ..."

Ein Walserdorf im oberen Vallone dei Bagni?

41. Tag: Vom Rifugio Migliorero nach Strepeis

„Wenn einerseits dem Alpenwanderer sich große Mühseligkeit in Besteigung oft steiler Gebirge entgegen stellen, so überwiegen andererseits die Annehmlichkeiten jede Bedenklichkeit, und ohne dieser Beschwerden selbst bewußt zu seyn, kömmt man zum Ziele.“
Was ein Zeitgenosse des Bayernkönigs Ludwig I. erkannte und zur allgemeinen Nutzanwendung publizierte, ist uns nur recht. Der anonym gebliebene Freund „vaterländischer Gebirgsreisen ... für eine kurze Zeit von vier bis sechs Wochen“ hatte zwar bei seinen Ratschlägen[1] nicht an Piemont gedacht, doch die wohlmeinenden Worte helfen auch heute: Nebelzungen kriechen von den Bergen zu Tal, im Dachlager ist unterdrücktes Husten zu hören. Wir falten unsere Schlafsäcke und knuspern Kekse. Bodendielen knarren, das Türschloß quietscht. Noch ein Blick auf die geräumten Klappkojen – gut.
Am zischelnden Wasserhahn vorm Hüttenbau stehen zwei Männchen der Spezies ‚Zeltschnecke‘. So bald sie Hanna als weibliches Wesen erkannt haben, beginnt ihre Morgentoilette mit einem Satz gutturaler Brunftschreie. Wir danken gerührt für Beachtung und stiefeln drauflos. Was wäre diese Welt ohne Theater? Hinter uns zerfließen die Konturen des Rifugio Migliorero im Dunst. Bald wummert nur noch der Dieselgenerator.
Wir umrunden den Lago Ischiator. Er liegt glatt in sumpfiger Senke. Seltsam, denke ich, wie viele Leute bei Beniamino Bagnis übernachtet haben. 90, meinte er gestern, seien es bestimmt. Ob sie heute alle wieder absteigen werden – vollauf zufrieden damit, ein paar Stunden Bergluft geschnuppert zu haben? Immerhin war der 300-Meter-Weg vom letzten Parkplatz im Vallone dell'Ischiator zum Schutzhaus kein alpinistisches Hexenwerk ...
Unsere Südostroute ist damit nicht zu vergleichen. Sie hält rauhe Blöcke, Altschnee und tote Spinnen in taunassen Netzen bereit. Wir stapfen am Saum einer mächtigen Moräne empor. Die Gletscherlappen haben hier wohl schon vor Jahrtausenden zu schrumpfen begonnen. Seit der späten Würmeiszeit[2] dürften sie immer schneller erwärmt und als stürzende Schmelzwasser talwärts geschickt worden sein. Zurück blieben fünf kleine Seen: Laroussa, Lausfer, Ischiator inferiore, di mezzo und superiore.

Auf dem Passo di Laroussa (2471 m): Wieviel Schweigen erträgt der Mensch?

San Bernolfo (1702 m) mit seinen rätselhaften Holzhäusern.

„Der Höhenmesser war brav heute nacht. Kein bißchen hat sich sein Zeiger bewegt. Am Joch scheint die Sonne. Willst du dagegen halten? Ich geb dir keine Chance!"
Tatsächlich. Etwa 20 Minuten unterm Passo di Laroussa (2471 m) stoßen wir mit wenigen Schritten durch die Nebelschicht. Ein weißes, wie von höherer Hand ausgebreitetes Watteplumeau deckt unser Seitental Superiore dell'Alpette und das Vallone dell'Ischiator. Als wir neben dem Steinmann im Sattel verschnaufen, ist es gerade acht Uhr vorbei.
Wir sitzen und lauschen. Wieviel Schweigen erträgt der Mensch? Lavendelblaue Glockenblumen zittern kaum merklich, wenn das Licht sie erfaßt. Lautlos segelt ein Dohlenpulk nach Nordwesten zum Becco Alto hinüber. Die Stille dieses Sonntagmorgens entspricht jener des universalen Seins: „Schläft ein Lied in allen Dingen / die da träumen fort und fort ..."[3] Hat es auch uns berührt?
Tief atmend nehmen wir alle Eindrücke auf. Von ihnen werden wir zehren. Nun geht es, gelbe Markierungen beachtend, steil ins Vallone di San Bernolfo hinunter. Schon hat uns wieder naßkalter Nebel umhüllt. Als gezackte Erhebung im Südosten, vielleicht 20 Kilometer entfernt, zeigte sich kurz das höchste Massiv der Seealpen – die Argentera (Cima Sud, 3297 m; Cima Nord, 3286 m). Noch etwa vier Tage, dann werden wir ihren Fuß kitzeln. Mehr wahrscheinlich nicht.
Sanft geneigte Distelhänge, Blechdächer unter Bäumen, versteppte Äcker, eine weißgetünchte Kapelle für San Lorenzo und lärmender Ausflugsverkehr: das ist der Weiler San Bernolfo (1702 m). Bis 1959 war diese dritthöchste Gemeinde des Valle Stura ganzjährig besiedelt gewesen. Dann aber wanderte auch die letzte Familie ab, nachdem sie zuvor sieben einsame Winter lang in Kälte und Dunkelheit ausgeharrt hatte.[4]
San Bernolfo gilt vielen Spürnasen als Geheimnis. Nirgendwo sonst im Füllhorn des südlichen Westalpenbogens sind ähnliche hölzerne Häuser

Rechts: Das damals noch ganzjährig bewohnte Dorf um 1920 (rechts) gegen den Laroussapaß. Bemerkenswert die hoch hinaufreichenden Ackerterrassen.

bekannt. Darum wird, vorm Hintergrund nahegelegener Bleigruben, folgende Frage kontrovers diskutiert: Haben einst die Feudalherren zu Savoyen-Piemont deutschsprechende Walser ins obere Vallone dei Bagni verpflanzt? Fleißige Bergleute, deren Blockbautechnik auch am neuen Wohnort florierte?[5]

Im Schatten lispelnder Erlen und Eschen lassen wir uns nieder. San Bernolfo gibt sein Innerstes nicht preis. Die schlichten Holzhütten wurden zu rustikalen Bungalows umgestaltet, ein löchriges Strohdachrelikt wird die nächsten Herbststürme wohl nicht überdauern. Um uns herum, in lockerer Vielfalt, lagern zehn oder zwölf Familien. Sie tafeln mit raffinierten Köstlichkeiten und hörbarer Lust.

Der Weg kürzt nun die schmale Fahrstraße ab. Er bricht, von Biegung zu Biegung, mitten durch verfilztes Gestrüpp: eine nutzlos gewordene Mulattiera ohne Mensch oder Tier. An den Ufern des Torrente Corburant werden Steaks und scharf riechende Knoblauchwürste gegrillt. Halb Italien scheint heute, am heiligen Sonntag, bergwärts verfrachtet zu sein. Im Zieldorf Strepeis (1281 m) angekommen, werden wir von Giuseppe Degioannis Albergo zum Posto Tappa dirigiert. Er sieht wie ein Firstzelt aus, verfügt

Arbeiterfest in Strepeis (Vallone dei Bagni).

über sanitäre Installationen der Extraklasse und wird von allerlei Volk geschäftig berannt.

Was ist los?

Das Sommerfest einer Schokoladenfabrik aus Alba hat Strepeis heimgesucht. Rund 500 Werktätige samt Kindern drängeln vom Aperitif zur Vorspeise und vom Klo zum Fließbandmenü. Im Nu werden wir umringt, umarmt, mit Rotwein traktiert und als „unsere deutschen Freunde“ willkommen geheißen.

Die nächsten Stunden verrauschen – buchstäblich. Sie lassen sich später nur noch auf der Basis freundschaftlicher Volumenprozente rekonstruieren. Erst beim Abendessen im ‚Albergo Strepeis‘ finden wir wieder zu jener äußeren Form, die man von Gästen tunlichst erwartet ...

Kalte Zunge, Gummikartoffeln und Sauergemüse

42. Tag: Von Strepeis nach Sant'Anna di Vinadio

Neue Erlebnisse warten. Leichtfüßig schwinge ich mich von der Hochmatratze und lande mit beiden Beinen am Boden. Hanna hat schon geduscht, sie wirkt frisch wie die Morgenstunde persönlich. Unsere Stimmung könnte nicht besser sein. Alles geht einmal mehr ohne Murren. Da wir allein übernachtet haben, ist beim Frühstück im Posto Tappa auch keine Rücksicht auf andere Schläfer zu nehmen. Das schafft jenen Spielraum, der einen Wandertag positiv formt.

Zweifellos: für Strepeis hatten wir mehr Betrieb erwartet. Hier vereint sich die östliche Route, von San Magno/Sambuco her kommend, mit der westlichen. Sie wird nun in einem gemeinsamen Strang weiter nach Südosten führen bis zum Ende der GTA am ligurischen Alpenrand.

In Europas höchstgelegenem Kloster wollen wir heute abend Unterschlupf finden. Es heißt Sant'Anna di Vinadio und wurde um 1300 gegründet. Bereits 1268 war das Sturatal vom französischen Haus Anjou[1] kassiert worden, was den transalpinen Handel belebte und ein Hospiz nordöstlich des Hauptkamms entstehen ließ. Vor allem Salzlasten brachten die Säumer, jahrhundertelang, vom Rhonedelta nach Piemont. Sie nutzten mehrere Pässe – etwa den schon zur Römerzeit frequentierten Colle di Tenda[2] oder die Jöcher Passo di Barbacana (2585 m) oberhalb von San Bernolfo und Passo di Sant'Anna (2308 m) über dem Bergheiligtum selbst.[3]

Santuario di Sant'Anna während der dreißiger Jahre.

Kein Mensch sieht, wie wir aufbrechen und bei der Casa Alpina Don Bosco, einer ausgedienten Kaserne, über den Torrente turnen. Strepeis treibt im Frühnebel wie ein abgedunkeltes Schiff. Nahe beim Weiler liegt das Bauerndorf Bagni am Hang, eine mit Wellblech gedeckte Häuserpagode. Dort haben wir gestern Proviant aufgefüllt und Beniamino Bagnis' Familie besucht: freundliche Leute im Küchengewölbe eines piekfeinen Hotels, die alten Eltern wie Holzskulpturen am Mittagstisch sitzend. Ihre trüben Augen schienen durch uns hindurch ins Jenseits zu schauen. Wir grüßten leise und sagten nichts weiter.

Buchen, Bergahorne, Eschen und Lärchen wachsen im Vallone d'Isciauda. Das kurze Seitental zielt in gerader Linie südostwärts auf den Paß zwischen Rocca Bravaria (2550 m) und Testa Mouton (2521 m). Wir pflücken Himbeeren. Ein Mann mäht seine Steilwiese mit der armgroßen Sichel, unser „buon giorno" hört er nicht. Starke Flutschwellen aus Eisenbeton kanalisieren den Bach. Ohne Sperren könnte er leicht dem im Vallone dei Bagni noch sichtbaren Thermalbad[4] gefährlich werden. Seine maisgelben Bauten sind ein farbenfroher Kontrast zum Fichtengrün unter der Punta Combalet.

Jenseits der Baumgrenze sprudelt und spritzt die kalte Quelle Fontana d'Isciauda, im Latschengewirr stöbern wir einen Birkhahn auf. Er flattert gurgelnd davon. Das forcierte Steigen über der 2000-Meter-Grenze bereitet keinerlei Mühe mehr. Exakt zwei Stunden nach dem Start in Strepeis haben wir den Passo di Bravaria (2311 m) vor Augen: Steinhaufen, eine Markierungsstange, dahinter die Felspyramide der Punta Maladecia – so sieht heute unser höchster Punkt aus.

Stille auch hier. Karminrote Steinnelken blühen. Der Südblick, hinein ins weiträumige Vallone d'Orgials und vom Colle della Lombarda bis zur flachen Cima Moravacciera, macht schon mit morgen bekannt. Wir sehen die grauen Dächer des Klosters in drei Kilometer Entfernung. Wie viele fromme Pilger oder frierende Paßgänger haben es in den letzten 600 Jahren

gesichtet und daraufhin dankbar einen Steinmann[5] gebaut?
Zwei Wegstunden bringen uns, etwa 400 Meter überm Vallone di Sant'Anna, dem Wallfahrtsort näher. Im Moorsee von Lausarot kühlen wir die Fußsohlen und reiben sie sorgsam läßt sich nur ahnen. Aber dieser wetterwendische Montag bleibt vergleichsweise ruhig. Die Dormitorien für Pilger sind leer.
Vorm Schalter der ‚Casa di San Gioachino' werden wir höflich empfangen. Eine Nonne mit lachendem Pferdegebiß und ernsten Augen weist

Sant'Anna di Vinadio (2010 m): Gebet auf den Kirchenstufen.

mit Hirschtalg ein. Als Sant'Anna di Vinadio (2010 m) erreicht ist, schlägt das Klosterglöckchen zwölfmal. Laienschwestern verbrennen gottgefälligen Müll auf einer Deponie. Sie stochern mit Stangen im Abfall, ihre Kopftücher und Schürzen wehen, rund um das *santuario*[6] hocken Pilger in Andacht versunken. Aus der arkadengeschmückten Kirche tönen Murmelgebete und das näselnde Lamento eines Priesters. Dunkle Wolken sind aufgezogen. Bald wird es regnen.
Das Kloster wurde 1680 neu angelegt und 1944 durch deutsche Truppen zerstört. Als die Gebäude nach dem Krieg wiedererstanden, kam man den motorisierten Gläubigen entgegen und walzte große Parkflächen ins Gelände. Was hier am Sankt-Anna-Tag (26. Juli) brodelt und quirlt, uns die GTA-Unterkunft im ‚Pensionato delle Suore' zu. Das frühere Frauenschlafhaus ist sauber, Kochherd und eiskalte Dusche gehören zum Standard auf den steinigen Wegen des Herrn. Nicht zu vergessen das Bild jener Heiligen, die am 12. Juli 1925 einer Madeleine Degiovanni aus herber Not geholfen haben soll: „Grâce par Ste. Anne ..."
Auch wir würden gern, von tausendundeinem Votivbild in der goldglänzenden Kirche beeindruckt, diesen Dank wiederholen. Doch daraus wird nichts. Das Abendessen (kalte Zunge, fritierte Gummikartoffeln, Sauergemüse) ist teuer und schlecht. Es liegt wie Kleister im Magen. Stundenlang wälzen wir uns in den Betten von einer Seite zur anderen, bis der Schlaf alle Leiden verwischt.

Wunden im Wald, die nie mehr verheilen

43. Tag: Von Sant'Anna zum Refuge La Grange

Die karg möblierte Zelle ist kühl. Im Schein einer Funzelbirne ziehen wir uns an. Jeder unbedachte Schritt auf dem Zementboden, mit nackten Sohlen, läßt schaudern. Kalt bläst es durchs geöffnete Fenster herein. Draußen scheppern zwei Blechläden gegen das Mauerwerk unserer Unterkunft. So etwas hört sich nicht gut an. Wir werden, denke ich, den Rest dieser Witterung noch zu spüren bekommen ...
Haben Heilige Humor? Oder sind sie gar nachtragend? Wer solch weltliche Fragen stellt, eilt geradewegs ins Reich der Ungläubigen. Trotzdem möchte ich gern wissen, ob Sant'Anna auf meine gestrige Koketterie lächelnd antworten würde. Etwa: Du hast zwar an der mir zustehenden Kerze gespart, aber erleuchten und schirmen will ich dich doch.
Leider geschieht nichts. Das ‚Wunder von Vinadio' bleibt aus. Die Helferin der mit mancherlei Mühsal geschlagenen Wallfahrer schweigt. Wir verlassen ihr Heim, beschimpfen den pünktlich zum Abmarsch einsetzenden Sprühregen und kräuseln unsere Nasen. Ums Santuario herum glost es noch immer. Müll wird in wahren Massen verfeuert, ein zum Himmel stinkender Rauchpilz entfaltet sich über dem Kloster.
Hanna läuft vor mir auf der geschotterten Militärstraße, die zum nebelverhangenen Grenzkamm führt. An dem mit seifigem Schaum bedeckten Lago Colle di Sant'Anna bleibt sie plötzlich stehen.
„Wenn das nun der Vorhof zum Paradies sein soll ..."
„Hat ja niemand behauptet", sage ich – und bilde mir gleichzeitig ein, daß zum Bergheiligtum geradezu zwingend der irdische Garten Eden gehört. Dann werden wir vom Dunst umfangen. Er läßt uns vorerst nicht mehr los. Irgendwann, zwischen haushohen Blöcken und kurzem Gras, lesen wir am Höhenmesser die Zahl 2380 ab. Aha. Dies also ist die nur schwach ausgeprägte Cima Moravacciera. Was sonst?
Eine breite Wasserscheide trennt Italien von Frankreich und das Sturatal vom Val de la Tinée. Die 50-Kilometer-Sicht[1] zum Monviso wird heute gestrichen. Mit den Stöcken im Nichts rührend, sitzen wir auf unseren Rucksäcken und bitten Petrus um besseres Wetter. Der Wind peitscht über den Grat. Endlich zeigt sich eine blasse Sonne hinter rasenden Wolken und weißt die Richtung zur Testa Grossa del Caval, dem Großen Pferdekopf. Kältesteif wandern wir weiter und erreichen schließlich, von Grenzstein zu Grenzstein tippelnd, die Senke des Colle della Lombarda (2351 m).
Stacheldraht, rostrote Spanische Reiter, Bunkerkuppeln. Verfallene Alpini-Baracken, eine kleine Zollbude mit senkrechtem Schlagbaum. Niemand stellt sich in Positur. Kein Carabiniere

Isola 2000. Den Skilaunen wurde rücksichtslos wertvoller Schutzwald geopfert.

taucht auf und verlangt mit amtlich vorgegebener Strenge: „I documenti, per favore!"
Als wir am Paß ankommen und die ungewohnt ebene Asphaltstraße kreuzen, stockt uns beim offenen Blick nach Süden der Atem. Im Vallon de Chastillon präsentiert sich eine zerfräste, mit Liften verdrahtete, zu Tode erschlossene Landschaft: Isola 2000. Diese Retorten-Skistation wurde mit Hilfe britischer Gelder ins Bergland gebaggert, sie gehört jetzt libanesischen Unternehmern.[2] Über das Mammutprojekt und seine regionalen Auswirkungen schreibt Werner Bätzing, promovierter Geograph und hervorragender Kenner aller im GTA-Bereich liegenden Berggebiete:
„Seit Jahren möchte Isola 2000 auch die direkt benachbarten Hänge im Sturatal für seinen Skizirkus erschließen ... Jedes dieser Großprojekte (Anm.: auch ein langer Autobahntunnel durch die Seealpen mit ‚Sturatrasse' ist geplant) würde das Tal von auswärtigem Kapital abhängig machen und es in kurzer Zeit bis zur Unkenntlichkeit verändern. Eine solche Passivregion (ist) ein gefährdetes Vakuum, das Spekulations- und Großprojekte aller Art anzieht, die in dichter besiedelten Regionen nicht mehr durchsetzbar sind ... (Weshalb es) von existentieller Bedeutung sein muß, den Bevölkerungsrückgang zu stoppen ...: Je geringer die Bevölkerung, desto größer der Spielraum für Spekulationsobjekte."[3]
Den Skilaunen reicher Rivierafranzosen wurde hier rücksichtslos wertvoller Schutzwald geopfert – Wunden, die nie mehr verheilen. Wer auf dem Pistennetz von Isola Bergblumen suchte, müßte wegen seines kindlichen Glaubens umgehend seliggesprochen werden. Man hat sich nicht einmal darum bemüht, das Gelände mit Allerweltsgras zu kaschieren. Weshalb auch? Leute, deren Lebensgefühl aus Hunger nach Rendite besteht, haben andere Sorgen.
Wie wir. Uns freilich beschäftigt beim Weitergehen nur eine simple Frage: Warum wurde der Weg zwischen Terme di Valdieri und Sant'Anna fünf Kilometer lang auf französischem Boden geführt? War es unmöglich, Isola 2000 konsequent im Abseits verschwinden zu lassen? Offenbar ja, weil eine passende Unterkunft fehlte. Sie soll nun im Vallone di Riofreddo als einziger GTA-Neubau errichtet werden.[4]
Womit dann künftig der Südschwenk Vergangenheit wäre.
Appartement- und Hoteltürme, Schwimmbad, elf Tennisplätze, eine deplazierte Museumsalm, Baukräne und Bulldozer ... wir haben genug von der Skistadt gesehen. Über Isola 2000 nimmt uns das private Refuge La Grange (2234 m) auf. Die an den Hang geheftete, neorustikal zusammengeschusterte Hütte wird während des Sommers als Wanderherberge betrieben. Sie bietet außer Vollpension, Brettlbar und 20 Matratzen viel Raum für eine windgekühlte Sonnensiesta.
Wir ruhen aus und lassen uns vom Hüttenwirt wie gestreßte Manager mit Sandwiches ködern. Der feingliedrige Mann, so kommt es mir vor, könnte ebensogut ein Intellektuellen-Bistro am Montparnasse managen. Was tut Monsieur, um die alpine Langeweile zu lockern? Er steckt seine Nase in ein zerlesenes Buch.
Abends, als Dauerregen aufs Plastikdach drischt und sich zwölf verfrorene Italiener ums Kaminfeuer drängeln, bereitet der Küchenchef das Souper zu. Er zaubert Rindslendchen auf Thymianreis sowie eine formidabel schmeckende Mousse au Chocolât. Dann, als zweites Dessert, wird auch noch der telefonisch eingeholte Wetterbericht serviert: „Nicht gut, meine Herren und Damen. Gar nicht gut, leider ..."

Wo früher nur die Alm Vacherie de Chastillon lag, macht sich jetzt eine perfekt gestylte Skistadt breit.

‚Batörs', ein Kuhstall und sprudelnde Quellen

44. Tag: Von La Grange nach Terme di Valdieri

„Zwei Steinböcke! Dort oben, keine zehn Meter entfernt ..."
Hannas Ruf holt mich aus meinem Trott. Wir haben La Grange vor einer Dreiviertelstunde verlassen, die mit hellgrünen Lärchen besprenkelte Flanke der Testa Comba Grossa gequert und dabei alle möglichen Tiefdruckgebiete erörtert. Was können wir anders tun? Die Wetterlage ist stets ein Thema. Graue Wolkentrupps reiten übers Gebirge, sie scheren am Felsscheitel aus und regnen ab. Böiger Wind faucht mir frontal ins Gesicht. Ich drehe unwillkürlich den Kopf – und sehe das letzte der beiden Horntiere Fersengeld geben.[1]
Ekelhaft, dieser Kälteeinbruch. Ein Wunder, wenn es am Joch zwischen Cima di Tavels (2804 m) und Monte Malinvern (2939 m) nicht schon graupelt oder gar schneit. Aber in der Hütte möchten wir jetzt auch nicht mehr den wer-weiß-wievielten Milchkaffee trinken und auf günstigere Verhältnisse warten. Sollen unsere Mitschläfer sich frische Baguettes vom Isola-Jeep via Piste nach La Grange liefern lassen! Wir streifen lieber Handschuhe über, umrunden die Lacs de Terres Rouges und sagen Frankreich adieu.
Im splittrigen Einschnitt der Bassa del Druos (2628 m) läßt das Geniesel von einer Minute zur nächsten nach. Die Luft ist um etliche Grade wärmer geworden. Also fort mit den Fäustlingen und ohne weitere Pause bergab. Wegen des Wasserdampfs bleibt uns sowieso jede Sicht in Richtung Osten verwehrt. Scharfe Augen müßten jetzt schon, vom Paß aus, König Viktor Emanuels altes Jagdhaus am Pian di Valasco erkennen.
Wir sehen nichts.
Vittorio Emanuele II. war ein passionierter Jäger. Der sardische Monarch wurde 1861 zum König des vereinten Italien gekrönt. Drei Jahre zuvor hatte er, anläßlich eines Sommerbesuchs im Val-Gesso-Städtchen Entracque[2], den Reichtum an Gams- und Steinwild bemerkt. Wie später am Gran Paradiso sicherten sich Majestät alsbald entsprechende Rechte, worauf das königliche Revier Entracque-Valdieri entstand und mit ihm drei exklusiv ausgestattete Jagdschlößchen: nahe Sant'Anna di Valdieri (Vallone Gesso della Valletta), oberhalb von San Giacomo (Vallone Gesso della Barra) sowie auf der Hochebene Pian di Valasco bei Terme di Valdieri.[3]
Weil indes die Herrschernatur weder anstrengende Fußmärsche liebte noch das allzu niedere Maultier schätzte, mußten höchstdero Leibrösser etwas vom Feinsten unter den Hufen haben. Mehr als 100 Kilometer aufwendig gepflasterter Jagdstraßen wurden projektiert und realisiert, eine davon dient nun der GTA und damit uns als willkommenes Mittel zum Zweck.
Langsam wandern wir abwärts.
So also sieht sie aus, die Südwestbucht des erst 1980 formell eröffneten und 26 000 Hektar großen ‚Parco Naturale dell'Argentera'. Er ist Italiens größtes regionales Naturschutzgebiet – Hinterlassenschaft einer blaublütigen Familie, deren Untertanen sich beugten fürs huldvoll in Gang gesetzte Hetzjagd-Pläsier: Auf speziell eingerichteten Kanzeln lauerten des Königs beste Scharfschützen, während ein Heer sogenannter *batörs* ihnen Gemsen und Steinböcke vor die Flinten trieb.[4]
Wir hören heute weder heisere Rufe noch Knall oder Fall. Die Parkverwaltung, ohne Zweifel, würde sich wildernde Besucher auch gründlich verbitten ...
Seit dem Passieren einer leeren Kaserne rauscht wieder der Regen. Am Lago di Valscura stehen zwei einsame Kuppelzelte im Nebel. Sollen wir von hier aus das Rifugio Questa (2388 m) anlaufen und dort übernachten? Wir entscheiden uns für den Abstieg nach Terme. Zumal, vor Erreichen des Talbodens, die Sonne ein kurzes Gastspiel gewährt und der königliche Stützpunkt in Sicht kommt: Casa Reale di Caccia (1762 m).
Vier Flügel bilden einen quadratischen Innenhof, zwei zinnenbewehrte Türme flankieren den Eingangsbereich und lassen das Jagdschloß wie eine Operettenburg aussehen. Aber in welchem Zustand ist dieser 1868 fertiggestellte Bau! Wo einst Vittorio Emanuele und dessen anno 1900 ermordeter Sohn Umberto I. logierten, bröckelt jetzt rehbrauner Putz in flächigen Fladen. Die Casa Reale, zum kotverspritzen Kuhstall verkommen, liegt als Wrack in der Ebene.

Auf Regen folgt Sonne, der Berg raucht (Punta San Giovanni bei Terme di Valdieri).

Keine konservierende Behörde hat sich ihrer angenommen. Sie verfällt.
36 warme Quellen sprudeln in Terme di Valdieri (1368 m). Reich an Schwefelwasserstoffgas, entströmen sie einer 2000 Meter tief gebetteten Schicht aus Gneis, Granit, Quarz- und Glimmerschiefer.[5] Uns hilft das Heilwasser nicht, denn vors Badevergnügen haben italienische Amtsschimmel die unüberwindliche Barriere bürokratischer Formalitäten gestellt: ein nationaler Krankenschein wäre noch das mindeste, was Bergsteiger beibringen müßten. Woher nehmen, meine Herren?
So poltern wir denn mit dreckigen Stiefeln bis zur Edelholzrezeption des ‚Grand Hotel Royal delle Terme', werden dort per Paßdeposit registriert und beziehen einen halbwegs properen Posto Tappa im Dachgeschoß der ‚Savoia'-Bar. Unter uns wohnt, wie sein blankes Türschild ihn ausweist, Commendatore Romanatti. Wir dösen auf einer Parkbank und skizzieren jenen Herrn als klapperdürren Obristen, der sein rheumatisches Heldengebein tagtäglich in Schwefellösungen legt.
Hohe Buchen und Zedern wachen über Nachmittagsträumen. Ihre Zweige tuscheln im warmen Wind. Der jetzt sehr südlich wirkende Himmel ist tintenblau. Korpulente Männer mit Erdbeernasen spielen Boccia auf einer Sandbahn. Sie beklatschen jeden gelungenen Wurf.
Wichtigtuerisch tritt ein kurender Weinhändler vor uns auf, plappert sich von der Schöpfungsgeschichte zur Gegenwart (Glutblick für Hanna), endet beim GTA-Prinzip und lobt unvermittelt seinen „Freund Beniamino" im Rifugio Migliorero: „Auch er, *naturalmente*, liebt meinen Dolcetto. Wundert euch das?"
Wir lächeln wissend in uns hinein. Klein ist die Bergwelt – und groß ihr Prophet.

36 warme Quellen aus 2000 Meter Tiefe: Terme di Valdieri und sein feudales Badehotel um die Jahrhundertwende.

Ein stummer Nachruf auf Giosy und Giorgio

45. Tag: Von Terme zum Rifugio Ellena-Soria

Finstere Nacht. Die schwache, bläuliche Flamme unterm Teetopf frißt knisternd den Trockenbrennstoff. Wir schlüpfen in Strümpfe und Hosen. Mit erprobten Griffen werden beide Rucksäcke gepackt. Gestern abend war dreimal das Licht ausgefallen, heute haben wir wieder Strom und können unbehindert die harte Butter aufs Brot kratzen. Es ist fünf Uhr vorbei. Niemand spricht. Wir kauen schweigend: jeder an seiner eigenen Anlaufphase.

Unsere Schritte im Kurpark sind derart laut, daß wir für Sekunden erschrecken. Vögel zwitschern, eine Singdrossel flötet aus voller Brust, Sterne verblassen. Zwei Fensterreihen des feudalen Badehotels flackern neonfahl auf ...

Terme di Valdieri liegt am Kreuzungspunkt dreier Täler namens Valletta, Valasco und Lourousa. Üppig gedeihen hier Nadel- und Laubwald, weil die bis zu 3300 Meter hohen zentralen Seealpen heranziehende Mittelmeertiefs auflaufen und abregnen lassen. Zwischen Lombarda- und Tendapaß werden jährlich im Schnitt mehr als 2000 Millimeter Niederschlag gemessen – Garmisch, zum Vergleich, hat es mit 1300 weit weniger feucht.

Wir drehen eine Runde, um unser Gelenkschmalz zu wärmen. Vorm ‚Albergo Turismo' haben Unbekannte die Ruine der Zollwache mit spannenlangen Lettern bepinselt: L'ENEL DISTRUGGE LA NATURA (Nationale Elektrizitätsgesellschaft zerstört die Natur). Was das bedeutet? „Da hätten sie", klärte uns gestern abend beim Nachtisch ein eisgrauer Genueser auf, „in den frühen achtziger Jahren hier sein sollen. Als nämlich die ENEL ihre große Chiotas-Staumauer noch nicht einmal fertig hatte und bereits weitere Bergbäche anzapfen wollte. Da war im Naturpark was los. Greenpeace total, sage ich ihnen. Und der CAI kämpfte mit uns gegen die staatlichen Elektroschlipse. Eine richtige Schlacht war das. Wir hatten Erfolg."

Noch also sind keine neuen Überleitungen in Richtung Lago del Chiotas gebohrt worden. Aber wer jemals ‚Sachzwänge' erlebt und die lückenlose Geschichte des Naturparks studiert hat, kennt auch das Ende vom Lied. Seine Verse reimen sich so zusammen: Erst durfte ENEL ‚im öffentlichen Interesse' seine Kraftwerksanlagen errichten, dann wurde (unterm selben Signum) eine mindestens zum Teil schon lädierte Landschaft geschützt. Mit der stillen Option, künftig noch mehr per l'*EN*ergia *EL*ettrica herauszuholen.[1]

Heute werden wir eine acht bis neun Stunden lange Etappe laufen, denn die nächste Unterkunft im Weiler San Giacomo di Entracque gibt es angeblich nicht mehr. An ihre Stelle trat das mit 80 Plätzen ziemlich große Rifugio Ellena-Soria. Es soll an jenem historischen Saumweg

Punta del Gelas Lourousa (3261 m) und Corno Stella (3050 m) im Argentera-Nationalpark.

liegen, der von Entracque aus zum Colle delle Finestre und weiter nach Vésubie (Frankreich) führt. Lassen wir uns überraschen.
Kein Tag gleicht dem folgenden. Dieser ist selten klar und von samtener Bläue. Ein abnehmender Mondfleck lugt durchs Lärchengeeines ewig lachenden Pärchens: „Für Giosy und Giorgio, die von hier aus den letzten Weg ihres Frühlings gegangen sind."
Es ist sehr still. Nur der kleine Quellsee gluckst. Hinter uns leuchtet das Geschröf des Monte Matto im Morgenlicht. Wir gehen weiter.

Am Colle del Chiapous (2526 m), Blick auf die östlichen Seealpen.

zweig. Wir steigen im Vallone di Lourousa bergauf, orographisch rechts der mit Bruchholz gefüllten Schlucht und in kräfteschonendem Gang. Die Mulattiera zieht südostwärts. Wie eine kolossale Fischflosse ragt über unseren Köpfen die Rippe des Corno Stella (3050 m). Ein fast ausgeapertes, steiles Schneecouloir weist den Zugang zum Argentera-Zwillingsgipfel.[2] Es heißt Canalone di Lourousa und ist, nach strengen Wintern, 900 Meter lang.
Die wilden, faltigen Züge dieser Landschaft spiegeln sich im Wasser einer kleinen Lacke. Rot reflektiert das am Schuttfuß des Corno hängende Bivacco Varrone (2090 m). Vor einem Felskubus machen wir halt. Er ist bedeckt mit Texten und Bildmedaillons – stummen Nachrufen auf meist blutjunge Leute, die der Nordwand frei kletternd extreme Routen abtrotzten und haltlos ins Leere fielen. Ein Spruch bleibt haften. Er gehört zum vergilben Doppelporträt

Der Weg, denke ich beim Stapfen im groben Geröll, hat uns bis heute schon vieles geschenkt. Nicht allein Muskeln, Bänder, Lunge und Herz arbeiten anders als vor drei Wochen. Auch sämtliche Sinne sind sensibler geworden. Wir finden sehend zum Schauen und hörend zum Lauschen. Jeder rollende Stein unter unseren Tritten hat seinen eigenen Klang. Zahllose Farbtöne speichert die Himmelskuppel vom Zenit bis zum Saum. Sogar der Duft winziger Steinbrechgewächse läßt unsere Nasen, ohne daß wir uns bücken müssen, vibrieren.
Vom Rifugio Morelli-Buzzi (2430 m) lösen sich zwei Gestalten zum Abstieg nach Terme. Bunte Wäschestücke trocknen überm Hüttengeländer, die Sonne wärmt eben das Dach. Wir legen noch einmal kräftig zu und stehen dann mit klopfenden Herzen am 2526 Meter hohen Colle del Chiapous. Wolkenschwämme wachsen aus dem Rovinatal. Bald verdecken sie die Sicht

aufs schroffe Bild der östlichen Seealpen. Es ist gekennzeichnet durch den Übergang vom harten Kristallin des Argenteramassivs[3] zum porösen Kalkstein der ligurischen Grenzzone.
Erst drei Stunden später, in brodelnder Hitze, haben Hanna und ich die nächste Scharte erreicht. Ein älterer Mann ohne Rucksack kommt uns entgegen. Er juchzt zur Begrüßung. Es ist Mittag. Wir sind schweißnaß und durstig. Am Colle di Fenestrelle (2463 m) balgen sich Bergdohlen mit schrillem „krui-kruii" um trockene Brotwürfel. Wir ruhen im Schatten eines verfallenen Ricovero[4] aus. 600 Höhenmeter fehlen noch bis Ellena-Soria.
Ein Blick zum Handgelenk ... 12.30 Uhr. Also weg mit den Stiefeln. Wir haben uns Hüfte an Hüfte ins kurze Gras sinken lassen. Schläfrig beobachte ich zwei schwarzrot gefleckte Käfer, die rastlos kletternd das Labyrinth meiner Profilsohlen testen. Beide Augen fallen mir zu, und alsbald wird rückschauend ein weiteres Mal abgestiegen – vom Colle del Chiapous zum Lago del Chiotas.
Ich erlebe nochmals Nebelschleier und Sonne am See, die für Wanderer gesperrte Staumauer, einen blinkenden Autoteppich im Talschluß des Vallone della Rovina sowie Hunderte von Tagestouristen unterwegs zum nahen Rifugio Genova (2020 m).[5] Argentera + Ferien = Dauerbetrieb. Diese Rechnung stimmt.

Das Rifugio Ellena-Soria (1840 m) unter der Cima dei Gelas am Abend.

Wir freilich merken vom Rummel nichts mehr. Der ebenso starke wie mild temperierte Westwind rät uns, rasch aufzubrechen. Über blumenbestickte Hochalmen geht es in Sprüngen bergab. Als wir am Piano del Praiet das Rifugio Ellena-Soria (1840 m) betreten, steht die Sonne schon tief. Der geräumige Steinbau liegt unterm südlichsten aller Alpengletscher: Ghiacciaio del Gelas. Vom Saumweg keine Spur.
Hier finden wir Nestwärme in einer engen, aber wohnlichen Kammer. Uns gegenüber sitzt Bruno Cattero aus Cúneo, der zusammen mit seiner weizenblonden Göttinger Freundin Sigrun den Naturpark durchstreift. Gemeinsam wird, zum Tagesabschluß, der piemontesische Frizzantino gebechert.
„Prost", schmunzelt Bruno.
„Alla salute", antworten wir.

Schwarze Maria mit Kind an einem Gebetsplatz beim Weiler Tetti dietro Colletto (Vallone del Bousset).

Das persönliche Glück zwischen Wolken und Wind

46. Tag: Vom Rifugio Ellena-Soria nach Trinità

Brot und Panini, Butter, ein Kilo Zitronenkuchen, Pfirsiche, Tomaten, Äpfel und Knoblauch. Thunfisch, drei Sorten Käse, Rotwein, Salami, Mortadella, Bonbons, Schokolade. Alles in allem – Moment mal: 42000 Lire. „Quarantadue, signori!"
Es stellt sich die Frage, ob Hanna und ich noch halbwegs bei Trost sind. Wie können zwei mittlere Leichtgewichte nur so viel Ballast verkraften?
Entracque (895 m). Viertel vor zehn am Morgen. Wir lümmeln, unter hohen Laubenbögen, langbeinig auf einer grün gestrichenen Bank. Aus der Bäckerei hinter uns riecht es warm nach frischer Ware. Passanten drehen sich schmunzelnd um. Wir wissen genau, was sie amüsiert. „Noch eine Kuchenportion? Die letzte. Mehr gibt es nicht." „Danke. Bin fix und fertig. Ich platze."
Warum hocken wir hier und sind nicht direkt nach Trinità gelaufen? Das wäre doch mühelos möglich gewesen: vom Rifugio aus durchs Vallone Gesso della Barra bis zum Stausee, vor der Brücke Ponte della Piastra nach Südosten und dann über drei Weiler (Tetti Ciambel[1], Salmet, Tetti d'Ambrin) in Richtung Ziel ...
Nein, wir hatten andere Pläne. Allzu vorlaut knurrten die Mägen, Proviant mußte her. Deshalb stoppten wir nördlich von San Giacomo (1213 m) einen Turiner Fiat und ließen uns – beiden CAI-Aktiven sei Dank – bis Entracque kutschieren. Zurück blieb das Bild eines nebelumsponnenen Tals mit Buchen, Erlen, Ebereschen, Nußbäumen, Himbeer- und Goldregenbüschen.
Nur vier Stunden sind verstrichen seit dem Abschied von Ellena-Soria. Wir träumten den Tag in schmalen Kojen herbei und tappten auf Zehenspitzen zur Haustür, um draußen unsere Siebensachen zu ordnen. Die Luft prickelte zu dieser Zeit vor Feuchtigkeit, sie hing noch als trübgraue Haube über den Bergen. Klagende Hirtenrufe und das Blöken der Kälber ließen uns Gias Alvè, eine Alm im Umkreis des Rifugio, erahnen. Zu sehen war sie nicht.
„Gehen wir?"
Fremd wirkt Entracque, trotz seines urbanen Charakters. Heute ist Markttag. Obsthändler

Posto Tappa von Trinità (1096 m) im Haus der Nationalparkverwaltung.

mit schwarzen Schnurrbärten schreien und gestikulieren. Hupende Lieferwagen schieben sich im Schrittempo die Gassen entlang. Es riecht nach Öldunst, Früchten und Müll. Wir sind der lauten Städte völlig entwöhnt. Eine geteerte Regionalstraße leitet uns, durch wüst zersiedeltes Vorland, mit wenigen Kurven hundert Meter höher ins nächste Wäldchen hinein. Dort raunen Fichten und verströmen aromatische Düfte. Wir atmen wieder frei.
Schon wird es heiß. Um dem Asphalthatsch zu entgehen, recken wir demonstrativ die Daumen. Kein Auto hält. So bleibt uns nicht anderes übrig, als den restlichen Weg zu tippeln: fünf langgezogene Kilometer zwischen blau blühenden Wiesen, Waldstücken, Wildrosenhecken und kleinen Kartoffelfeldern.
Trinità (1096 m)[2] schläft unter der Mittagsonne. Kirche, sechs oder sieben blechgedeckte Häuser mit Gemüse- und Blumengärten, manche der früheren Höfe offenbar seit Jahrzehnten verlassen. Grillen zirpen ununterbrochen. Ein Kind weint. Im Gebäude der Nationalparkverwaltung werden wir von Carla Degioanni per Handschlag willkommen geheißen. „Salve", sagt die etwa dreißigjährige Frau und fügt hinzu: „Ihr wollt doch sicher was essen?" Wir wollen nicht.
Schlaf- und Waschräume des Posto Tappa im Keller sind geradezu klinisch sauber. Wir duschen, weichen Wäsche ein, breiten Wolldecken auf den Stockbetten aus und legen uns flach. Ein Wasserhahn tropft monoton. Vorm Haus gackern Hühner.
Siesta ...
Wir ruhen allein, ohne einsam zu sein, und empfinden diesen Zustand als persönliches Glück. Die Kontakte mit Wanderern oder meist wortkargen Landleuten genügen, um uns dem gesprochenen Wort nicht ganz zu entfremden. Alles weitere findet untereinander statt, aber auch im Austausch mit Wolken und Wind – stets der Tatsache bewußt, daß wir beide nur Mikroben sind in einem größeren Ganzen.
Gegen Abend legt sich schwerer Dunst auf das Vallone del Bousset. Hinterm Monte Bussaia (2451 m) zucken rötliche Blitze, doch der erwartete Regen bleibt aus. Es ist schwül. Schwalben schwirren durch die stehende Luft. Ob sie sich schon zum Fernflug nach Süden sammeln?

Trinità um 1915. Das kleine Dorf nahe Entracque hat sich seither nur wenig verändert.

Vorm Haus deckt Hanna den Brettertisch mit Weißbrot, Tomaten, Ziegenkäse, Knoblauch und einer Flasche Barbera. Die Mutter unserer Wirtin wirft einem struppigen Hund zwei Hände voll Abfall hin. Wir beachten ihn kaum.
Alles in und um uns ist friedliche Stille. Wir sitzen, die sonnenwarme Steinwand im Rücken, und betrachten das Land. Als ob es uns gehörte. Nur noch vier Tage, dann wird die *Grande Traversata* Erinnerung sein ...

Ein zottiger Freund und seine Herde

47. Tag: Von Trinità nach Palanfrè

Wir nennen ihn ‚Trini', doch auf diesen Ruf reagiert er nicht. Heute früh ist uns ein Hund nachgelaufen – der von gestern. Das graumelierte Tier hat Hanna und mich im Dunkeln umkreist und dabei mit unverkennbarer Freude gebellt. Wir sind seine Herde, so viel steht fest. Aber sonst?

Ergeben, fast demütig folgt uns der Rüde. Lautlos wie ein Schatten. Seine witternde Nase betupft meine Stiefel und Stöcke. Sie scheint jeden Geruch im Detail zu erkunden. „Alter", sage ich während des Anstiegs von Trinità zur Sommersiedlung Tetti Prer (1155 m), „du gehörst nicht hierher. Für dich übernehmen wir keine Haftung. Unseren Tee brauchen wir selber. Doch du wirst nicht nur Durst haben, sondern auch hungern. Hau ab."

Schon nach zehn Minuten bleibt Hanna stehen. Sie bindet sich ein Tuch um die Stirn. Der Hund trollt wie am Schnürchen gezogen zurück, stellt das verirrte Schaf und setzt seine Schnauze ein. Was er mit feuchten Nasenstübern erreichen möchte, ist nicht mißzuverstehen: Anschluß halten! Mein Trupp wandert weiter!

Die Nachzüglerin lacht und pariert.

Der neue Tag dämmert. Gipfel beginnen zu glühen im Rot eines Regenbogens, das rasch am Horizont leuchtet und wieder erlischt. Wir brechen durch dicht verzweigtes Buchengehölz. Quellwasser gurgelt längs des überwachsenen Wegs. Es geht im Zickzack bergauf. Wann immer wir stoppen, hält auch der Hund an und leckt ein paar silberne Tropfen vom Schiefer. Dann hebt er den Kopf und setzt sich zeitgleich mit uns in Bewegung. Ein seltsamer Kerl.

Unterm Felswulst der Rocca d'Orel (2394 m) öffne ich meinen Anorak. Von einer kartierten Alm namens Gias Perafoco ist nichts zu bemerken. Pullover und Wollhemd werden am Colle della Garbella (2182 m) in den Rucksack gestopft. Der folgende, in Nord-Süd-Richtung streichende Kamm Costa di Pianard empfiehlt sich als Aussichtsterrasse für die nahen Ligurischen Alpen. Er trennt das Vallone del Bousset von jenem Valle Grande, an dessen oberem Ende unser heutiger Zielpunkt liegt: Palanfrè.

Wir sitzen und lauschen. Insekten surren, trokkene Alpenrosen knacken. Weiße Kühe weiden im Nordosten unterm Kalkzahn des Bric dell'Omo. Trini hockt mit gespitzten Ohren neben uns. Er zeigt seine rosa Zunge und lacht. Jedenfalls sieht es so aus, denn seine seitlichen Lefzen sind sichtbar. Der Hund hechelt. Ihm ist mächtig heiß.

Der lachende Hund.

Trinis Augen sind moorbraun und sanft. Er mustert uns nahezu pausenlos. Wer die Blicke zu deuten versteht, erfährt eine Lebensgeschichte. „Mein Name", beginnt sie, „tut nichts zur Sache. Ich war ein Hütehund, das genügt. Ob ich

Colle della Garbella (2182 m) vor den Ligurischen Alpen.

meinem letzten Herrn fortgelaufen bin oder er mich mit Tritten davongejagt hat? Weiß nicht. Viel zu weit liegt das weg. Diese Spur nimmt mein Kopf nicht mehr auf ..."
Unsere Sinne aber sind wach. Wir wissen: Hier am Pianardrücken fängt die ‚Riserva Naturale Bosco e Laghi di Palanfrè' an – ein Schutzgebiet für Flora und Fauna, das 1050 Hektar Bergland umfaßt und im Süden bis zum Kegel des Monte Frisson (2637 m) reicht. Sein Herzstück ist der schon im 18. Jahrhundert als Bannwald für unantastbar erklärte Buchenforst Bandita Colombo mit seinen 300 Jahre alten Bäumen.[1] Er bildet oberhalb von Palanfrè einen Lawinenriegel und kam deshalb ungerodet über die Zeiten.
Vorm Monte Garbella (2306 m) schwenken wir ostwärts und steigen ab. Die Vormittagswärme nimmt zu. Fleischiger Wund-Mauerpfeffer blüht in blaugrauen Trauben zwischen Herbstenzian und Arnika. Der Hund, ohne Knurren und Gebell, bleibt uns auf den Fersen. Er hat sein Schicksal in fremde Hände gelegt.
So traben wir zu Tal. Der Weg schlängelt durch einen wie Pergament raschelnden Grünerlengürtel und erreicht die Alm Gias Garbella (1746 m). Zerstampfter Boden zeigt an, daß sie noch genutzt wird. Es riecht durchdringend nach Käse und Kot. Am rinnenden Blechtrog trinkt Trini sich satt. Seine Flanken beben.
40 Minuten tiefer liegt Palanfrè (1379 m): Wiesen, kleine Äcker, Haselbüsche und Bäume. Acht bis zehn Steinhäuser, aus zweien kringelt Rauch. Dazu eine gelb getünchte Kapelle für San Giacomo Apostolo sowie ein strohgedeckter Stall. Dorfköter knurren, unser Begleiter zieht die Rute ein und drückt sich an Hannas Waden.

Palanfrè.

Wir finden den Posto Tappa und werden von Frau Giordano eher spröde als überschwenglich begrüßt. In ihrem Heuschober richten wir uns ein. Das angebotene Ehebett der Großmutter haben wir dankend abgelehnt und dabei in wohlgesetzter Rede unsere relative Jugend betont: „Perfetto così, grazie Signora". Sie nickte zerstreut.

„... und der Hund da?" „Gehört zu uns", schwindle ich ohne nachzudenken drauflos. Trini liegt mit langem Hals unter einer Bank, sein Schwanz klopft leise den Boden. „Nein", korrigiert die schwerhörige Padrona laut, „das kann nicht stimmen. Diesen Burschen kenne ich. Der war schon häufiger hier."

Wie bitte?

„Ein frecher Kerl", wiederholt Frau Giordano. Da springt der Hund auf und winselt. Jetzt, denken wir beide, wird das Rätsel gelöst. Aber es passiert nichts weiter. Die Wirtin schlurft in ihren Garten, um Salat zu schneiden. Unser Vierbeiner sackt wieder in sich zusammen. Eine weibliche Stimme ruft: „Antoonio! Vieni quaa!" Irgendwo dudelt Schlagermusik. Wir stehen ratlos herum und gucken einander an.

Ach, Italien! So schön, so geheimnisvoll ...

Palanfrè, im Winterhalbjahr verschneit und verlassen, zählte einst 400 Seelen. 70 Kinder besuchten die Grundschule und hockten dort über zerkratzten Schiefertafeln. Heute gibt es weder Negozio noch Trattoria im Dorf, doch regelmäßig kurven zur Sommerzeit kommunale Kleinbusse von Vernante herauf. Solches weiß Paolo, ein vielbelesener Wanderer aus Turin, mit dem wir in Signoras Wohnküche sitzen und Suppe löffeln. Die Minestrone schmeckt dünn, doch zum Parmesan mundet der Dolcetto vorzüglich. Er allein ist sein Geld wert.

„*Simpatico*" nennt Paolo unseren struppigen Freund. „Obwohl ich sonst Hunde nicht mag, Madonna!" Ihn will er morgen westwärts nach Trinità zurücklocken. Vorausgesetzt, Trini macht gute Miene zum abgekarteten Spiel.

Gemeinsam sehen wir zu, wie der Abend über die Berge zieht und zwischen den Wolken einzelne Sterne blinzeln.

Dann beginnt es zu regnen. Das Lager wartet. Wir hören, schon halb im Schlaf, eine späte Dusche aufs Wellblech drippeln. Oder narren uns knisternde Strohbündel, wenn sich schwer ein Körper von einer Schulter zur anderen dreht?

Um 1920 waren in Palanfrè noch alle Häuser mit Stroh gedeckt.

„Wien, Wien“ unterm Colle di Tenda

48. Tag: Von Palanfrè nach Limonetto

Bei Dunkelheit stehen wir auf. Unsere Glieder tun weh. Dieses mit dreckigen Plastikplanen bedeckte Lager hat keine Medaille verdient. Es war das bisher ärmlichste Doppelbett unserer Tour. Seit dem Vorjahresstart im Anzascatal ist uns nichts Schlichteres untergekommen. Doch Frau Giordano hat gestern wissend gelächelt, als wir standhaft ihr Zimmer verschmähten: „So sind die Deutschen. So romantisch! Sie schlafen immer im Heu.“

Das erste Frühstück fällt flach. Wir werden es später bei Helligkeit und guter Aussicht genießen. Knarrend öffnet sich die Brettertür. Wer wartet im Freien? Paolo, abmarschbereit, und ein von Kopf bis Fuß schwanzwedelnder Hund. „Vieni“, wirbt der schwer beladene Italiener. „Tz-tz-tz, bravo-bravo ...“ Doch Trini ist taub. Er bleibt wie festgeklebt hocken und blickt uns unverwandt an.

„*Allora*, dann eben nicht.“ Paolo wirft das Handtuch. Für ihn wird es Zeit, denn sein Pensum ist üppig: zwei Etappen in einer bis Ellena-Soria. „Limonetto!“ ruft er winkend und stiefelt schon los. „Die Signora meint, der Bursch hat dort sein Zuhause. Macht's gut, ihr Schönen. *Ciao, e buona passeggiata!*“

Über Palanfrè graut der Morgen. Ein Hahn kräht. Die Gestora rumpelt in ihrer Küche. Sie verbreitet ein Klima nervöser Betriebsamkeit, das uns mißfällt. Also drücken wir ihre vom Abwasch noch feuchte Hand, sagen adieu und machen uns aus dem Staub. Als ich mich umdrehe, hebt die alte Bäuerin den Arm und zeichnet ein Kreuz in die Luft. Ihre Lippen bewegen sich, ohne daß Worte zu hören sind.

Wir laufen bergauf im Vallone degli Alberghi. Dieser Name entstammt dem untergegangenen okzitanischen Dialekt von Palanfrè und erinnert an Arbergh als die letzten, höchsten Weiden der Region.[1] Durch harzig duftende Latschengärten führen Trampelspuren ins Hochtal unter dem Monte Frisson. Dort melden uns, aus sicherer Distanz, zwei Hunde einer halb im Gelände vergrabenen Alm. Trinis Geruch scheint ihre Nasen zu kitzeln, doch der vielbeschäftigte Herr ignoriert das Gebell.

Überm Lago degli Alberghi (2038 m) halten wir an. Er liegt, von mächtigen Steintrümmern gerahmt, grün und glatt in einer Senke. Die Westwand des Monte Ciotto Mieu (2378 m) scheint jeden Moment auf uns niederzustürzen. Ihr Steilschwung wirkt furchterregend. Safrangelber Alpenmohn wächst zwischen Schutt, seine wie aus Seidenpapier gerissenen Blütenblätter vibrieren im Wind.

Es ist still auf der Welt. Nicht einmal unsere Atemzüge oder Trinis Geschnüffel können das große Schweigen brechen. Wir sind allein.

Gegen Westen läßt die Sonne drei Gipfel ziegelrot flammen: Monte Garbella, Monte Colombo und Monte Pianard – als setze eine Zündschnur die Spitzen der östlichen Seealpen nacheinander in Brand. Wir frieren im Schatten. Noch 250 Meter leichten Gekletters, dann kauern Hanna und ich im schmalen Durchgang des Passo di Ciotto Mieu (2274 m).

genteramassiv. Der Wind bleibt oben am Paß zurück, es ist heiß. Vier Wanderer sehen uns zwei Stunden später faul im gebräunten Blaubeerkraut lagern und bewundern Limo ein ums andere Mal: „Toll, dieses Prachtstück. Ideal für die Berge. Aha, Sie kommen aus Deutschland ...

Abstieg vom Passo di Ciotto Mieu nach Limonetto: Limo/ Trini verschenkt keinen Meter.

Eine Nebelwand versperrt uns die Sicht nach Osten. Rasch rückt sie näher. Im Anschluß ans verspätete Frühstück beschließen wir, Trini in ‚Limo' umzubenennen. Aber auch dieser Versuch schlägt fehl: „Limo, du bist ein ganz Braver ..." Nein, der Hund muß anders heißen. Er streckt sich aus, legt den Wuschelkopf auf die Tatzen und gähnt. Bald blinzelt das Tier und beginnt einzunicken.

Letzte Blicke streifen die Pfeiler von Monte del Chiamossero (2478 m) und Monte Frisson, dann steigen wir ab. Im Westen verschwimmt das Ar-

Und Ihr Hund?" Wir lachen. Der so Gelobte läßt sich alle Schmeicheleien willig gefallen.

Auch hier, wo einst römische Salzkarawanen über den Hauptkamm zogen,[2] sind die meisten Almen verlassen. Ein paar werden noch mit bescheidenstem Aufwand betrieben – kein Vergleich zum geordneten Rückzug der Walser in den Penninischen Alpen oder zur waldensischen Hartnäckigkeit. Hier, oberhalb Limonetto, liegt die alpine Landwirtschaft buchstäblich am Boden. Statt ihrer floriert der Auto- und Skitourismus nördlich des Colle di Tenda.

Seine Wahrzeichen sehen wir jetzt zu unseren Füßen: Parkschneisen, Appartementblocks und Lifte.
Der Hund drängt. Seine Kreise werden größer. Immer weiter entfernt er sich von uns. Ihm geht alles zu langsam. Als wir Limonetto (1294 m)

Limonetto unterm Colle di Tenda Ende der dreißiger Jahre.

erreicht haben und im sinnverwirrenden Trubel eines Sonntagsmarktes untertauchen, wittert Limo seine Chance. Er kratzt die erstbeste Kurve und ist weg.
So enden zwei Tage zu dritt. Wir fassen Proviant in einem neuitalienischen *mini-market* und tippeln dann, von Ausflüglern blöde begafft, zwei Kilometer nach Süden. Dort schießt uns ein wahrer Sturzbach an Wochenendrummel entgegen. ‚La Cascata', Bar und Restaurant unterm Wasserfall, offeriert einen Posto Tappa im Zentrum des Ferienvergnügens.
Laut schallt dort der Lebenslärm hundertundeiner italienisch-französischen Freizeitfamilie. Die Clans sind aus Mailand, Marseille, Turin oder Nizza nach Limonetto geeilt. Sie schmausen und schmatzen, tanzen und turteln, fischen Forellen aus einem Bassin, schütten sich gegenseitig schwarzen Kaffee über weiße Blusen und brüllen einander voller Begeisterung nieder.
Was nun?
Wir passen uns an – und haben stundenlang Spaß dabei. „Wien, Wien, nur du allein" wimmert ‚Bruno e sua Fisarmonica', ein Haustrio von selten abgeblätterter Eleganz: der magenkranke Akkordeonist, seine mit Kastagnetten kämpfende Frau sowie ein traurig bebrillter Kaffeehausgeiger. *Evviva la musica!*
So dämmert überm Nachmittag unmerklich der Abend. Es wird kühler, Bruno und seine Kapelle packen die Instrumente ein. Nur noch zwei Dutzend Gäste sitzen plaudernd im Hof des Ristorante. Plötzlich flüstert Hanna: „Rate mal, wer da kommt?"
Auf der Tanzfläche steht ein grauer, struppiger Hund. Kletten hängen in seinem Fell. Er blickt suchend umher und tappt dann langsam von Tisch zu Tisch. Schließlich beschnuppert das Tier meine Schuhe und hebt wie prüfend den Kopf. Die braunen Augen glänzen. Sein Schwanz wedelt ...
Später erfahren wir vom Koch, daß Limo sechs oder sieben Jahre alt ist und irgendwann bei Wintereinbruch durch Hirten ausgesetzt wurde. Er hört auf den Namen ‚Pippo' und wird von einer alten Frau in Limonetto versorgt: „Der läuft mit Ihnen morgen noch zum Tenda hinauf, aber weiter bestimmt nicht!"
Nach dem Abendessen liegen Knochen und fette Fleischreste neben unseren Tellern – Pippos Ration. Doch als wir vors Haus treten und in vollen Zügen die Nachtluft einatmen, wird erfolglos gesucht und gepfiffen. Der Hund bleibt verschwunden. Sein Soll ist erfüllt.

Ein Pinselkrieg, Prussia und das Wunder am Abend

49. Tag: Von Limonetto zum Rifugio Mondovì

„Nehmen Sie genug Wasser mit. Es gibt nicht viel unterwegs." Dieser Rat eines freundlichen Ehepaars aus Turin hallt nach in den Ohren. Wir haben mit ihm gestern abend den Tisch geteilt und sind, Pippos Geschichte erzählend, auf helles Entzücken gestoßen. Nun liegen beide Wanderer noch warm verpackt in ihren Schlafsäcken, während wir bereits Tee kochen und vorm Posto Tappa Käsebrote kauen.

Aufbruch bei Dunkelheit. Hart fährt der Wind in die Bäume. Hinterm Restaurant, das mit seinen angebauten Bretterbuden wie ein Goldwäschercamp aussieht, sticht unser Weg durch Buschwald bergan. Vom Geprassel des Wasserfalls ist bald nichts mehr zu hören. Wir queren autobahnbreite Skipisten und laufen dann, östlich der Alm Ciabot Le Mole (1591 m), historischen Spuren nach: Die bolzengerade Saumtrasse dürfte schon zur Römerzeit angelegt worden sein.[1]

Dichte Grasteppiche haben längst das Pflaster belegt. Trotzdem glauben wir, noch die rhythmischen Tritte der Maultiere und den Ruf antiker Säumer zu hören. Salz war es vor allem, was einst von der Rhonemündung über die Ligurischen Alpen nach Oberitalien geschleppt wurde – ein heute kaum noch vorstellbar wichtiges und entsprechend begehrtes Produkt.

Nicht mehr lange, und der militärisch stark befestigte Rücken des Colle di Tenda (1871 m) ist erreicht. Sechs teilweise nach Süden vorgeschobene Höhenforts wurden hier von 1880 bis 1940 erbaut. Das älteste, Fort Central, steht fast direkt überm drei Kilometer langen Tendatunnel, der die mit kunstvoll verschlungenen Kehren in steile Hänge gehauene Fahrstraße von 1788 entbehrlich gemacht hat.[2]

Der Wind frischt auf. Es ist schneidend kalt. Bastionen, Kasernen und Kasematten des zerstörten Zentralforts werden durch schräg einfallendes Licht modelliert. Limonetto liegt fern in bleigrauer Tiefe. Am flachen Grenzkamm zwischen Italien und Frankreich wandern wir einer sich vom Himmelssaum lösenden Sonne entgegen. Dort, wo der Weg französisches Territorium kreuzt, hat man die rot-weißen GTA-Streifen erst felsfarben und dann quittengelb übermalt. Lächerlich, aber wahr: Solche Dokumente bornierter Kleinstaaterei sind mitten in Europa zu finden.

Wie weit ist es vom Pinselkrieg bis zum Setzen gröberer Keile?

Kein Mensch spaziert vor oder hinter uns. Die Himmelskuppel ist enzianblau. Nach und nach wird es wärmer. Wir schreiten schnell aus. Auf den begrünten, trockenen Lehnen der Cima del Becco (2300 m) blühen Alpenaster und Edelweiß. Bachläufe glitzern im französischen Süden[3], ihr Rauschen dringt nicht zu uns empor.

Capanna Morgantini (2218 m), Biwak der Höhlenforscher von Cuneo am Pianajoch.

Am Colle della Boaria (2102 m) queren wir eine kleine Schotterstraße, die beiderseits des Hauptkamms vom Tendapaß ostwärts zum Valle d'Úpega schlängelt.
Nur das Kollern der Steinbrocken unter unseren Stiefeln ist zu hören. „Wenn ich dran denke", ter hoch gelegenen Orticastall entfernt sehen wir einen grasbewachsenen Erdspeicher. Im Gegenanstieg zum Ducapaß taucht ein weißhaariger, wettergegerbter Hirt auf. Er pfeift seinen streunenden Wolfshund herbei, hört unser Sprüchlein („siamo tedeschi") und berichtet

Geologische Faltung zwischen Tendapaß (1871 m) und Colle della Boaria (2102 m).

stöhnt Hanna, „daß jetzt Fabrikschlote rauchen und Autofahrer mürrisch im Stau stehen ..."
„Nicht davon reden! Diese Hälfte des Alltags holt uns noch früh genug ein."
Mittlerweile fünf Stunden von Limonetto entfernt, sichten wir die hölzerne Capanna Morgantini nahe der Colla Piana (2218 m).[4] Das geräumige Biwak dient Höhlenforschern als Bleibe (Gruppo Speleologico Alpi Marìttime di Cúneo). Es wird eben von drei Männern verlassen und markiert den Südwestrand eines gewaltigen Karstbeckens, der Conca delle Càrsene. Am tiefsten Punkt jener öden, leblosen Mulde liegt die Alm Gias dell'Ortica (okzitanisch: Gias d'L'Urtie). Wir erreichen sie über die Serpentinen einer gut erhaltenen Mulattiera aus napoleonischer Zeit.
Bis jetzt hatten wir Glück. Das zwischen Heiß und Kalt schwankende Wetter bleibt insgesamt deutlich stabil. Zwei Steinwürfe vom 1836 Meter hoch gelegenen Orticastall entfernt sehen wir einen grasbewachsenen Erdspeicher.

dann mit wässrigen Kinderaugen von masurischen Menschen in „Osterode, Prussia".
Seltsame, klein geratene Welt!
Zwei Stunden, meint der Mann, seien es noch bis zur Garellihütte. Dort wollen wir übernachten. Doch vom Passo del Duca (Pas d'u Düca, 1989 m) aus beweist ein Fernglasblick, daß der 1987 niedergebrannte Bau noch nicht wieder komplett hergestellt ist. Was soll's? Hanna und ich werden improvisieren. Zunächst jedoch ruhen wir am Joch in der Hitze, lassen uns vom azurblauen Rittersporn streicheln und verträumen den Mittag. Hier beginnt das Gebiet des ‚Parco Naturale Alta Valle Pesio'.[5]
Anderthalb Stunden später, 14 Uhr. Hinter der Punta Marguareis geht schon die Sonne unter. Wir stehen am Eingang einer verzinkten Metallbox. Schweißnasse Gesichter, schwere Tritte auf Holzdielen, Wasser pullert in Trinkflaschen. „Hier im Container", ruft jemand von draußen,

„könnt ihr nicht schlafen. Unser Bautrupp hat selbst kaum genug Platz. Geht weiter bis zum nächsten Rifugio. De Giorgio heißt es ..."
Wir beißen unsere Zähne zusammen. Auf einen angeblich ins Tal gelaufenen Hüttenwirt zu warten, hat keinen Sinn. Garelli muß als Reinfall

und Schwämme lichtblauer Tagfalter[6] zu beiden Seiten des sandigen Steigs.
Viertel vor fünf, wir sind endlich am Ziel. Doch das Rifugio Mondovì (Rif. Havis de Giorgio, 1761 m) ist voll. Talbummler mit großspurigem Auftreten und kleinem Gepäck haben den Stein-

Am Rand des Karstbeckens Conca delle Càrsene nutzt der Weg eine Militärtrasse aus napoleonischer Zeit.

abgehakt werden – obwohl das Turiner Paar gestern abend leere Liegen und dicke Decken beschwor.
Während wir die letzten Schritte zur Porta Sestrera (2225 m) hinaufkeuchen, wird uns das Maß der vollen Etappe bewußt. Rückblick zum Pas d'u Düca, drei Kilometer Luftlinie und ganze 1200 Meter bergab wie bergauf: So lange sind wir schon unterwegs seit der Rast am Rittersporn?
Völlig allein im wildweiten Raum zwischen Cima di Serpentera und Rocche Biecai, ziehen wir langsam nach Osten. Um roh geformte Kalkbuckel ballen sich Regenwolken. Immer wieder blitzt scharf die Sonne durch und läßt uns den eigenen Schatten nachwandern. Statt eines in der Karte verzeichneten Lago Biecai gibt es nur Sumpfgras, schillernde Moorlachen

bau bis ins letzte Eckchen hinein okkupiert. Die junge Wirtin, in der Küche geräuschvoll Teller und Töpfe jonglierend, schnappt einen Besen und fegt unsere Bitten zur Hüttentür hinaus: „Schaut, wo ihr bleibt. Hier läuft nichts mehr. Wir sind dicht."
Kein guter Empfang. Zehneinhalb Stunden nach dem Start in Limonetto hätten wir andere Worte verdient. Vor Einbruch der Nacht finden sich dann aber doch noch zwei Matratzen sowie ein unverschämt mageres Menü. Müde, zerschlagen und nach wie vor hungrig quetschen wir uns unters Dach, wo 20 oder 30 Jugendliche das Rifugio johlend in seine Bestandteile zerlegen.
„Silenzio!" rufe ich, und das Wunder von Mondovì bricht über die Meute herein. Es wird von einer Minute zur anderen still.

„Tutto a piedi?" „Natürlich, alles zu Fuß!"

50. Tag: Vom Rifugio Mondovì nach Úpega

Es ist soweit: Letzte Etappe in den südlichen Bergen. Schon wehen laue Lüfte vom Ligurischen Meer herauf. Nichts täuscht darüber hinweg, daß wir heute abend mit der *Grande Traversata delle Alpi* Schluß machen werden. Zweimal 25 Tage von Molini di Calasca über Susa zum Valle Tánaro – *finito*, aus und vorbei. Trotzdem schnüren wir unsere Stiefel in unbeschwerter Stimmung, prusten pausbäckig unterm Brunnenstrahl und breiten das Galgenfrühstück nicht weniger sorgsam als sonst auf der Hüttenbank aus.

Der gestrige Gewaltmarsch hat keine Blessuren hinterlassen. Wir sind munter. Uns geht es gut. Im Rifugio wird teils röhrend geschnarcht und teilweise schon gehustet. Wieviel Zeit mag verstreichen, bis alle Radaubrüder ihren Espresso gekippt haben und zum heroischen Heimweg bereit sind? Ein toller Ausflug ins Gebirge! Sie werden, vielleicht, noch als Greise ihren Enkeln davon erzählen.

Die kleine Mondovìhütte liegt unter den schroff fallenden Felsformationen der Rocche Biecai. Am Rand eines stillen Hochtals, das zum hintersten Zipfel des Valle Ellero zählt, zieht eine punktuell bezeichnete Trittspur im weiten Rechtsbogen zur Senke des Passo delle Saline (2174 m) hinauf. Weiß verblühte Schneeheide, Preiselbeerbüsche und borstiges Seggengras schützen den mageren Boden. Bald wird es heiß. Die Luft flimmert vor unseren Augen. Am Sattel, dem uralten Übergang zahlloser Salzkolonnen aus früh- bis spätrömischer Zeit, legen wir unsere Rucksäcke ab.

Von hier aus sind es nur 40 Kilometer bis zur Riviera. Wir sehen uns schon unter Palmen promenieren und in die Gischt der Mittelmeerbrandung springen. Imperia, San Remo, Bordighera: grellrote Blumenrabatten, beschirmte Strände, Uferboulevards, mondäne Cafés ... Bunte Postkartenbilder, die in einem merkwürdig scharfen Kontrast stehen zum Ernst unserer Fußpfade zwischen Walliser und Ligurischen Alpen.

Wie lange sind zwei Leute unterwegs seit dem ersten Gang über die Vischpubrücke unterm Eisfall des Monte Rosa? Wochen, Jahre – Generationen?

Während wir absteigen, fächelt warmer Südwind um nackte Schultern und Beine. Mit dem Monte Mongióie (2630 m) versinkt gegen Osten das letzte hochgelagerte Gipfelplateau, um dem hügelig bewaldeten Apennin Platz zu machen. Die tief geschnittene Karstschlucht des Vallone delle Saline nimmt uns auf. Sie ist dunkel und kühl. An ihrer oberen Böschung, in 1883 Meter Höhe, erinnert ein lackiertes Metallkreuz an Elisabetta Pastorellis vergänglichen Leib: *perita nella tormenta il 3-12-1883,* verirrt und erfroren beim späten Rückzug von der Lohnernte in fremden Dörfern.[1]

Wir pflücken ein paar fliederfarbene Skabiosen und legen sie zu den Blumen am Kreuz. Für *la pastorella*, das im Triebschnee ertrunkene Hirtenmädchen.

Noch einmal leert die Natur ihre Gaben über uns aus. Nahe der Temporärsiedlung Tetti delle Donzelle (1537 m), wo Kartoffelkraut violett blüht und gemähte Bergwiesen duften, finden wir den bemoosten Plattenweg einer Mulattiera. Sie krümmt sich in engen Bögen nach Carnino inferiore hinunter. Nußbäume, Birken, Kastanien, Eschen und Haselsträucher geben Geleit. Vögel hüpfen von Ast zu Ast. Sonnenflecken tanzen auf Steinen. Im Gras, vereint mit den Grillen, sitzt Pan und flötet sein Lied.

Morsche Bildstöcke lassen an fügsam die Knie beugende, schwarz berockte Landfrauen denken. Sie gehören hier zum brigaskischen Stamm, einer wenig bekannten und kaum erforschten kulturellen Minderheit. Auch Carnino war einst durch Brigasker bewohnt. doch seit 1900 ist das okzitanisch sprechende Hirtenvolk von damals 4000 auf heute knapp 500 Seelen geschrumpft.[2]

Wir kriegen keinen Menschen zu Gesicht. Nur ferne Hammer- und Axthiebe im verfilzten Laubwald deuten darauf hin, daß auch Carnino superiore (1397 m) lebt. Sind es brigaskische Familien, die zumindest zeitweise ein Stück Heimat zu halten versuchen? Haben sich reiche Genueser ihr komfortables Privatparadies erkauft und lesen Rousseau am elektrisch beheizten Kamin?

Beide Rucksäcke als Doppelkeil unter den Köpfen, liegen wir auf einer Wiese. Verschwende-

risch sprießt die Sommerpracht um uns herum. Schmetterlinge torkeln wie betäubt im Licht. Der Torrente Carnino gurgelt und gluckst ...
Da wird die Idylle jäh unterbrochen.
Ein Jeep kurvt talaufwärts: radierende Reifen, Gelächter, Benzindunst. Radiogeplärr. Das Allradgefährt ist mit Jugendlichen voll besetzt. Haare und Hemden flattern. Sobald man uns sieht, wird rhythmisch gehupt. Laut lacht diese schöne neue Welt, und nichts hält ihrem gefräßigen Tempo stand. Am wenigsten wir, die einsamen Läufer. Es wird schwerfallen,

Mulattiera über Carnino inferiore: Im Gras sitzt Pan und flötet sein Lied.

innerhalb von Stunden einen regelrechten Zeitspagat zu vollführen. Wer hilft? Was fängt uns auf?
Úpega (1336 m), ‚Albergo Edelweiss'. Verschachtelte Häuser am Hang, getreppte Gassen, brutheißer Mittag. Katzen kauern auf Zäunen

Der Wirt: „Aha, Bergsteiger." Wir, seine Gäste (nickend): „Si, Signore. GTA." Die Wirtin: „*La Traversata*, ich weiß. In Carnino beginnt sie.[3] Wo kommt ihr her?" Gäste: „Vom Monte Rosa." Wirt: „Was? Nicht wahr!" Gäste: „Also gut, wenn Sie wollen – von Susa. Valle di Susa."

Úpega (1336 m) im Negronetal um 1910.

und starren uns an. Morgen, am Feiertag Ferragosto, wird hier die Hölle los sein. Der Asphaltmarsch im obersten Tánarotal hat müde gemacht. Wir lehnen überm Tresen des Gasthofs und handeln den Zimmerpreis aus. Das halbe Dorf nimmt teil. Vom Personal bis zur Piazza sind es schließlich nur 20 Meter. Ein Dialog kommt in Gang.

Úpega heute. Das ursprüngliche Ortsbild ist noch zu erkennen.

Wirtin: „*Tutto a piedi*?" Gäste: „Natürlich, alles zu Fuß!" Wirtin (staunend): „Dann ... müßt ihr einen guten Schuhmacher haben."
Es ist Abend. Die Berge sind hinter schieferfarbenen Wolken verschwunden. Leise tropft der Regen vorm Fenster aufs Dach. Strümpfe baumeln nutzlos an einer Leine. Im Dorf, unter grauen Zeltbahnen, wird seit Stunden getanzt. Musik leiert ohne Anfang und Ende. Ob unser für morgen früh bestelltes Taxi auch pünktlich ist?
Nicht daran rühren. „Denn", sagt Hanna mit gerunzelter Stirn, „sonst kommt mir am Ende doch noch das Heulen. Los, tu was dagegen! Laß uns auf anderen Wegen ein zweites Mal wandern. So bald wie nur möglich. Vom Monte Rosa zum Mittelmeer."

Wie und was

Ein paar Tips

In maximal 80 Etappen (einschließlich Nebenrouten) quert die GTA das Gebiet der Piemontesischen Alpen. Wir haben sie während zweier Sommer begangen und auf jeweils 25 Etappen von Norden nach Süden zurechtgestutzt. Durchwandert wurden fünf Gebirgsgruppen (Penninische, Grajische, Cottische, See- und Ligurische Alpen in vier Provinzen der Region Piemont (Novara, Vercelli, Turin und Cúneo).
Wer Statistiken interessant findet, mag zunächst mit einigen Zahlen vorliebnehmen: Die *Grande Traversata delle Alpi* mißt von Molini di Calasca (Anzascatal) bis nach Úpega (Oberes Tánaro-/Negronetal) rund 650 Kilometer. Zielbewußt gehende Leute schaffen über die gesamte Distanz einen Höhenunterschied von mehr als 44000 Aufstiegsmeter. Der Tagesschnitt liegt bei 880 Meter und somit im erträglichen Rahmen.
Aber das allein sagt wenig aus. Bloße Meßwerte werden der ‚Großen Traverse' nicht gerecht. Kommen wir also rasch zu den praktischen Informationen.
Zutrauen kann sich die GTA jede/r gesunde, trainierte Läufer/in. Der Weg ist alpintechnisch unschwierig sowie meist gut markiert (rot-weiße Striche, stellenweise gelbe Balken oder auch rote Punkte). Er führt nur während des Frühsommers über vereinzelte Schneefelder und kann zu Wochenwanderungen verkürzt werden. Im allgemeinen sind die Bergtäler ausreichend mit Buslinien versorgt, so daß An- und Abfahrt keine Probleme bereiten. Notfalls helfen Autostop oder ein Taxi.
Zur Vorbereitung und Praxis empfehlen sich die beiden deutschen GTA-Führer von Werner Bätzing (siehe Literaturnachweis im Anhang). Sie machen nicht zuletzt auf subtile Weise mit dem Landvolk der Piemontesischen Alpen vertraut, skizzieren seine Kultur und wecken Verständnis für existentielle Schwierigkeiten. Wer etwas italienisch spricht und versteht, was nicht schaden kann, sei auf das bei Priuli & Verlucca (Ivrea) erschienene Führerwerk verwiesen. An Karten kommen ausschließlich die zweimal vier 1:50000-Blätter des Istituto Geografico Centrale in Frage. Weitere Informationen zur GTA: Archiv für Langstreckenwandern, Oederstraße 23, 26121 Oldenburg (Rückporto).
Juli und September sind die klimatisch günstigsten GTA-Monate. Im August, vor allem um den Feiertag Mariä Himmelfahrt (15.8.), können etliche Unterkünfte stark frequentiert sein, weshalb eine telefonische Platzreservierung sinnvoll erscheint. Wir fanden im Norden oft leere oder schwach belegte Quartiere. Gegen Süden jedoch (Monvisogebiet!) war das Telefonat von Ort zu Ort nützlich und wurde stets prompt vom Gestore erledigt.
Bei stabilem Hochdruckwetter ist es ratsam, schon kurz vor Sonnenaufgang zu starten. Dann hat sich der aus den Ebenen steigende Dunst noch nicht verdichtet, die klare Luft erfrischt merklich und sorgt in größeren Höhen für eine sehr gute Fernsicht. Wenn dann Quellwolken auftauchen und das übliche Hitzegewitter folgt, ist man meist schon am Ziel. Da viele Italiener notorische Langschläfer sind, bringt ein früher Aufbruch außerdem den Vorteil absolut stiller Wandertage.
Die *Ausrüstung* sollte auf ein Mindestmaß beschränkt sein und sich am nötigsten Bedarf orientieren: knöchelhohe Bergstiefel mit Profilsohle, ebenso wetterfeste wie warme Bekleidung einschließlich kurzer Hose, Hüttenschuhe, Leinenschlafsack, Wasserflasche, Apotheke und etwas Notproviant (dehydrierte Nahrung zum Anrühren). Wir fanden außerdem zwei leichte Teleskopstöcke praktisch, Fernglas und Stirnlampe sowie ein phosphatfreies Waschmittel. Unseren Bedürfnissen entsprechend war auch ein kleiner Kocher für Trockenbrennstoff ideal, denn das heiße Getränk am frühen Morgen oder unterwegs wirkte Wunder.
Womit wir nun endgültig beim Thema *Unterkunft* sind. Sie ist oft im früheren Rathaus, der alten Dorfschule und manchmal sogar in einem Bergkloster eingerichtet. Nicht jeder Posto Tappa präsentiert die ersehnte (meist kalte) Dusche oder den funktionierenden Gasherd. Gewöhnlich ist das Inventar bescheiden, immer jedoch wird ein ausgehängtes Dokument über die gültigen Saisonpreise informieren. Sie lagen 1994 bei durchschnittlich 12000 Lire (etwa 12 DM) pro Nächtigung und 25000 Lire (rund 25 DM) je Abendmenü.
Grundsätzlich wird in den Trattorie, Alberghi

oder Klosterküchen ein Festpreis-Essen für GTA-Wanderer angeboten (*pranzo al prezzo fisso*). Es umfaßt Vorspeise, Hauptmahlzeit und Dessert.
Eine wochenlange Querung des piemontesischen Alpenraums wird freilich auf Dauer diverse Geldbeutel arg strapazieren. Da gilt es dann, entweder von Pasta und Pizza oder zwischendrin aus der Vorratshaltung zu leben. Sie wird dadurch erschwert, daß benötigte Dorfläden (*negozi alimentari*) an nicht wenigen Orten fehlen und deshalb mitunter für vier bis fünf Etappen eingekauft werden muß. Die während des Hochsommers im Wald wachsenden Beeren lassen indes zumindest den Vitaminspiegel eher steigen als sinken.
Noch ein weiteres Wort zur *An- und Abreise* im Umfeld der *Grande Traversata delle Alpi*: Vieles spricht dafür, auf den Wagen zugunsten öffentlicher Verkehrsmittel ganz zu verzichten. Wo dies partout nicht erwünscht ist, mag das Auto bei Privatleuten abgestellt werden – gegen angemessene Bezahlung, versteht sich. Posto-Tappa-Betreuer kennen gewöhnlich passende Parkplätze und werden zu allen Auskünften gern bereit sein.
Viele GTA-Wochen haben uns immer wieder vom unverstellt freundlichen und zuverlässigen Charakter piemontesischer Bergbewohner überzeugt. Mit einigen wechseln wir noch heute Karten oder Briefe, und regelmäßig enden die Grüße zum Schluß „con la speranza che ritorniate“: „in der Hoffnung, daß ihr zurückkommt“.

Der Weg (im Walsergebiet bei Rimella) – Spur zum Kern einer totgeglaubten Vergangenheitswelt.

Monviso während des Abstiegs vom Colle Seillière nach Süden. Hier streift die GTA den französischen Naturpark Queyras.

Nachwort

Wenn ich von der GTA erzähle und die Vorzüge eines im deutschsprachigen Raum bisher nur wenig bekannten Wanderwegs schildere, heißt es oft: Aha, dein Geheimtip. Wie würdest du reden, falls alle ihm folgten? Dann gäbe es einen Rummelplatz mehr in den Alpen.
Nein, lautet daraufhin meine Antwort. Und ich füge als Gegenfrage hinzu: Was brauchen hoch gelegene Bergdörfer, an denen seit Jahrzehnten die Entsiedelung nagt? Passive Abkehr oder sorgsamen Zuspruch?
Gewiß, auch innerhalb der 1981 gegründeten Associazione GTA wurden Fehler gemacht. Motiviert durch publizistische Resonanz, markierte man in raschem Tempo Route um Route. Immer neue Etappen und Stützpunkte galt es zu eröffnen, denn der um sich greifende Startschwung forderte Tat nach Tat. Er führte bei italienischen Wanderfreunden aber bald dazu, daß die jeweils ‚aktuellen' Wegstücke entzückt begrüßt und abgelaufene Strecken mehr oder minder vergessen wurden.
Die anfangs bescheidene GTA-Infrastruktur war also während kurzer Zeit mächtig gewachsen – was, vor dem Hintergrund knapper staatlicher Gelder sowie einer zu kleinen Zahl engagierter Routen- und Posto-Tappa-Betreuer, der Gesamtqualität schaden mußte.
1985 wurde dann diese falsche Marschrichtung revidiert. Man ging jetzt daran, „keine weiteren Etappen mehr einzurichten und alle Mittel auf einen durchgehenden Weg zu konzentrieren, anstatt gleichzeitig noch Rund- und Parallelwege anzubieten. Seitdem hat die Qualität der Wege, Wegmarkierungen und Unterkünfte ... ein zufriedenstellendes, teilweise sogar vorbildliches Niveau erreicht."[1]
La Grande Traversata delle Alpi, ein Experiment auf buchstäblich höchster Ebene, hat sich aus kritischen Pionierjahren heraus entwickelt. Es ist in eine Phase der langsamen Konsolidierung getreten. Nach wie vor sind die zwischen Anza und Tánaro dezentral und eigenständig tätigen GTA-Mitarbeiter bemüht, einen sozial angepaßten und umweltschonenden Alpentourismus zu fördern. Mit seiner Hilfe sollen zusätzliche Verdienstmöglichkeiten in den durch Abwanderung akut bedrohten Gemeinden geschaffen und die Bergflüchtlinge zum Bleiben bewegt werden.
Ob das mittelfristig gelingt?
Noch sieht es nicht unbedingt danach aus. Denn viele Offizielle in Italien können nur vage erkennen, welche Prosperitätschancen *La Traversata* fürs piemontesische Bergland verspricht. Dies zeigt sich unter anderem daran, daß Tourismusverbände bislang total abseits stehen und einzelne Provinzen der Associazione entweder überhaupt nichts (Novara, Vercelli) oder nur geringe finanzielle Beiträge zukommen lassen (Turin und Cúneo).
So verwundert es kaum, daß eine geplante Fortführung der GTA im Norden über die Schreibtische nicht recht hinauskommen will. Vorgesehen ist nämlich, vom Valle d'Anzasca aus – da und dort alte Walserpfade berührend – via Ossolaberge bei Cannobio den Lago Maggiore zu erreichen. Damit wäre dann ein lückenloser Höhenkurs über den gesamten Westalpenbogen bis hin zur lombardischen Grenze Realität.
Zukunftsmusik? Die heutige Melodie ist allein schon bezaubernd genug. Fern jedes Massenbetriebs[2] führt der Weg zu den Wurzeln ländlichen Lebens. Er beantwortet zeitlose Fragen nach menschlichem Werden, Sein und Vergehen. Natur und Kultur: nirgends sonst in Europa sind sie noch derart fest miteinander verknüpft. Nie waren wir der Schöpfung für Momente des erkennenden Staunens näher als dort – und spürten zugleich, wie gefährdet sie ist.[3]
Unser Wunsch bleibt es, daß mehr wach beobachtende Wanderer als bisher die *Grande Traversata delle Alpi* für sich entdecken. Ihnen seien zum Schluß vier Zeilen in okzitanischer Sprache gewidmet. Verfaßt hat sie der Bauernpoet Gabrieu Giavelli aus Ferrere im obersten Sturatal:

„Les plantos viejos dapé li ciamin
Lou viou, li bial, e meme les teros
Din lour silensi tantes causos me dìjn:
Es per aco que tuòrnou en Ferrjros ..."[4]

Caro amico   Tanti
auguri
lo ringrazio e buon
di cuore   anno
ho ricevuta   nuovo
la foto e la   se passi
vieni a
bella cartolina   trova
ciao

Eine Hand muß sich mühen, doch die Botschaft kommt an. Kartengruß des Hirten Costa aus Usseglio im Valle di Viù: „Lieber Freund, ich danke von Herzen ... Wenn du hier bist, besuch' mich."

Becco Alto d'Ischiator (2996 m) in den Seealpen: Nur dann erschließt sich sein Reiz, wenn der Weg täglich mit neuen Augen gesucht und gefunden wird.

Anhang

Die Routen der Grande Traversata delle Alpi

1. Etappe: Von Molini di Calasca (480 m) im Anzascatal teilweise durchs Nebental Val Segnara. Zuerst am Rio Segnara entlang, dann südostwärts steil und später mäßig ansteigend über die Almen Pozzetto (1136 m) sowie Camino (1438 m) zur Alpe del Lago (1545 m). Zeit: 4½ Stunden. Aufstieg: 1100 m. Karte: IGC Nr. 10 ‚Monte Rosa, Alagna e Macugnaga'. Achtung! In der 1743 m hoch gelegenen Alpe Pian Lago wurde ein neues Biwak mit 6 Plätzen geschaffen. Mehranstieg ab Alpe del Lago etwa 1½ Stunden.

2. Etappe: Von der Alpe del Lago nach Südosten über einen Rücken zur Alpe Pian Lago (1743 m; Biwak, siehe Etappe 1). Vorbei an La Balma (1733 m) zum Lago di Ravinella (1892 m) und auf den Colle dell'Uschiolo (2037 m). Abstieg nach Südwesten über die Obere und Untere Cunetta-Alm nach Campello Monti (1305 m) im Stronatal. Zeit: 5 Stunden. Aufstieg: 640 m, Abstieg: 880 m. Karte: IGC Nr. 10.

3. Etappe: Von Campello Monti zuerst am Torrente Strona bergauf. Den Bach querend (Brücke) zur Alpe del Vecchio (1465 m), weiter zur Alpe Scarpia und zum Sattel der Bocchetta di Campello (1924 m). Dann über die Almen Pianello, Werch und Wan oberhalb von San Gottardo (1329 m) zum Hauptort Chiesa der Gemeinde Rimella (1181 m, Walsermuseum). Zeit: 3½–4 Stunden. Aufstieg: 620 m, Abstieg: 750 m. Karte: IGC Nr. 10.

4. Etappe: Von Rimella-Chiesa auf Asphaltstraße und Mulattiera bergab ins Tal des Landwassers. Am Gegenhang durch die Weiler Roncaccio inferiore (1124 m) und Roncaccio superiore (1179 m) – nur schwache Trittspur – zur Alpe La Res (1419 m). Absteigend südwestwärts über Belvedere (1208 m) und Boco superiore nach La Piana (1032 m) im westlichen Mastallonetal. Weiter auf der Fahrstraße nach Santa Maria di Fobello (1094 m). Zeit: 3½ Stunden. Aufstieg: 400 m, Abstieg: 480 m. Karte: IGC Nr. 10.

5. Etappe: Von Santa Maria di Fobello nordwestwärts über den Weiler La Gazza (1175 m) ins rechtsseitige Tal zu den Almen Addiaccio Grasso und Baranca (1556 m). Nach der Steilstufe vorbei an Lago und Col di Baranca (1818 m) zur Alpe Selle (1824 m), Juli/August bewirtschaftet. Dann südwestwärts zum Colle d'Egua (2239 m). Absteigend über die Alpe Sellette (1915 m) und vorbei am CAI-Rifugio Boffalora nach Carcóforo (1305 m). Zeit: 6½ Stunden. Aufstieg: 1150 m, Abstieg: 940 m. Karte: IGC Nr. 10.

6. Etappe: Von Carcóforo talein und südwestwärts rechts des Bachs (im Anstieg) über die Almen La Massa di sotto (1464 m), Trasinera bella (1925 m) und Alpe di Termo (2081 m) zum Colle di Termo (2351 m). Jenseits der Scharte in gleicher Richtung absteigend über weite Almböden, zuletzt an der Alpe Chiaffera (1706 m) vorbei, nach Rima (1411 m) im obersten Sermenzatal. Zeit: 6 Stunden. Aufstieg: 1050 m, Abstieg: 940 m. Karte: IGC Nr. 10.

7. Etappe: Von Rima südwestwärts ansteigend über die Almen Valmontasca (1819 m) und Vorco (2075 m) direkt zum Colle Mud (2324 m). Dann bergab, an mehreren Almen vorbei, nach Pedemonte (1246 m, Walsermuseum) und Alagna (1191 m). Auf der Staatsstraße 299 bis Riva Valdobbia, von dort nach Südwesten aufwärts im Val Vogna nach Sant'Antonio (1381 m). Zeit: 6½ Stunden. Aufstieg: 1200 m, Abstieg: 1130 m. Karte: IGC Nr. 10.

8. Etappe: Von Sant'Antonio über den Weiler Peccia (1529 m) bis zur ‚Franzosenbrücke' hinterm Kirchlein San Grato. Dort links (Abstecher nach Montata, rechts, empfehlenswert). Weiter vorbei an den Almen Buzzo, Camino und Maccagno zum Lago Nero (2322 m), anschließend hinauf zum Passo Maccagno (2495 m). Nun steil abwärts nach Süden über die Jöcher Colle di Lazoney (2395 m) – nicht Weg Nr. 6 folgen! – und Colle della Mologna grande (2374 m) zum CAI-Rifugio Rivetti (2201 m). Zeit: 7 Stunden. Aufstieg: 1170 m, Abstieg: 400 m. Karten: IGC Nr. 10 und IGC Nr. 9 ‚Ivrea-Biella e Bassa Valle d'Aosta'.

9. Etappe: Vom CAI-Rifugio Rivetti über die Almen Lavazei (2043 m), Pianel, Anval (1539 m) und La Monta in langem Abstieg nach Piedicavallo (1037 m). Von dort mit dem Bus durchs Cervotal bis Rosazza oder zu Fuß über die 1450 m hohe Selle di Rosazza (knapp drei Stunden länger). Weiter von Rosazza (882 m) auf Fahrstraße und/oder Mulattiera zum Kloster San Giovanni d'Andorno (1020 m). Zeit: 3½ (6) Stunden. Aufstieg: 150 (600) m, Abstieg: 1200 (1800) m. Karte: IGC Nr. 9.

10. Etappe: Von San Giovanni d'Andorno teils auf Fußweg und teilweise über die Paßstraße bis etwa zur Höhenmarke 1500 oberhalb der ‚Roccioni di Testette'. Dort nicht weiter durch den Tunnel (Galleria Rosazza) sondern hinauf zum Colle della Colma (1622 m) und abwärts durch Hochwald zum schon vom Joch aus sichtbaren Wallfahrtsort Oropa (1180 m, Pilgerherberge). Zeit: 3½ Stunden. Aufstieg: 650 m, Abstieg: 500 m. Karte: IGC Nr. 9.

11. Etappe: Von Oropa nordwärts über einige Straßenkehren in Richtung San Giovanni, dann auf Mulattiera zur Alpe della Pissa (1445 m). Weiter, rechts haltend, bergauf zum Skizentrum Oropa Sport (1813 m) mit dem Albergo Savoia/Rifugio Rosazza und vorbei am Lago di Mucrone (1902 m) zur Bocchetta del Lago (2026 m). Schließlich, die Südhänge des Monte Mars querend (steile Bachläufe!), zum CAI-Rifugio Coda (2280 m). Zeit: 5 Stunden. Aufstieg: 1250 m, Abstieg: 250 m. Karte: IGC Nr. 9.

12. Etappe: Vom CAI-Rifugio Coda in kurzem Abstieg zum Colle di Carisey (2132 m). Weiter südöstlich unter Monte Bechit und Monte Roux hinauf zum Colle della Lace (2121 m). Dann bergab über die Almen Bechera (2004 m) und Druer – Verkauf von Milch/Käse – ins Chiussumatal und zum Weiler Maletto (1336 m). Zeit: 3½ Stunden. Aufstieg: 250 m, Abstieg: 1100 m. Karte: IGC Nr. 9.

13. Etappe: Von Maletto absteigend über Airale bzw. Carema nach Quincinetto (295 m) im Dora-Baltea-Tal. Dort Hotelunterkunft oder – besser – Aufstieg nach Praiale (512 m) und weiter zum reizvollen Bergdorf Scalaro (1414 m). Dann über die Almen Pietrabianca und Valbona sowie eine namenlose Alm (2014 m) zum flachen Colle di Lavasoza (ca. 2100 m). Schließlich in kurzem Abstieg westwärts zum Rifugio Chiaromonte (2025 m). Zeit: 8 Stunden. Abstieg: 1200 m,

Gegenanstieg: 1730 m. Karte: IGC Nr. 9. Achtung! Rif. Chiaromonte z. Zt. geschlossen. Deshalb Umweg über Traversella (Rif. Balma Bianca, 24 Plätze).

14. Etappe: Vom Rifugio Chiaromonte südwestwärts unter der Punta Cavalcurt und bergab über drei Almen (Binelli, Pertusa, Ravissa) zur Hochebene Piani di Cappia (1336 m, prähistorische Felsritzung). Weiter im Bogen durch die Tarvaschlucht zum Dorf Succinto (1164 m). Dieses kleine Dorf erreicht man von Traversella über den „Sentiero delle anime“ in 2½ Stunden. Hier Posto Tappa, neu eingerichtet! Von Succinto auf teilweise überwachsenem Pfad nach Fondo (1074 m). Zeit Chiaromonte–Fondo: 3½ Stunden. Abstieg: 1000 m, Gegenanstieg: 80 m. Karte: IGC Nr. 9.

15. Etappe: Von Fondo im Anstieg rechts des Torrente Chiusella nach Tallorno (1222 m). Dann über die Almen Pasquere, Spartirolo und Ghiun zur obersten Alpe Oche superiore (2280 m). Steil auf die Paßhöhe der Bocchetta delle Oche (2415 m) und anschließend ebenfalls steil bergab ins Hochtal des Rio Gaset. Vorbei an der gleichnamigen Alm (1740 m) hinunter nach Piamprato (1551 m) im östlichen Seitental des Valle Soana. Zeit: 7 Stunden. Aufstieg: 1350 m, Abstieg: 900 m. Karte: IGC Nr. 9.

16. Etappe: Von Piamprato auf dem asphaltierten Fahrweg bis zur Kapelle Madonna della Neve (1531 m). Dann den Straßenkehren folgend nach Pianetto (1334 m). Vom Weiler Ponchietto an im Abstieg rechts der Strada provinciale, ab Cugnone links des Torrente Soana bis Scandosio und weiter auf Asphalt nach Ronco Canavese (956 m). Zeit: 2½ Stunden. Abstieg: 600 m, Gegenanstieg: 50 m. Karte: IGC Nr. 9.

17. Etappe: Von Ronco Canavese im Soanatal bis Bosco (900 m). Dann auf Fahrweg nach Masonaie (1201 m). Nun über die Almen Ciavanis und Le Goie (1864 m) zur Bocchetta di Rosta (1957 m). Weiter nordwestwärts, vorbei am Punkt 2157 m unter der Cima Rosta (Steinmann), zum Colle Crest (2040 m). Südsüdwestwärts bergab zu den Almen Roc (1812 m) und Barlan sowie zum Santuario di Prascondù (1321 m). Anschließend nach Talosio (1225 m). Zeit: 6½ Stunden. Aufstieg: 1250 m, Abstieg: 1000 m. Karte: IGC Nr. 3 ‚Il Parco Nazionale del Gran Paradiso‘.

18. Etappe: Von Talosio in nordwestlicher Richtung bergauf (Fahrstraße) bis Posio und dann westwärts über die Alpe Arzola (1793 m) zum Monte Arzola (2158 m). Bergab, den Eugio-Stausee passierend, nach der Mauer südwärts und bald wieder ansteigend zur Alpe La Colla (2171 m). Höhengleich zur Alpe Praghetta und südwärts hinab über teils steile Hänge nach San Lorenzo (1045 m) im Piantonettotal. Zeit: 8 Stunden. Aufstieg: 1400 m, Abstieg: 1600 m. Karte: IGC Nr. 3.

19. Etappe: Von San Lorenzo auf der Straße nach Rosone bergab. Dann – Hinweispfeil – westwärts ansteigend (etwas mühsam, viel Vegetation) über die verlassenen Weiler Bertodasco und Perebella nach Meinardi (1481 m). Abstieg nach Coste (1139 m) ins Locanatal und orographisch rechts am Torrente Orco entlang nach Noasca (1058 m, Möglichkeit zur Übernachtung). Weiter auf der Staatsstraße und Anstieg nordwestwärts ins Vallone del Roc. Die kleinen Dörfer Varda, Maison und Cappelle passierend zur Alpe Potes (ca. 1530 m) und, manchmal weglos, auf die Hochebene ‚Balme Fiorant‘ zur Alpe Prà del Cres (2002 m). Anschließend abwärts nach Ceresole, Ortsteil Prese (1500 m). Zeit: 10½ Stunden. Aufstieg: 1800 m, Abstieg: 1350 m. Karte: IGC Nr. 3.

20. Etappe: Von Ceresole (Prese) links der Staumauer des Lago di Ceresole Reale bis zu den Hütten von Villa Poma (1584 m). Dann südostwärts ansteigend über die Almen La Balma (1922 m), Gran Ciavana und Fumanova (2223 m) zur Ebene Piano dei Morti und steil auf den Colle della Crocetta (2641 m). Jetzt südwärts bergab, vorbei am Lago di Vercellina (2484 m) ins Vallone di Vercellina. Mehrere Almen streifend zum Weiler Rivotti (1450 m) und weiter nach Pialpetta (1069 m) im Val Grande. Zeit: 7 Stunden. Aufstieg: 1140 m, Abstieg: 1570 m. Karte: IGC Nr. 2 ‚Valli di Lanzo e Moncenisio‘.

21. Etappe: Von Pialpetta ostwärts zum Nachbarort Migliere. Am Beginn dieses Weilers über den Fiume Stura und genau südwestwärts durch Bergwald hinauf zur Alm Gias Nuovo (Alpe Trione, 1649 m). Über zwei Absätze zur Alpe Gias di Mezzo und zu den Laghi di Trione (letzte Alm: 2164 m). Nach Osten schwenkend weiter aufwärts, bis der Colle di Trione erreicht ist (2485 m). Nun südwärts hinab zum Lago Vasuera und, an mehreren verlassenen Almen vorbei, zum bewohnten Weiler Caudre (1461 m). Über Ciampàs (1400 m) ins Alatal nach Molette, dann sanft ansteigend auf der Asphaltstraße nach Balme (1432 m). Zeit: 8 Stunden. Aufstieg: 1560 m, Abstieg: 1200 m. Karte: IGC Nr. 2.

22. Etappe: Von Balme südwärts auf der kleinen Straße nach Cornetti (1446 m) und I Frè (1495 m). Dann südostwärts bergauf im Vallone Paschiet zur Alm Pian Buet (2006 m) und vorbei an den Laghi Verdi zum Biwak Gino Gandolfo (2160 m). Weiter südwärts ansteigend auf den Passo Paschiet (2435 m). Jenseits des Jochs bergab zum Punkt 2263 m. Von dort aus im Gegenanstieg bis zum Colle di Costa Fiorita (2500 m) und sehr steil hinab ins Valle di Viù (Vorsicht: bei Nässe unangenehm). Im Tal kurz nach Westen auf der Fahrstraße bis Usseglio (1265 m). Zeit: 7½ Stunden. Aufstieg: 1250 m, Abstieg: 1400 m. Karte: IGC Nr. 2.

23. Etappe: Von Usseglio mit Bus oder zu Fuß auf der Straße bergauf nach Margone (1410 m). Durchs Dorf, dann links über den Torrente Stura di Viù zu den Almen Pis Madai und Grangia Vaiet (1507 m). Anschließend wieder, den Bach ein zweites Mal querend, zur Straße zurück. Auf ihr bis vor die Staumauer und zum Albergo/Rifugio ‚Vulpot‘ von Malciaussià (1805 m). Zeit: 2½ Stunden. Aufstieg: 540 m. Karte : IGC Nr. 2.

24. Etappe: Von Malciaussià am nördlichen Seeufer entlang zur Almsiedlung Pietramorta (1812 m). Dort links über den Zufluß und südwärts auf einer Mulattiera zum Colle della Croce di Ferro (2558 m). Nach der Paßhöhe westwärts bis unter den Punkt 2705 m. Dann, in etwa 2500 m Höhe, rechts (westnordwestwärts) ab und auf einer Steigspur hangparallel bergauf zum Rifugio Cà d'Asti (2854 m) unter dem Rocciamelone. (Nicht ratsam bei Nebel und Nässe! Dann besser die weiterführende GTA über die Alpe Arcella zum Posto Tappa Il Truc benutzen – siehe Unterkunftsliste). Zeit: 6 Stunden. Aufstieg: 1100 m. Abstieg: 80 m. Karte: IGC Nr. 2.

25. Etappe: Vom Rifugio Cà d'Asti auf markiertem Pfad zum Gipfel des Rocciamelone (3538 m, Schutzhütte und Kapelle). Bergab, die Ruinen von La Riposa links lassend, bis zur Alpe Vottero (ca. 1850 m). Von dort aus wieder auf der GTA zur ‚Trattoria Il Truc‘ (1706 m, Posto Tappa). Weiter absteigend, an einigen verfallenen Weilern vorbei, nach San Giuseppe di Mompantero (540 m) im Susatal. Nun links (ostwärts) über eine kleine Fahrstraße nach Susa (500 m). Zeit: 8 Stunden. Aufstieg: 680 m, Abstieg: 3030 m! Karte: IGC Nr. 2.

26. Etappe: Von Susa-Meana (595 m, Bahnstation) südostwärts über die Dörfer Grangia, Campo del Carro, Scotto und Assiere nach Menolzio (728 m). Am Ortsausgang recht des Rio Corrente bergauf und später südwärts, meist durch Wald, zur Alpe di Toglie (1534 m). Zeit: 3½ Stunden. Aufstieg: 1050 m, Abstieg: 100 m. Karte: IGC Nr. 1 ‚Valli di Susa, Chisone e Germanasca'.

27. Etappe: Von der Alpe di Toglie nach Nordwesten, um den Monte Benedetto herum und südwärts zur Bergeria dell'Orsiera (1931 m). Teilweise steil aufwärts zum Colle dell'Orsiera (2595 m) und wieder bergab zum Weiler Puy (1616 m). Die Hänge querend nach Pequerel (1730 m) und immer westwärts, am Forte Serre Marie (1892 m) vorbei, auf die Weiden von Giordan. Über die große Alm Montagne d'Usseaux (1679 m) nach Usseaux (1416 m). Zeit: 8 Stunden. Aufstieg: 1300 m, Abstieg: 1200 m. Karte: IGC Nr. 1.

28. Etappe: Von Usseaux auf der Straße hinab ins Chisonetal und südwärts zum kleinen Dorf Laux (1350 m). Weiter talein im Valle dell'Albergian zum Colle dell'Albergian (Weg Nr. 314). Vom 2713 m hohen Paß südlich und später südostwärts über die Hochebene Pian di Fea Nera zu den Almen Lauson (2000 m), Ortiaré (1628 m) und Clot del Mian (1491 m) nach Balsiglia (1370 m) am Zusammenfluß der Bäche Pis und Ghinivert. Zeit: 7½ Stunden. Aufstieg: 1450 m, Abstieg: 1400 m. Karte: IGC Nr. 1.

29. Etappe: Von Balsiglia etwa einen Kilometer auf der Straße bergab bis zum Weiler Roccias. Weiter links am südlichen Talhang, einige Kleinsiedlungen streifend, nach Ciaberso (1200 m). Abwärts wieder zur Straße und über Campo la Salza nach Didiero (1210 m). Achtung! Dort neuer Posto Tappa „La Miando" (10 Plätze, R+E). Von Didiero alternativ: Alpe di Salza–Colle della Balma–Balma–Rodoretto. Sonst südostwärts bergauf zu den Jöchern Colletto delle Fontane (1572 m) und Colle di Serrevecchio (1707 m). Schließlich nach Serrevecchio selbst, ins Sommerdorf Bounous und zuletzt hinunter nach Rodoretto (1432 m, Waldensermuseum). Zeit: 4¾ Stunden: Aufstieg: 720 m, Abstieg: 660 m. Karte: IGC Nr. 1.

30. Etappe: Von Rodoretto westwärts zum nahen Weiler Ciai, wenig später hinunter ins Tal. Am Gegenhang südostwärts durch Wald zum Sattel Galmount (1678 m). Weiter auf der Höhe, allmählich absteigend, über Cugno (1485 m) nach Ghigo di Prali (1455 m, Waldensermuseum) im Germanascatal. Zeit: 2 Stunden. Aufstieg: 270 m, Abstieg: 250 m. Karte: IGC Nr. 1.

31. Etappe: Von Ghigo di Prali orographisch rechts des Torrente Germanasca auf der Straße in Richtung ‚Ribba'. Später links empor (Schotterweg, Nr. 207) zur Alm Miande Selle (1695 m) ins Vallone Clapou und auf den Colle Giulian (2451 m). Jenseits des Sattels abwärts zur Bergeria Giulian (2097 m), über den kleinen Paß Colletta delle Faure (2110 m) und an mehreren Almen vorbei nach Villanova (1223 m) im Pellicetal. Zeit: 7 Stunden. Aufstieg: 1070 m, Abstieg: 1300 m. Karte: IGC Nr. 1 und IGC Nr. 6 ‚Monviso'.

32. Etappe: Von Villanova auf einer Mulattiera taleinwärts, vorbei an den Grundmauern des Forte di Mirabouc (1422 m) und zum Wasserfall Cascata del Pis. Über die Ebene Pian d'ji Mort auf den Colle della Maddalena (1737 m) und zum CAI-Rifugio Willy Jervis am Beginn des Talkessels Conca del Prà. Diesen nach Süden querend zur Alpe Partia d'Amunt (1750 m) und in gleicher Richtung bergauf zum CAI-Rifugio Granero (2377 m). Zeit: 4 Stunden. Aufstieg: 1150 m. Karte: IGC Nr. 6.

33. Etappe: Vom CAI-Rifugio Granero im Anstieg rechts am Lago Lungo vorbei und hinauf zum Colle Seillière (2851 m). Bergab, das französische Refuge Mont Viso (2469 m) passierend, zum kleinen Lago Lestio (2508 m). Von dort über grobes Geröll zum Passo di Vallanta (2811 m). Danach abwärts (westlich direkter Weiterweg in Richtung Passo della Losetta/Chianale!) zu den Hütten Rif. Gagliardone und CAI-Rifugio Vallanta (2540 m). Zeit 6 Stunden. Aufstieg: 900 m, Abstieg: 850 m. Karte: IGC Nr. 6.

34. Etappe: Vom CAI-Rifugio Vallanta 100 Meter südwärts bergab und dann scharf nördlich aufwärts in Richtung Passo della Losetta (2872 m). Jenseits der Scharte hinab ins Vallone di Soustra zu den Almen Capanna della Losetta (2535 m) und Grange Bernard (2155 m). Beim Erreichen der Straße Chianale-Colle dell'Agnello am besten auf dieser hinunter ins Valle Varaita nach Chianale (1797 m). Zeit: 4¼ Stunden. Aufstieg: 650 m, Abstieg: 1100 m. Karte: IGC Nr. 6.

35. Etappe: Von Chianale auf der Fahrstraße talwärts zum Ortsteil Maddalena (1614 m) der Gemeinde Pontechianale. Hier südwärts bergauf zum Colletto della Battagliola (2260 m). Nun entweder Direktabstieg ins Bellinotal über die Almen Esperià und Dell'Alp oder auf einer Militärstraße zu den oberen Talorten Pleyne (1576 m) sowie Celle (1675 m) und anschließend zurück zum Posto Tappa nach Chiesa/Bellino (1480 m). Zeit 5–6 Stunden, je nach Route. Aufstieg: 800–900 m, Abstieg: 850–1000 m. Karte: IGC Nr. 6.

36. Etappe: Von Chiesa/Bellino zu Fuß oder per Bus talein bis Sant'Anna (1882 m). Dann über die Almen Prato Rui und Grangia Malbuiset (2020 m) sowie südwärts der Grangia dell'Autaret (2540 m) auf den Colle di Bellino (2804 m). Auf der anderen Jochseite steil südwestwärts bergab und – teilweise nur schwach markiert – wieder südwärts bis zum Fahrweg bei der Grangia Rivero (2082 m). Auf ihm und schließlich rechts (W) dieser kleinen Straße abwärts zum Posto Tappa ‚Campo Base'. Er liegt kurz vor Chiappera (1661 m) im obersten Mairatal. Zeit: 7 Stunden (mit Bus 5½). Aufstieg ohne Busbenützung: 1350 m. Abstieg: 1150 m. Karten: IGC Nr. 6 und 7 ‚Valli Maira, Grana, Stura'.

37. Etappe: Von Chiappera kurz die Straße bergab und dann höhengleich nach Süden zu den Maira-Quellen (1645 m) oberhalb von Saretto. Dort rechts – Weggabelung – bergan auf dem mit ‚S 14' bezeichneten Weg zum Lago d'Apzoi (2303 m) und weiter, zuletzt steil, auf den Colle d'Enchiausa (2740 m). Nun abwärts ins Vallone d'Enchiausa, vorbei an der Alm Grangia Gorra (1914 m), zu den Weilern Viviere (1713 m) sowie Pratorotondo (1689 m) und nach Chialvetta (1494 m). Zeit: 7½ Stunden. Aufstieg: 1250 m, Abstieg: 1400 m. Karte: IGC Nr. 7.

38. Etappe: Von Chialvetta bergauf nach Pratorotondo und Viviere. Dann auf dem Fahrweg bis vor die Alm Grangia Calandra (1955 m) und südwestwärts weiter zum Passo della Gardetta (2437 m). Hier rechts (westwärts) über eine alte Militärstraße auf den Passo della Roccia Brancia (2620 m). Von dort mit Hauptrichtung Süden (nicht immer gut markiert) durch den Weidekessel Fonda Oserot zum Ruinendorf Servagno (1736 m) und hinab ins oberste Valle Stura di Demonte. Schließlich auf der Staatsstraße 21 talwärts nach Pontebernardo (1322 m). Zeit: 6 Stunden. Aufstieg: 1150 m, Abstieg: 1300 m. Karte: IGC Nr. 7.

39. Etappe: Von Pontebernardo steil nach Westen am Hang empor zum Weiler Murenz (1567 m). Rechts an der Siedlung vorbei und weiterhin westwärts in Kehren zum Colletto sud dei Becchi Rossi (2235 m). Jenseits bergab ins Vallone di Forneris bis zum Punkt 1850 m, dann wieder aufwärts und südlich auf den Colle di Stau (2500 m). Dort in gleicher Richtung absteigend zum CAI-Rifugio Talarico (1750 m) bei Prati del Vallone (1712 m). Zeit: 8 Stunden. Aufstieg: 1550 m, Abstieg: 1150 m. Karte: IGC Nr. 7.

40. Etappe: Vom CAI-Rifugio Talarico/Prati del Vallone südostwärts über die Alm Grangia Scolettas (1979 m) zum Passo sottano di Scolettas (2223 m). Abstieg auf einer alten Militärstraße ins Vallone del Piz zur Alm Gias del Piz (2042 m). Dann nicht direkt zum meist verschlossenen Rifugio Zanotti (2200 m), sondern links (ostwärts) an ihm vorbei und auf den Passo di Rostagno (2536 m). Schließlich absteigend zum CAI-Rifugio Migliorero (2100 m) am Lago Ischiator inferiore. Zeit: 5½ Stunden. Aufstieg: 1000 m, Abstieg: 620 m. Karte: IGC Nr. 7.

41. Etappe: Vom CAI-Rifugio Migliorero südlich am See vorbei und dann nach Südosten aufwärts zum Passo di Laroussa (2471 m). Danach steil in vielen Serpentinen bergab zum Weiler San Bernolfo (1702 m, im Hochsommer kleines Restaurant; inzwischen wurde auch ein Posto Tappa eingerichtet). Nun auf einer alten Mulattiera abwärts und später die Fahrstraße entlang nach Strepeis (1281 m) im Vallone dei Bagni. Zeit: 4 Stunden. Aufstieg: 400 m, Abstieg: 1200 m. Karte: IGC Nr. 7.

42. Etappe: Von Strepeis unmittelbar auf die orographisch rechte Seite des Torrente Corburant und einen knappen Kilometer flußabwärts. Dann rechts (südsüdöstlich) ins Vallone d'Isciauda und in ihm bergauf bis zum Passo di Bravaria (2311 m). Nun zunächst höhenparallel nach Süden und später in leichtem Auf-Ab, am Laghetto del Lausarot vorbei, zum Kloster Sant'Anna di Vinadio (2010 m). Zeit: 4½ Stunden. Aufstieg: 1380 m, Abstieg: 350 m. Karte: IGC Nr. 7.

43. Etappe: Von Sant'Anna di Vinadio auf der Militärstraße südwärts bis zum Lago Colle di Sant'Anna (2150 m). An ihm vorbei und südostwärts hinauf zur Wasserscheide (Cima Moravacciera, 2378 m). Alsbald immer dem Kamm entlang bis zur Grenzstation am Colle della Lombarda (2351 m). Von dort, kurz auf der Asphaltstraße, nahezu höhenparallel zum Refuge La Grange (2234 m) über der Skistadt Isola 2000. Zeit: 4½ Stunden. Aufstieg: 475 m, Abstieg: 250 m. Karte: IGC Nr. 7.

44. Etappe: Vom Refuge La Grange in Hauptrichtung Osten zu den Lacs de Terres Rouges (ca. 2400 m). Dann im Bogen zum Felsspalt der Bassa del Druos (2628 m). Von dort über einen Militärweg und alte Jagdstraßen abwärts, am Lago di Valscura vorbei, bis auf die Hochebene Pian di Valasco mit dem früheren Königlichen Jagdhaus ‚Casa Reale di Caccia' (1762 m). Nun weiter bergab, einem kurvigen Sträßlein folgend, nach Terme di Valdieri (1368 m). Zeit: 5 Stunden. Aufstieg: 500 m, Abstieg: 1360 m. Karten: IGC Nr. 7 und 8 ‚Alpi Marìttime e Liguri'.

45. Etappe: Von Terme di Valdieri kurz nordostwärts und dann südostwärts bergauf im Vallone di Lourousa. Sanfte Kehren führen zur früheren Alm Gias Lagarot (1917 m), am Rifugio Morelli-Buzzi (2430 m) vorbei und auf den Colle del Chiapous (2526 m). Jenseits der Bresche abwärts zum Stausee Lago del Chiotas (2010 m), unterhalb der Mauer an dieser entlang und wieder ans Seeufer. Dort ostwärts empor zum Colle di Fenestrelle (2463 m) und danach in gemächlichem Abstieg über Wiesen zum CAI-Rifugio Ellena-Soria (1840 m) am Piano del Praiet. Zeit: 8½ Stunden (Zwischenstützpunkt ist das CAI-Rifugio Genova, 2020 m, am Chiotas-See). Aufstieg: 1670 m, Abstieg: 1320 m. Karte: IGC Nr. 8.

46. Etappe: Vom CAI-Rifugio Ellena-Soria im Vallone Gesso della Barra auf Karrenweg bergab nach San Giacomo di Entracque (1213 m). Dort zwei Möglichkeiten. 1.: Zu Fuß bzw. besser per Autostop bis Entracque (895 m, Läden und Bank) sowie anschließend über eine Fahrstraße südostwärts nach Trinità. 2.: Abwärts bis zum Nordende des Stausees Lago della Piastra (950 m), dort rechts – Brücke – und über die drei Weiler Tetti Ciambel (1154 m), Salmet, Tetti d'Ambrin (1173 m) sowie die Rippe Serrera dei Castagni (1241 m) querend nach Trinità (1096 m; dieser Weg ist mittlerweile stark zugewachsen). Zeit: Für letztere Route etwa 6 Stunden. Aufstieg: 600 m, Abstieg: 1300 m. Karte: IGC Nr. 8.

47. Etappe: Von Trinità ostwärts auf Almweg in Richtung Tetti Prer (1155 m), bald jedoch steil bergauf – teilweise einer kleinen Schlucht folgend – zum Colle della Garbella (2182 m). Auf dem Rücken Costa di Pianard nach Süden und, vor dem Monte Garbella nordöstlich absteigend, über die Alm Gias Garbella (1746 m) nach Palanfrè (1379 m). Zeit: 5½ Stunden. Aufstieg: 1100 m, Abstieg: 800 m. Karte: IGC Nr. 8.

48. Etappe: Von Palanfrè nordwärts auf Fahrweg und bald einem Pfad folgend ins Vallone degli Alberghi hinein. Über zwei Absätze zum Lago degli Alberghi (2038 m) und steil – unschwierige Kletterei – auf den Passo di Ciotto Mieu (2274 m). Jenseits dieses Einschnitts in gleicher Richtung östlich bergab und schließlich nordostwärts nach Limonetto (1294 m) bzw. zum Posto Tappa ‚La Cascata', einen Kilometer südsüdwestlich des Orts. Zeit: 5 Stunden. Aufstieg: 900 m, Abstieg: 1000 m. Karte: IGC Nr. 8

49. Etappe: Von Limonetto (‚La Cascata') südostwärts auf altem Saumpfad empor zum Colle di Tenda (1871 m). Von dort aus immer ostwärts auf dem Grenzkamm bis zur Cima del Becco (2300 m) und dann in Hauptrichtung Nordnordosten – stets ziemlich höhengleich – zur Capanna Morgantini am Joch der Colla Piana (2218 m). Nun abwärts in der großen Karstmulde Conca delle Càrsene zur Alm Gias dell'Ortica (1836 m). Dann ostwärts auf den Passo del Duca (1989 m) sowie bergab ins Vallone del Marguareis und wieder aufwärts zum CAI-Rifugio Garelli (1990 m, neu erbaut, mit 94 Plätzen und offenem Winterraum). Danach noch einmal ostwärts empor und über die Porta Sestrera (2225 m) hinunter zum CAI-Rifugio Mondovì (1761 m) unter den Rocche Biecai. Zeit: 10½ Stunden. Aufstieg: 1850 m, Abstieg: 1400 m. Karte: IGC Nr. 8.

50. Etappe: Vom CAI-Rifugio Mondovì, vorbei an der Alm Gias Pra Canton 1764 m), in Hauptrichtung Süden mäßig ansteigend zum Passo delle Saline (2174 m). Jenseits des Sattels südwärts bergab durch das sich schluchtartig verengende Vallone delle Saline. Ein kleines Rifugio (Ciarlo-Bossi) sowie den Weiler Tetti delle Donzelle passierend nach Carnino inferiore (1392 m). Von dort aus im hintersten Tánarotal (Valle Negrone) über eine Asphaltstraße und durch die Schlucht Gola delle Fascette bis Úpega (1336 m). Zeit: 4 Stunden. Aufstieg: 400 m, Abstieg: 850 m. Karte: IGC Nr. 8.

Unterkünfte (Posti Tappa)

Abkürzungen: K = Kochen, R = Restaurant/Essen, E = Einkaufen, B = Bank/Geldwechsel, P = Post, () = eingeschränkt.

1. Alpe del Lago (1545 m): 8 Plätze, offen, unbewirtschaftet, oder Alpe Pian Lago (1743 m, 6 Plätze, K, ohne Decken).

2. Campello Monti (1305 m): 14 Plätze, Schlüssel in der ‚Locanda Vetta del Capezzone', R + E. Jetzt auch Dusche!

3. Rimella (1181 m): Unterkunft, 13 Plätze, im ‚Ristorante Fontana', R + E.

4. Santa Maria di Fobello (1094 m): Bis zu 16 Plätze, Unterkunft bei und in der ‚Trattoria Rododendro', R.

5. Carcóforo (1305 m): 8 Plätze, Schlüssel bei Pia Dellavedova; Dusche, R + E.

6. Rima (1411 m): 8 Plätze, Dusche, Unterkunft in der Casa del Parco Naturale Alta Valsesia, Schlüssel bei Mattia Sandrini; K + R (neu).

7. Sant'Antonio (1381 m): 16–20 Plätze, Dusche, Unterkunft im ‚Rifugio Valle Vogna', R. (E, B + P in Alagna).

8. CAI-Rifugio Rivetti (2201 m): 60 Plätze + Winterraum (8), R. E in Piedicavallo.

9. San Giovanni d'Andorno (1020 m): 25 Plätze, Unterkunft im Kloster, R.

10. Oropa (1180 m): 200 Plätze, Unterkunft im Kloster (Foresteria del Santuario), R + E + P.

11. CAI-Rifugio Coda (2280 m): 42 Plätze + Winterraum (8), R.

12. Maletto (1336 m): 8 Plätze, Dusche, Unterkunft in der ‚Locanda Alpe Maletto', R. (Alberghi, E + P in Quincinetto).

13. Rifugio Chiaromonte (2025 m): 18 Plätze, R, oder Rif. Balma Bianca, Traversella (24 Plätze), R.

14. Fondo (1074 m): 5 Betten in der ‚Trattoria del Ponte', neuer Posto Tappa in Succinto (15 Plätze, K + E).

15. Piamprato (1551 m): 8 Plätze, Unterkunft in der alten Schule, Schlüssel bei Carlo Ughetti, K.

16. Ronco Canavese (956 m): Unterkunft im ‚Albergo Centrale', R + E.

17. Talosio (1225 m): 12 Plätze, Schlüssel in der ‚Trattoria da Bertu', R + E. Dusche und Toilette (neu).

18. San Lorenzo (1045 m): 12 Plätze, Schlüssel (und Dusche) in der ‚Trattoria degli Amici', R + E.

19. Ceresole (1500 m): 12 Plätze, Dusche, Unterkunft in der Pizzeria ‚Fonti Minerali' (Ortsteil Prese), R + K + E. (Albergo und E auch vorher in Noasca).

20. Pialpetta (1069 m): 18 Plätze, Schlüssel im ‚Ristorante Setugrino', K + R + E.

21. Balme (1432 m): 18 Plätze, Schlüssel bei Stefano Bricco, K + R + E.

22. Usseglio (1265 m): 18 Plätze, Unterkunft im ‚Albergo Grand'Usseglio' (Ortsteil Cortevicio), R + E.

23. Malciaussià (1805 m): 47 Plätze, Unterkunft im privaten ‚Rifugio Vulpot', R.

24. Il Truc (1706 m): 20 Plätze, Unterkunft in der ‚Trattoria Il Truc', R. (Bei Rocciamelone-Besteigung: Rifugio Cà d'Asti, 2854 m.)

25. Susa (500 m): Unterkunft in Alberghi und Hotels, R + E + B + P.

26. Alpe di Toglie (1534 m): 14 Plätze, Unterkunft im Almgebäude, Dusche + K.

27. Usseaux (1416 m): 18 Plätze, Dusche, Unterkunft bei Anna Jahier, R (+ E).

28. Balsiglia (1370 m): 10 Plätze, Dusche, Unterkunft in der alten Waldenserschule, Schlüssel beim Restaurant erfragen (neu). K + R.

29. Rodoretto (1432 m): 16 Plätze, Dusche, Unterkunft bei Anna Cianalino, K + (E). Neu: R.

30. Ghigo di Prali (1455 m): 15 Plätze, Unterkunft im ‚Albergo delle Alpi'; Dusche, R + E + P.

31. Villanova (1223 m): 20 Plätze, Schlüssel in der ‚Trattoria Villanova', R.

32. CAI-Rifugi Granero (2377 m): 70 Plätze, R.

33. CAI-Rifugio Vallanta (2450 m): 84 Plätze + Winterraum; Dusche, R.

34. Chianale (1797 m): 28 Plätze, Schlüssel im ‚Albergo Laghi Bleu', R + E.

35. Chiesa/Bellino (1480 m): 16 Plätze, Unterkunft in der ‚Trattoria del Pelvo'; Dusche, R + E.

36. Chiappera (1661 m): 12 Plätze, Dusche, Unterkunft im ‚Campo Base' nördlich des Orts. K + R + E + (B).

37. Chialvetta (1494 m): 10 Plätze, Dusche, Unterkunft in der ‚Osteria della Gardetta', R.

38. Pontebernardo (1322 m): 20 Plätze, Dusche, Schlüssel in der ‚Pensione Barricate', K + R.

39. CAI-Rifugio Talarico (1750 m): 14 Plätze, Selbstversorgerhütte mit K; R + (E) in der nahen Ferienkolonie Prati del Vallone bei ‚Zio John'.

40. CAI-Rifugio Migliorero (2100 m): 95 Plätze + Winterraum (8); K + (R).

41. Strepeis (1281 m): 18 Plätze, Dusche, Schlüssel im ‚Albergo Strepeis', R. (E im Nachbardorf Bagni di Vinadio).

42. Sant'Anna di Vinadio (2010 m): 20 Plätze, Dusche, Unterkunft im Kloster (Pensionato delle Suore), K + R.

43. Refuge La Grange (2234 m): 20 Plätze, R + (E).

44. Terme di Valdieri (1368 m): 12 Plätze, Unterkunft über der ‚Bar Savoia' des Kurhotels, R.

45. CAI-Rifugio Ellena-Soria (1840 m): 81 Plätze + Winterraum (10), Dusche + R.

46. Trinità (1096 m): 30 Plätze, Dusche, Unterkunft in der Casa del Parco Naturale, R. (E + B + P im nahen Entracque).

47. Palanfrè (1379 m): 16 Plätze in der ‚Riserva Naturale' und bei Signora Giordano.

48. Limonetto (1294 m): 10 Plätze, Unterkunft im Ristorante ‚La Cascata' 1 km vorm Ort, R. (E in Limonetto, E + R + B + P in Limone).

49. CAI-Rifugio Mondovì (1761 m): 43 Plätze + R. (Übernachtung auch vorher im erneuerten CAI-Rifugio Garelli, 1990 m, 94 Plätze, Dusche + Winterraum.)

50. Úpega (1336 m): Unterkunft im ‚Albergo Edelweiss'; 18 Betten, R + E.

Anmerkungen

Vorwort

[1] Oppenheim, Roy: Die Entdeckung der Alpen, Frauenfeld 1974, S. 12.
[2] Bätzing, Werner: Die Alpen. Naturbearbeitung und Umweltzerstörung. Frankfurt 1988 (Neuauflage: München 1991), S. 52 ff.

Einführung

[1] Bätzing, W.: Die GTA. Der große Weitwanderung durch die Piemontesischen Alpen, Teil 1 (= GTA 1). Friedberg 1986 (3. Auflage Oldenburg 1994), S. 91 f.

Etappe 1

[1] Mani, Barbla u. a.: Saumpfad-Wanderungen in den Schweizer Alpen. Zürich 1982, S. 100. (Mulera oder Molera steht in dieser alten Form für „Fels". Also: Piedimulera = am Fuß des Felsens.)
[2] Reinhard, Raphael: Pässe und Straßen in den Schweizer Alpen, Luzern 1903, S. 84. Eine andere Deutung gibt Albert Schott (siehe 6): Er leitet den Namen ab vom keltischen *mar* oder *mor* = groß, was den Monte Moro als ‚Großen Berg' charakterisieren würde.
[3] Brockedon, William: Journals of Excursions in the Alps, the Pennine, Graian, Cottian, Rhetian, Lepontine and Bernese. London 1833, S. 261. Brockedon (1787–1854) war Uhrmacher, Zeichner und Erfinder. Zwischen 1825 und 1829 überquerte er die Alpen auf 40 Paßrouten und veröffentlichte dann ein Bildwerk mit 109 Stahlstichen: ‚Illustrations of the Passes of the Alps' (1827/29).
[4] Murray, John: A Handbook for Travellers in Switzerland and the Alps of Savoy and Piedmont. London 1858, S. 289.
[5] Imesch, Ludwig: Geschichte der Walser. Brig 1977, S. 23.
[6] Schott, Albert: Die deutschen Colonien in Piemont. Ihr Land, ihre Mundart und Herkunft. Stuttgart 1842, S. 74. Schott (1814–1874) war unter anderem als Deutschlehrer an einem Gymnasium in Zürich tätig und befaßte sich intensiv mit den Walsern.
[7] Brockedon, S. 257.
[8] Bätzing, W.: Die GTA. Grande Traversata delle Alpi, Teil 2 (= GTA 2). Oldenburg 1989 (3. Auflage 1995), S. 56. 1991 war die sechs Jahre zuvor verwüstete Hütte noch nicht instandgesetzt, inzwischen ist sie notdürftig repariert. Ausweichquartier: Alpe Pian Lago (1743 m).

Etappe 2

[1] GTA 1, S. 52. Balm, die vor allem in der Schweiz gebräuchliche Bezeichnung für das französische Wort *abri* (Obdach), weist auf die natürlichen Schutz bietenden Nischen unter Felsüberhängen hin. Sie wurden hauptsächlich während der Steinzeit als Rast- und Wohnplätze benutzt. Vgl. auch
[2] Hubatschek, Erika: Bauernwerk in den Bergen. Innsbruck 1987, S. 38.
[3] Zu Campello Monti finden sich noch mehr Angaben in einem interessanten Wanderbuch, nämlich: Wanner, Kurt: Unterwegs auf Walserpfaden. Chur 1989 (3. Auflage 1993), S. 70 f. In diesem von der Walservereinigung Graubünden herausgegebenen Handbuch werden auch alle weiteren Paßübergänge beschrieben, die Teil der Walsergeschichte sind und sich mit dem Wegverlauf der GTA dekken. Andere Kapitel führen zu früheren Walserwegen in Graubünden und Vorarlberg.

Ettape 3

[1] King Samuel William: The Italian Valleys of the Pennine Alps. London 1858, S. 480. King (1821–1868) war Geologe, Botaniker und Insektenkundler. Er bereiste 1855, zusammen mit seiner Frau, das Gebiet südlich des Monte Rosa.
[2] Rizzi, Enrico: Walser. Die Besiedler des Gebirges. Novara 1981, S. 71.
[3] Zinsli, Paul: Walser Volkstum in der Schweiz, in Vorarlberg, Liechtenstein und Piemont. Frauenfeld 1969 (6. Auflage 1991), S. 276. „Das junge Volk will nicht mehr deutsch reden – eine Sünde! Bald geht die deutsche Sprache verloren." (Zitiert nach Balmer, Emil: Die Walser im Piemont. Bern 1949.)
[4] Ebd. S. 269. Im Jahr 1831 zählte die alte Walsergemeinde Rimella 1279 Bewohner. Um 1923 lebten dort 1000 Menschen, gegenwärtig sind es noch etwa 300. Das Problem der Abwanderung ist nicht auf deutschstämmige Piemonteser begrenzt, denn seit der Jahrhundertwende ziehen auch italienische Bauern aus der Bergregion in tiefere Lagen.
[5] King, S. 481 f.
[6] Rizzi, S. 69. Neuerdings wurde eine kleine Stichstraße in Richtung San Gottardo gebaut. Sie kommt vor allem den noch 20 überwinternden Bewohnern zugute, reißt aber gleichzeitig das Bergdorf aus seinem Märchenschlaf.
[7] Halbfass, Wilhelm: Rima und Rimella, zwei deutsche Sprachinseln in Piemont. Mitteilungen des Deutschen und Österreichischen Alpenvereins Nr. 4. Berlin 1894, S. 41.
[8] „Rastplatz der Toten von Campello, die bis zum 21. April 1551 (Anm. d. Verf.: kurz bevor in Campello Monti ein eigener Begräbnisplatz angelegt war) nach Rimella überführt wurden. Ruhet in Frieden." Die *pose dei morti*, eigentlich: Raststellen für Leichenträger, hießen auf walserdeutsch *Zer Raschte der Töötu*.
[9] Schott, S. 82.
[10] Ebd. S. 80 f.

Etappe 4

[1] Schott, S. 80.
[2] GTA 1, S. 37. Im piemontesischen Alpenraum war bis vor wenigen Jahrzehnten das direkte menschliche Zusammenwirken unverzichtbar. Was sämtlichen Dorfbewohnern diente, wurde kollektiv angepackt: Wege-, Brunnen-, Schulhaus- oder Backofenbau, die Beseitigung von Lawinenschäden und sogar die Freizeitgestaltung. Diese Gemeinschaft (*roide*, im Umfeld des Aostatals *corvée*) wird auch dokumentiert durch dicht an dicht gebaute romanische Haufendörfer – im Gegensatz zu den lockeren germanischen Streusiedlungen.
[3] Waldburger, Paul: Die Walser am Monte Rosa. Lahr 1958, S. 133.
[4] Horace Bénédict de Saussure (1740–1799), Genfer Naturforscher, bezeichnete 1789 die Dörfer der Südwalser als „espèce de garde allemande ... autor du pied du Monte-Rosa". Saussure hatte zwei Jahre zuvor den Montblanc als Dritter bestiegen und ihn, nach barometrischer Messung, zum höchsten Berg Europas erklärt.

Etappe 5

[1] So der Titel einer eindrucksvoll bebilderten Publikation über Dörfer und traditionelles Bauernleben im Bereich des Aostatals: Bini, Gianfranco und Bechaz, Sandrino: Dort oben die Letzten. Mailand 1980.
[2] Begriff aus der Orohydrographie (Gebirgs- und Wasserlaufbeschreibung) = die Geländegestalt betreffend. Hier: bei talwärts gewandtem Gesicht, in Fließrichtung des Wassers (Gegensatz: links/rechts im Sinne des Aufstiegs).
[3] Murray, S. 281.
[4] Schott, S. 78.
[5] King, S. 410.
[6] Imesch, S. 84.

Etappe 6

[1] Kreis, Hans: Die Walser. Bern/München 1958, S. 45.
[2] King, S. 402.
[3] Schott, S. 51.
[4] Halbfass, S. 42.
[5] King, S. 398.

[6] Zinsli, S. 272. Eine Walserfrau weckt morgens die Mädchen im Haus: „Liebe Töchter, da kommt der Schnee. Steht auf! Bahnt den Weg! ... Er kommt wieder ... “

Etappe 7

[1] King, S. 399 f.
[2] Zinsli, S. 272.
[3] Halbfass, S. 42 f. Piaru (Pietro) Axerio gehörte zur Zunft der Stukkateure und Hersteller von Kunstmarmor. Das letzte Verfahren soll in Rima durch die Familien Viotti/Axerio entwickelt und vor allem in Deutschland erfolgreich eingesetzt worden sein: Piaru Axerio arbeitete unter anderem in den bayerischen Königsschlössern Neuschwanstein und Herrenchiemsee, er wurde wohlhabend und galt als heimlicher Millionär. Der spätere Mundartdichter förderte den lokalen Straßenbau, schenkte seinem Dorf eine Wasserversorgung und starb 1905. Sein Grabkreuz trägt die Worte „Liabun Briadro hobat Vreda ...“ (Haltet Frieden, liebe Brüder).
[4] Ebd. S. 43.
[5] Schott, S. 41.
[6] Zinsli, S. 273.
[7] Bätzing: Die Alpen, S. 12 f. Je höher gelegen die Almen, desto höher ist auch der Protein- und Fettgehalt ihrer Pflanzen – das Almvieh verdaut sie besser und bleibt gesünder. Eine alte Bergbauernregel besagt: Zuoberst im Gebirge schmeckt das Gras so würzig, daß es der Senn am liebsten selbst essen würde.
[8] Schott, S. 53.
[9] King, S. 367. „Der ‚Gasthof Monte Rosa‘“, schreibt Samuel King 1855, „gewährte bessere Unterkunft als wir erwartet hatten. Der Wirt war sehr aufmerksam, wir fanden Speisesaal und Schlafraum gut und einfach möbliert – obwohl der letztere äußerst schmutzig war: er hatte im Winter als Ziegenstall gedient.“

Etappe 8

[1] Bellosta, Sergio und Roberto: Valle Vogna. Censimento delle case di legno (= Bestandsaufnahme der Holzhäuser). Gozzano 1988. Eine sorgfältige Inventarisierung, die Interesse wecken kann für das bisher noch nicht vom Massentourismus überrollte Vognatal.
[2] Dieses private Volkskundemuseum von Carlo Locca ist nur sonntags geöffnet. Es ergänzt das bereits genannte Walsermuseum Alagna-Pedemonte.
[3] Imesch, S. 93. Ähnliche Lauben waren früher stellenweise auch in Südtirol verbreitet (zum Beispiel im Grödner Tal). Vgl. Menara, Hanspaul: Südtiroler Urwege, Bozen 1984, S. 145.
[4] Bellosta, S. 125.
[5] Wanner, S. 33. Clerino war 23 Jahre lang Wärter der – auf Veranlassung des Domherrn Nicolao Sottile – 1822 erbauten Schutzhütte am Colle Valdobbia. Seine Frau und acht Kinder lebten im Weiler Montata über Peccia. Giacomo schrieb als alter Mann einen Lebensbericht. Er verunglückte tödlich im Winter 1870 während des Versuchs, Paßgängern den Weg zum Colle zu weisen.
[6] Bellosta, S. 131 ff.

Etappe 9

[1] Grande Traversata delle Alpi (GTA). Nuovi sentieri da Quincinetto alla Valle Anzasca. Ivrea 1983, S. 128.
[2] GTA 1, S. 60.
[3] Ende August kehren die Ordensfrauen ins Mutterhaus zurück, der Posto Tappa von San Giovanni bleibt aber bis zum Ende der Wandersaison geöffnet.

Etappe 10

[1] Durch Menschenhand in Felsen gegrabene Vertiefungen (Näpfchen) sind auf der ganzen Erde bekannt. Genaue Entstehungsart und Zweck dieser sogenannten Schalensteine sind noch nicht endgültig geklärt. Sie werden von vielen Archäologen mit vorchristlichen Kulthandlungen in Verbindung gebracht.
[2] Zürcher, Richard: Piemont und Aostatal. München 1976, S. 201. Die Neue Kirche (Zürcher: „... ein unfertiges Provisorium, vom übrigen Komplex merkwürdig abgesondert“) wurde nach alten Plänen Ignazio Galletis (1775) erbaut, 1939 verändert und erst 1960 geweiht. Sie steht im Schatten der vergleichsweise kleinen, von 1600 bis 1606 errichteten frühbarocken Basilika. Dieser kreuzförmige Bau im oberen Hof des Santuario umschließt eine romanische Kapelle mit der als wundertätig verehrten ‚Madonna d'Oropa‘. Ihr Zirbelholzbild soll vom Evangelisten Lukas geschnitzt worden sein. Es stammt jedoch aus dem 13. Jahrhundert – womit sich die angeblich durch den Heiligen Eusebius von Vercelli (369) geschaffene Kapelle als Objekt der Legende erweist.

Etappe 11

[1] „Mein Weg ist mein Ziel“ heißt ein vom Zen-Buddhismus stammender Satz aus dem Werk des Alpinschriftstellers Henry Hoek (1878–1951). Dieses Bekenntnis wurde, genau genommen, erst in unserer Zeit populär: zitiert und praktiziert vor allem durch den Südtiroler Bergsteiger Reinhold Messner (*1944), der dem Alpinismus – in Verbindung mit extremen eigenen Leistungen – viele spielerische Elemente abgewinnt.
[2] Hoek, Henry: Wege und Weggenossen. München 1919, S. 4.

Etappe 12

[1] Die italienischen GTA-Führer beschreiben (anders als der zweigeteilte deutsche Gebietsführer von Werner Bätzing) den Weg von Süd nach Nord. Deshalb laufen Italiener und deutschsprachige Wanderer die Route selten parallel. Ein minimaler ‚Gegenverkehr‘ ist also typisch für die *Grande Traversata*.
[2] Die Schnalser Bauern in Südtirol, zum Beispiel, haben seit wenigstens 600 Jahren Weiderecht im Rofental bei Vent jenseits der italienisch-österreichischen Grenze. Sie treiben heute noch Sommer für Sommer ihre Schafe (derzeit etwa 4000 Tiere) nach Norden über die vergletscherten Paßübergänge des Hoch- und Niederjochs. Vgl.: Das Venter Tal (Hrsg. Deutscher Alpenverein, Sektion Brandenburg). München 1939, S. 85.
[3] Hubatschek, S. 99. Diese um eine Stange herum kegelförmig gestapelten Heutristen sind unter anderem auch in Tirol bekannt.
[4] GTA l, S. 29 f. Äcker, Wiesen, Waldstücke und sogar Häuser wurden im piemontesischen Bergland seit Jahrhunderten durchs traditionelle Erbrecht der Realteilung auseinandergerissen: Jedes Kind erhielt die gleiche Menge vom Elternbesitz. Das Eigentum bisher noch angestammt siedelnder Bauernfamilien ist daher mittlerweile völlig zersplittert (die vermessenen Fluren sind oft kleiner als zehn Quadratmeter). Es zu bewirtschaften erfordert großen Aufwand. Die äußerst komplizierte Besitzstruktur läßt sich so gut wie nicht reformieren und blockiert somit dringend fällige Wirtschaftsreformen. Unterdessen verarmen die Bergbauern noch mehr und wandern weiter ab.
[5] Lukan, Karl: Alpenspaziergang. München 1988, S. 142. Der Autor und dessen Frau Fritzi bummelten 1984 in fünfeinhalb Monaten von Wien nach Nizza, sie benutzten zeitweise auch die GTA. Karl Lukan schreibt: „Dämonenköpfe an Kirchen sind keine Seltenheit. Untersuchungen in den letzten Jahrzehnten ergaben, daß sich solche Steinköpfe vor allem an Kirchen in Gebieten befinden, in denen einst Keltensiedlungen bestanden.“ Dies als historisch richtig vorausgesetzt, wäre Maletto im ersten Jahrtausend v. Chr. durch keltisch-ligurische Stämme gegründet worden.

Etappe 13

[1] Dort wird ein exklusiver Wein gekeltert: Carema D.O.C. aus der bereits erwähnten Nebbiolo-Traube.
[2] Es ist ratsam, bei Erreichen der Asphaltstraße Maletto–Carema im unteren Teil nicht durch die Rebfelder bis zum Dorf zu laufen, sondern links den GTA-Markierungen zu folgen. Sie führen im Bogen nach Airale und Quincinetto, was den lästigen Talhatsch vermeidet.
[3] Die Einheimischen, manchmal zurückhaltend aber so gut wie immer freundlich zur

Hilfe bereit, können oft nur vage Auskünfte geben. So geschehen auch in Quincinetto, wo der markierte Steinplattenweg nach Praiale (512 m) und Scalaro am Nordwestrand des Ortes beginnt (vom Kirchplatz aus über die Straßen Via Marconi/Via C. Alberto).

[4] GTA 1, S. 37. Sie wurden ganzjährig von den Eseln gezogen. Das gleiche Transportsystem war früher auch auf der Atlantikinsel Madeira im Einsatz.

[5] Ebd. S. 36. Die Reben ranken sich hier an der *pergola* entlang: waagerechten Holzgestellen, die meist durch Steinpfosten gestützt werden.

[6] Statt die Route Scalaro–Chiaromonte zu gehen, kann auch der alte Paßweg über den Pian del Gallo (1802 m) nach Traversella benutzt werden. Dort gibt es ebenfalls einen Posto Tappa (Rif. Balma Bianca; das Rifugio Chiaromonte ist seit Sommer 1992 geschlossen!). Der nächste Abschnitt nach Succinto und Fondo im hinteren Val Chiusella wäre dann über den „Sentiero delle anime" zu gehen.

Etappe 14

[1] Ausilio Priuli, Archäologe aus dem norditalienischen Val Camonica, ordnet solche schematisierte Menschendarstellungen der Jungsteinzeit zu (südeuropäisches Neolithikum, etwa 5000 bis 2000 v. Chr.). Er nennt die Äußerungen prähistorischer Kunst „eine besondere, vielleicht höchste Form von Gebet; die beste Weise, die Natur zu verehren und gleichzeitig sich der göttlichen Gunst zu versichern." Vgl. Priuli, Ausilio: Felszeichnungen in den Alpen. Zürich 1984, S. XII.

[2] Zwei oder drei Leute überwintern noch in Succinto, wahrscheinlich wird auch das bald Vergangenheit sein. Hintergrund ist der nicht nur im Val Chiusella dramatische Bevölkerungsrückgang (allein zwischen 1861 und 1971 von 13900 auf 6365 Menschen = 54 Prozent. Vgl. Bätzing, W.: Entwicklungsprobleme strukturschwacher Alpenregionen. Zürich 1990, S. 22. (Anm.: Neuerdings wurde in Succinto ein Posto Tappa samt Kochstelle eingerichtet. Auch Lebensmittel werden verkauft. Der P. T. von Fondo ist nur noch beschränkt verfügbar.)

[3] GTA 1, S. 65. Seit dem Mittelalter und bis zum 19. Jahrhundert wurden in den Alpen gewölbte Steinbrücken erbaut. Sie sind leicht mit jenen aus der Römerzeit zu verwechseln. Es gibt jedoch ein Unterscheidungsmerkmal: Über römische Brücken verläuft der Weg nie im oft steilen An- und Abstieg, sondern grundsätzlich eben.

[4] Ebd. S. 66.

[5] Wegmarkierungen und Übernachtungsplätze sind immer so gut wie das Engagement der GTA-Betreuer in den einzelnen Dörfern (wobei Fondo insgesamt positiv abschneidet – wenn auch jetzt der Posto Tappa nach Succinto ‚vorverlegt' wurde). Zudem wird die *Grande Traversata delle Alpi* durch die Provinzen Novara und Vercelli finanziell unterstützt, was zusätzliche Probleme schafft (siehe Nachwort).

Etappe 15

[1] Andersch, Alfred: Wanderungen im Norden. Olten 1962, S. 218.

[2] Bätzing, W.: Die Alpen im Europa der neunziger Jahre. Neue Zürcher Zeitung Nr. 126/1990. Der Geograph schreibt in diesem Aufsatz: „In den strukturschwachen Alpenregionen reagieren die Menschen oft mit einer totalen Abwehr aller modernen Werte und Erneuerungen (‚kulturelle Erstarrung') ..., geht die Kraft zur konstruktiven Gestaltung der eigenen Gemeinde allmählich verloren."

[3] Grande Traversata delle Alpi (GTA). Percorso e Posti Tappa dalla Valle del Po alla Dora Baltea (= GTA Valle del Po–Dora Baltea). Torino 1981, S. 118.

[4] Ebd. S. 116. In diesem Ort lebten sogar um 1930 noch fast 400 Einwohner.

Etappe 16

[1] „Grüße aus Piamprato. Wir haben eure Karte erhalten. Auf Wiedersehen bis zum nächsten Jahr. Carlo und Emma von der GTA."

[2] GTA Valle del Po–Dora Baltea, S. 114 f.

Etappe 17

[1] Der Straßenbau als Januskopf: Ohne ihn wären inzwischen viele hochgelegene Siedlungen und Höfe verlassen, doch er bahnt auch mittel- oder langfristig zerstörerischen ‚Erschließungsmaßnahmen' den Weg. Vgl. Gorfer, Aldo: Die Erben der Einsamkeit. Trient 1978, S. 26 ff.

[2] GTA 1, S. 68.

[3] „Man ißt (dort) gut, und es kostet wenig."

Etappe 18

[1] Ähnliche Gravuren, sogenannte Labyrinthe, wurden 1965 auf verschiedenen Steinen bei Sils/Carschenna in Graubünden entdeckt und der Eisenzeit (nach 800 v. Chr.) zugeordnet. Vgl. Kühn, Herbert: Die Felsbilder Europas. Stuttgart 1971, S. 104.

[2] Dieser 1860 erstmals bestiegene Berg (durch die Führer M. Payot und J. Tairraz aus Chamonix mit den Engländern J. J. Cowell und W. Dundas) ist der einzige ganz auf italienischem Staatsgebiet liegende Viertausender.

[3] Stephen, Leslie: Der Spielplatz Europas. Zürich 1942. Der englische Alpinist und Theologe (1832–1904) erstieg unter anderem als Erster im Wallis das Rimpfischhorn, den Alphubel und das Zinalrothorn. Stephens 1894 veröffentlichtes Buch ‚The Playground of Europe' war jahrzehntelang ein Bestseller. Sein Titel klingt heute, vorm Hintergrund der touristischen Massenentwicklung, geradezu visionär.

[4] GTA 1, S. 69. Die ENEL hat sich seit den sechziger Jahren auf ähnliche Weise in den zentralen Seealpen engagiert (siehe Etappe 45). Sie ist dort beim Club Alpino Italiano (CAI) und anderen Naturschützern auf heftigen Widerstand gestoßen. In den Lanzotälern Val di Ala und Val Grande sollen nun (für umgerechnet 450 Millionen Mark Baukosten) zwei Wasserkraftwerke angelegt werden – wogegen sich die betroffenen Comunità montane und Bürgermeister wehren: sie befürchten irreparable ökologische Schäden und negative touristische Folgen. Die Region Piemont hat das ENEL-Projekt daraufhin vorläufig gestoppt (Quelle: Rivista della Montagna Nr. 155/1993); wie der Kampf endet, ist offen.

[5] Grassi, Gian Carlo: Gran Paradiso. Pforzheim 1984, S. 10.

[6] Siehe auch die Etappen 2 und 6 sowie die Ortsbezeichnung ‚Balme' (Etappen 21/22).

Etappe 19

[1] Murray, S. 334. „... wenig Brot und tiefe Tasche", das heißt: knappe Kost zum hohen Preis. Kein Regelfall auf der heutigen GTA, aber nicht ausgeschlossen (vgl. die Etappen 24 und 34).

[2] GTA Valle del Po-Dora Baltea, S. 106.

[3] Ebd. S. 105.

Etappe 20

[1] Grassi, S. 7 f.

[2] GTA Valle del Po-Dora Baltea, S. 104. Der Kirchturm von Groscavallo (1106 m) ist heute noch mit Brettern gesichert – freilich nur auf jener Seite des Glockenstuhls, die nach Ceresole zeigt. Nie wieder, so das demonstrative Signal, sollen Glockendiebe aus dem Nachbartal ein Chance haben ...

[3] Mit dem Colle della Crocetta hat die GTA-Nordroute ihren höchsten Punkt hinter sich. Nur im Südteil übersteigt der von uns gewählte Kurs viermal die 2800-Meter-Marke.

[4] Ein im Gebirge eher seltener, poetischer Name. Er verkörpert den Sonnenaufgang und die Symbolkraft des Morgens.

[5] GTA 1, S. 41. Im Gias, wohl einer Art Pferch, wurde einst während der Nacht auf den Almen das Vieh gehalten. Andere vorrömische Namen haben überlebt in den Bezeichnungen Úia (für Felsgipfel), Lei/Lè (See), Stura (Fluß) oder Pis/Pissai (Wasserfall).

Etappe 21

[1] Zwei Merksätze des englischen Alpinisten, Malers und Matterhorn-Erstbesteigers Edward Whymper (1840–1911) aus dessen Standardwerk ‚Scrambles amongst the Alps'. Zitiert nach der bereits klassischen Biographie von Smythe, Frank: Edward Whymper. Bern 1940, S. 208.

[2] GTA Valle del Po-Dora Baltea, S. 102 und GTA 1, S. 44 f. Der von Savoyen-Piemont konsequent geförderte Eisen-, Silber- und Kobaltabbau lockte auch Bergleute aus dem Monte-Rosa-Gebiet in die Lanzotäler. Unter ihnen waren mit einiger Sicherheit deutschsprachige Walser, deren Existenz an Häusern (Blockbaudetails) und durch lokal eigentümliche Dialektwörter (z. B. Firsta = First oder Trapa = Treppe) nach wie vor deutlich wird. Vgl. das Dorf San Bernolfo im alpinen Hinterland der Provinz Cúneo (Etappe 41).

[3] GTA 1, S. 45. Der Schmuggel, vor allem während des 18. und 19. Jahrhunderts, wurde begünstigt durch unterschiedliche Steuern im damaligen Königreich Sardinien-Piemont. Daß noch heute angeblich Schaf- oder Rinderherden illegal über die italienisch-französische Staatsgrenze getrieben werden, mag eher kurios als finanziell lohnend sein.

[4] Sogenannter Eisenkies, der dort bis zum Ende des 17. Jahrhunderts im Tagebau gewonnen wurde.

[5] „Schön gelegene Häusergruppe mit Terrassen und Veranden." So beschreibt ein Werbetext von 1934 das damals erste Hotel am Platz (70 Zimmer, 100 Betten, „während des Sommers Gesellschaftsabende und Tanz").

Etappe 22

[1] Streng genommen ist auch die italienische GTA nichts als ein Duplikat ihres französischen Vorbilds (siehe Einführung). Doch dieser Weg weist so viele gut erhaltene Dokumente traditioneller Bergbauernkultur auf, daß er allein schon deshalb in den Alpen kein vergleichbares Gegenstück hat.

[2] Ursprünglich: I Fabbri (= die Schmiedeleute), was auf lokale Eisenverarbeitung hinweist.

[3] GTA 1, S. 47 f. Franko-Provenzalisch ist heute noch in der seit 1945 autonomen Region Valle d'Aosta zu hören (Amtssprache: italienisch/französisch) sowie im Gebiet der Savoyer und Penninischen Alpen südlich vom Wallis. Aus den Lanzotälern ist die oft als ‚Patois' abgewertete Sprache, als Folge der restriktiven italienischen Minderheitenpolitik, fast völlig verdrängt. Sie beginnt sich jedoch stellenweise wieder zu regen: 1980 wurde in Ronco Canavese (Soanatal) ein ‚Fehta dlo Patois' gefeiert und ab 1985 eine Zeitschrift für ‚Studi e Ricerchi Francoprovenzali' herausgegeben.

[4] Ebd. S. 32 f. Die Transhumanz (franz.: transhumance) soll bis aufs fünfte vorchristliche Jahrtausend zurückgehen. Sie ist in den Penninischen Alpen von Schafherdenzügen geprägt. Dort wie in den Lanzotälern gab und gibt es neben der Transhumanz auch die autarke Bergbauernwirtschaft mit (heute stark eingeschränktem) Ackerbau im Tal und Viehhaltung auf den Almweiden.

[5] GTA Valle del Po–Dora Baltea, S. 96. Der frühere Hirtensteig zwischen dem Colle di Costa Fiorita (2500 m, dort auch eine hübsche Felsgravur der fünfziger Jahre) und Usseglio war seit Jahren aufgegeben, als ihn die GTA-Planer um 1980 ‚wiederentdeckten'. Während wir 1989 über diese Trittspur ins Viùtal abstiegen, wurde der Weg neu markiert.

[6] Pastore, der Hirt: In diesem geradezu biblischen Wort erkennen sich bei uns die Pfarrer beider christlicher Konfessionen wieder.

Etappe 23

[1] GTA Valle del Po-Dora Baltea, S. 95.

[2] Bätzing: Entwicklungsprobleme, S. 22. Die Schließung der Erz- und Kobaltgruben im Viùtal sowie ein rapider landwirtschaftlicher Strukturwandel führen seit etwa 1850 zur Abwanderung insbesondere nach Turin und Umgebung (Berggemeinschaft/‚Comunità montana' der Lanzotäler: 39 Prozent Bevölkerungsrückgang von 1861 bis 1971).

[3] Dematteis, Luigi: Case contadine nelle Valli di Lanzo e del Canavese. Quaderni di cultura alpina 4 (= Quaderni 4). Ivrea 1983, S. 67. Vermutlich die Gründerzeit von Margone. Das Wort Margùn soll von Marghé abgeleitet worden und lateinischen Ursprungs sein. Es ist mit der transhumanten Tierhaltung verknüpft (vgl. Etappe 22) und kommt, unter anderem, im Namen der Grangia Margheròn bei Novalesa/Valle di Susa vor.

[4] „Wie baut man sie an, die schöne Polenta? Die schöne Polenta – so baut man sie an ..."

[5] GTA Valle del Po–Dora Baltea, S. 94 f. Die überflutete, gleichnamige Sommersiedlung ist bei niedrigem Wasserstand und Windstille noch zu erkennen. Von Malciaussià aus führt ein bezeichneter Pfad über das einzige regional eisfreie Grenzjoch, den Colle Autaret (3071 m), ins Vallée d'Arc und zur französischen GTA. Dieser hohe Paß wurde früher auch von Postreitern traversiert (Turin-Savoyen). Er war vermutlich schon in römischer Zeit der höchste Punkt einer Nebenstraße.

[6] Ragout oder Frikassee, auch: Gulasch.

Etappe 24

[1] Die Cottischen Alpen (ital.: Alpi Cozie) tragen den Namen des keltoligurischen Königs Cottius. Er verbündete sich mit den Römern und wurde von Kaiser Augustus zum Statthalter ernannt. Cottius ließ während der Jahre 9 bis 8 v. Chr. in seiner Residenz Susa den Augustusbogen errichten (vgl. Etappe 25).

[2] Siehe Etappe 23, Anmerkung 5.

[3] Quaderni 4, S. 18. Dieser kleine Altar steht heute, ein wenig versteckt, vor der alten Pfarrkirche Usseglio-Cortevicio und ist dem römischen Handelsgott Herkules (im antiken Griechenland Herakles) gewidmet. Inschrift: „Herculi, M(arcus) Vibius Marcell(us)".

[4] In zehn Etappen erschließt der Sentiero Balcone das untere Valle di Susa. Er wird wenig begangen, verfügt über keine Unterkünfte mehr und ist im italienischen GTA-Führer ‚Provincia di Torino' ausführlich beschrieben.

[5] Lukan, S. 119 f. Die Herberge wurde nach Bonifacio Rotario d'Asti benannt. Der Marchese gilt als Erstersteiger des 3538 Meter hohen Rocciamelone. Er soll 1358, in kirchlichem Auftrag, mit namenlos gebliebenen Helfern ein bronzenes Marien-Triptychon zum Gipfel getragen und dort deponiert haben. Seither finden christliche Wallfahrten zum früheren ‚Heidenberg' statt. Wenn auch das Gnadenbild 1673 wieder ins Tal nach Susa geschafft wurde. Es ist dort in der Kathedrale von San Giusto zu sehen.

[6] Ebd. S. 120. Die drei Meter hohe Statue, 1899 von italienischen Schulkindern gestiftet, steht auf dem höchsten Felsen des Rocciamelone. Sie sieht nicht süßlicher und verkitschter aus als andere Zeitbildnisse der Muttergottes. Zu ihr führt jeweils am 5. August eine vielbesuchte Pilgerfahrt.

[7] Ebd. S. 119.

Etappe 25

[1] Seit dem französischen Revolutionsjahr wurde das Marienbild regelmäßig, im August, von Susa zur Rotunde getragen. Nachdem 1895 der weiterführende ‚Klettersteig' entschärft war, konnte die Wallfahrt bis zum Gipfel ausgedehnt werden. Seit 1923 gibt es dort an Stelle der alten eine neue Kapelle mit Schutzraum, beide wurden 1983 renoviert und vergrößert.

[2] Auf diesem kleinen Fahrzeug (Fram = Vorwärts) trieben Fridtjof Nansen und seine Männer 1893/96 mit der Eisdrift in Richtung Nordpol. Auch Roald Amundsen benutzte das Schiff während seiner Antarktis-Expedition. Er erreichte Ende 1911 als Erster den geographischen Südpol.

[3] Lukan, S. 123.

[4] Das Rifugio war bis zu seiner Zerstörung ein beliebter Ausgangspunkt für den etwa fünfstündigen Aufstieg zum Rocciamelone. Karl Lukan (ebd. S. 121) zitiert in diesem Zusammenhang die Wirtin des Cà d'Asti. Sie

sagte, „... daß die meisten Italiener lieber unten auf Riposa nächtigen, weil sie befürchten, in dem hochgelegenen Schutzhaus schlecht zu schlafen."
[5] Eine Vegetationsform des Mittelmeerraums, die sich auf den extrem warmen Südhängen überm Tal der Dora Riparia ausgebreitet hat.

Etappe 26

[1] Meana ist der einzige Eisenbahn-Haltepunkt im Großraum Susa, nachdem die Stichbahn Bussoleno–Susa 1986 aufgegeben und durch Pendelbusse ersetzt wurde. Wer in Susa startet und von dort aus der GTA-Südroute folgt, hat bis zur Alpe di Toglie eine Stunde mehr zu gehen (Gesamtzeit: 4½ Stunden).
[2] Borgata = Ortschaft.
[3] Mariä Himmelfahrt (15. August), Kulminationspunkt der Sommerferien in Italien. Während dieser Zeit ruht ein nicht geringer Teil des öffentlichen Lebens, viele kleine und große Firmen sind geschlossen. Auch einige GTA-Unterkünfte können um den Ferragosto herum stark belegt sein. Dies gilt vor allem für den Südteil der Traverse und die CAI-Hütten (Monvisogebiet, Argentera-Naturpark). Siehe Kapitel ‚Tips'.

Etappe 27

[1] Millin, A. L.: Reise durch Savoyen und Piemont (Erster Band). Karlsruhe 1817, S. 129 f. Die vielen Titel dieses strengen Herren sind es wert, wiedergegeben zu werden: „Ritter des königlichen Ordens der Ehrenlegion, Mitglied des königlichen Instituts der Akademie der Inschriften und der schönen Wissenschaften, Aufseher des Medaillenkabinetts, der antiken und der geschnittenen Steine, der Bibliothek des Königs etc etc."
[2] Grande Traversata delle Alpi, Provincia di Torino (= GTA Torino). Ivrea 1989, S. 163 ff. Der Naturpark sollte ursprünglich 12670 Hektar groß sein und auch tiefer gelegene Dauersiedlungen einbeziehen. Dann wurden seine Höhengrenzen staatsjuristisch ‚geliftet', und das Schutzgebiet war um ein Drittel kleiner.
[3] Von franz.: bergerie (Schafstall).
[4] GTA Torino, S. 68 f.
[5] Die Barre des Écrins (franz.: Schmuckkästchen) ist der südlichste alpine Viertausender. Sein Hauptgipfel wurde erstmals 1864 erstiegen durch die Führer Christian Almer und Michel Croz sowie deren britische Seilgefährten A. W. Moore, Horace Walker und Edward Whymper.
[6] Puy (okzitanisch: eben) wurde 1706 durch eine Lawine zerstört und später an gleicher Stelle wieder aufgebaut.
[7] Was märchenhaft klingt, schmeckt oft auch legendär gut und läßt sich nur prosaisch verdeutschen: Cucina casalinga heißt Hausmannskost.

Etappe 28

[1] Zürcher, S. 35 f. Als Ergebnis des Spanischen Erbfolgekriegs kam es 1713 im ‚Frieden von Utrecht' zu dieser Regelung. Die Herzöge von Savoyen wurden zu Königen gekrönt, ihr Haus regierte fortan über Piemont und das Aostatal. Zugleich war auch ein seit dem 14. Jahrhundert bestehender Zusammenschluß freier Bergbauern zerschlagen: der Bund von Briançon (siehe Etappe 35).
[2] Touring Club Italiano (Hrsg).: Guida Pratica ai Luoghi di Soggiorno e di Cura d'Italia – Le Stazioni del Piemonte e della Lombardia. Milano 1934, S. 42 ff.
[3] Ricovero heißt ‚Zufluchtsort'. Viele Ricoveri am Rand der GTA-Südroute waren früher militärische Objekte und wurden irgendwann aufgegben. Sie verfallen und sollten, wegen akuter Einsturzgefahr, möglichst nicht betreten werden.
[4] GTA 2, S. 68.
[5] Johannes-Evangelium, Kapitel 1,5.
[6] Bätzing, W.: Die Waldenser in den Cottischen Alpen (Bergwelt, Heft 11/85). München 1985, S. 57. Weltweit bekennen sich heute etwa 50000 Waldenser zur Lehre des Petrus Valdes, ein Großteil von ihnen in Nordwestitalien. 1532 hatten sie sich per Abstimmung unter freiem Himmel der Reformation angeschlossen. Auch in Deutschland gibt es eine Waldenser-Vereinigung (Sitz: Ötisheim-Schönenberg bei Pforzheim).
[7] De Lange, Albert: Die Glorreiche Rückkehr wiederholen, 1689–1989. Torre Pellice 1987, S. 13 ff. 900 Waldenser zogen, unter Führung des Pfarrers Henri Arnaud, im August 1689 vom Genfer See nach Balsiglia (und anschließend weiter bis Bobbio Pellice). Nach zehn Tagen und 227 Kilometer Fußmarsch hatten 600 Männer das vorläufige Ziel erreicht, 300 waren bei Kämpfen gegen französisch-piemontesisches Militär umgekommen.
[8] Drei Tage später wurde Frankreich durch Savoyen-Piemont der Krieg erklärt. Von da an war den Waldensern in ihren Bergtälern die freie Religionsausübung garantiert. Volle (bürgerliche) Rechte erhielten sie jedoch erst 1848.
[9] Ein 200 Meter tief stürzender Wasserfall neben der Alm Bergeria di Valloncro im oberen Massellotal. Zum Namen ‚Pis' siehe Etappe 20, Anm. 5.
[10] De Lange, S. 31 (Zitat leicht gekürzt).

Etappe 29

[1] GTA 2, S. 32 ff. Die okzitanische Sprache bildete sich während des frühen Mittelalters in Südfrankreich heraus. Sie wurde und wird deshalb auch als provenzalisch bezeichnet. Mit den Kreuzzügen gegen die verketzerten Katharer (Albigenser) wurde das Okzitanische zurückgedrängt. Es existierte fortan, seit dem 13./14. Jahrhundert, nur noch schriftlos im Untergrund. In den Cottischen, See- und Ligurischen Alpen leben nach wie vor viele *occitani* oder *provenzali*. Sie versuchen, mit kulturell-politischer Arbeit eine neue okzitanische Identität zu begründen.
[2] Am 24. Mai 1690 wichen die Verteidiger Balsiglias aus der Felsenburg (Castello) zurück auf das höhere Zuckerbrot (Pan di Zucchero). Von dort aus führte sie ihr Hauptmann Tron Poulat nachts über halsbrecherisch steile Pfade durch die französischen Linien.
[3] ‚Täler der (Gewissens-)Freiheit' nennen die rund 20000 italienischen Waldenser selbst ihre alpine Heimat. Freund Beckwith (1789–1862) gründete ingesamt 120 Dorfschulen und förderte auch den Tempelbau. Er war über ein Buch seines Landsmanns Gilly mit den italienischen Protestanten in Kontakt gekommen und lebte seither bei ihnen.
[4] Waldenser kennen keine ‚Kirche'. Wie ihre evangelischen Nachbarn in Frankreich sprechen sie vom Tempel, dem *tempio valdese*.
[5] Mit dem gleichen Arrangement provozierte 1863 der Impressionist Edouard Manet in Paris einen Skandal: Sein Ölbild ‚Le déjeuner dans l'herbe' schockierte die (zumindest nach außen hin) hochanständigen Oberen Zehntausend.
[6] Tron, Enzo: Rodoretto. Torre Pellice 1988, S. 13 ff. Kein Waldenserort der Region war einst so weltabgeschieden wie Rodoretto (okzitanisch: Roodouret). Im Dorf leben heute während des Winters gerade noch drei Familien, die Hälfte der Gesamtbewohner ist protestantisch.

Etappe 30

[1] Radio Audizioni Italiane = italienischer Staatsrundfunk.
[2] Tron, S. 8. Dieses Wort soll zusammengesetzt sein aus dem keltischen Gal (= Berg) und Mount (Monte), was die nahe Kuppe Roccia Galmount zum ‚Bergberg' erhöhen würde.
[3] De Lange, S. 32 und S. 9 f. Der französische Sonnenkönig Luwig XIV. hatte 1685 mit dem Edikt von Fontainebleau seine evangelischen Untertanen geknebelt. Hugenotten flohen daraufhin in die piemontesischen Waldensertäler, wo sie und ihre Glaubensgenossen bald brutal verfolgt wurden. Viele leisteten erbitterten Widerstand, doch der Kampf gegen die militärische Übermacht aus Frankreich und Savoyen war aussichtslos. Mit Tod, Gefängnis oder Exil (in der Schweiz und Süddeutschland) endete jenes düstere Waldenserkapitel. Erst eine englisch-niederländische Koalition gegen Frankreich schaffte die Voraussetzung zum Gelingen der ‚Glorieuse Rentrée'.

[4] Ebd. S. 32.
[5] Diese ‚Museo storico di Prali e della Val Germanasca' ist interessant. Es enthält, unter anderem, die Nachbildung einer Talkgrube in natürlicher Größe. Der weiche und fetthaltige Talk (populärer: Speckstein) wurde früher rund um Ghigo abgebaut. Er dient als Rohstoff für Puder, feuerfeste Geräte sowie Polier- und Gleitmittel.
[6] Agàpe (griech.: Nächstenliebe) wurde 1948/51 von jungen protestantischen Freiwilligen aus aller Welt als ökumenischer Treffpunkt geschaffen. Er will als friedenstiftende Stätte wirken.
[7] Zu den Ergebnissen jahrzehntelangen Wachstums ein Vergleich: 1990 wurden im Alpenraum rund 41000 Skipisten registriert. Aneinandergehängt würde die Bahn am Äquator dreimal um den Erdball reichen (Weltwoche 42/90; Alpen- und Europabüro Karl Partsch, Sonthofen).

Etappe 31

[1] Das dreigängige Wanderer-Menü kostete 1991 selten mehr als 18000 Lire (siehe auch Kapitel ‚Tips'). Der Durchschnittspreis lag indes 1994 schon bei 25 000 Lire.
[2] 13 Seen im Gebiet von Punta Cialancia (2855 m) und Punta Cornour (2867 m, siehe Etappe 29). Vgl. GTA 2, S. 71: Werner Bätzing beschreibt die Tredici Laghi als „sehr reizvolle Hochgebirgslandschaft mit zahlreichen militärischen Anlagen, leider durch Seilbahnerschließung etwas überlaufen".
[3] GTA Torino, S. 57.
[4] De Lange, S. 94.
[5] Ebd. S. 32 (leicht gekürzt). Mit der Einnahme und Plünderung von Bobbio Pellice, zwei Tage später, sowie dem vergeblichen Sturm auf das Kapuzinerkloster in Villar Pellice war die ‚Glorreiche Rückkehr' beendet. Danach folgten nur noch einzelne Guerilla-Aktionen, bis sich Ende Mai 1690 Savoyen-Piemont gegen Frankreich wandte und die Waldenser auf piemontesischem Boden frei waren.
[6] Villanova ist ebenfalls nur noch im Sommer bewohnt. Ohne die GTA (und das nahe CAI-Rifugio Jervis) wäre der alte Ort womöglich längst entsiedelt.

Etappe 32

[1] Erk, Wolfgang (Hsg.): Waldenser – Geschichte und Gegenwart. Frankfurt 1971, S. 15 f. Der kirchliche Bannspruch gegen Valdes und die ‚Armen von Lyon' erfolgte 1184 durch Papst Lucius III. auf dem Konzil zu Verona. Wann Petrus Valdes (auch: Waldus oder Valdesius) den Flammentod starb, ist umstritten. Vermutet wird das Jahr 1217.
[2] Valente, Gianni und Mantovani, Roberto: Sui sentieri del Piemonte.Torino 1988, S. 97.
[3] Ebd. S. 97 f. Dieses Gemetzel ging in die Geschichte ein unter dem Namen ‚Piemontesisches Osterfest'. Ihm fielen, auf Befehl des savoyischen Herzogs Carlo Emanuele II., Tausende von Waldensern zum Opfer.
[4] GTA 2, S. 73.
[5] Die 1928 errichtete Bergsteigerhütte zählt (noch) zu den ursprünglichsten alpinen Stützpunkten der GTA. Mit einem Erweiterungsbau wurde begonnen. Es bleibt abzuwarten, ob das Rifugio Granero seinen zünftigen Charakter behalten wird oder verliert.

Etappe 33

[1] GTA 2 S. 26 f. Dieses aus irdischem Schmelzfluß (Magma) entstandene harte Grüngestein (ital.: roccia verde) verwittert nur langsam. Deshalb überragt der 3841 Meter hohe Monviso oder Monte Viso alle anderen Gipfel in den Cottischen Alpen – um ganze 300 Meter. Seine unmittelbare Umgebung gilt als ‚Wetterloch' mit starker Wolkenbildung und viel Niederschlag.
[2] Stevenson, Robert Louis: Reise mit dem Esel durch die Cevennen. Frankfurt 1986, S. 123.
[3] Siehe Etappe 12, Anm. 1.
[4] Erstbegehung 1931 durch A. Bonacossa und V. Bramani. Den Hauptgipfel betraten zum ersten Mal 1861 die Engländer Jacomb und Mathews, geführt von Michel und Jean-Baptiste Croz aus Chamonix.
[5] Roth, Eugen: Gute Reise. München 1954, S. 95.

Etappe 34

[1] Die heute von Autos befahrene Agnello-Paßstraße (Scheitelhöhe: 2748 m) folgt einem historischen Handelsweg, dem ‚Chemin Royal'. Er verband schon vor mindestens 600 Jahren die ‚La Castellata' genannten Gemeinden Casteldelfino, Pontechianale und Bellino mit den französischen Bergregionen Queyras/Briançon/Dauphiné.
[2] Dematteis, L.: Case contadine nelle Valli Occitane in Italia. Quaderni di cultura alpina 1 (= Quaderni 1). Ivrea 1983, S.78.
[3] GTA 2, S. 77.
[4] Quaderni 1, S. 79. 1891 lebten hier 449 Menschen, heute sind es nur noch wenige Familien. Im gesamten Valle Varaita ging zwischen 1861 und 1971 die Bevölkerungszahl um 57 Prozent von 23684 auf 10067 Personen zurück. Dieser Trend hat sich, etwas langsamer werdend, bis heute fortgesetzt (letztere Angaben aus Bätzing, W.: Entwicklungsprobleme strukturschwacher Alpenregionen. Zürich 1990, S. 22).
[5] Große Alpentragödie.

Etappe 35

[1] Bätzing: Die Alpen, S. 34. Zu diesen Talschaften (d. h. Gruppen von Bergbauerngemeinden) zählten unter anderem das Gebiet Queyras/Briançon sowie die oberen Valli Varaita, Chisone und Susa mit ihren traditionellen Zentren Castellata, Pragelato und Oulx.
[2] Ebd. S. 35 f. Damit war ein der schweizerischen Eidgenossenschaft vergleichbares System direkter Demokratie beseitigt (siehe Etappe 28, Anm. 1). Es hatte nicht zuletzt vom einträglichen Paßverkehr über den Montgenèvre (1854 m, älteste römische Alpenstraße) profitiert und neben der wirtschaftlichen Entwicklung auch kulturellen Fortschritt gebracht – bis hin zu präzise formulierten Naturschutzregeln, die vorm Hintergrund heutiger Probleme geradezu modern wirken.
[3] Im Rahmen des Spanischen Erbfolgekriegs konnten die Piemonteser diese Auseinandersetzung für sich entscheiden. Ihren letzten und endgültigen militärischen Sieg errangen sie 1747 auf der Testa dell'Assietta zwischen Susa- und Chisonetal (siehe Etappe 27). 1748 kam es dann zum Friedensschluß von Aquisgrana.
[4] Das Bellino-Seitental mußte vor allem nach dem Zweiten Weltkrieg eine alarmierende demographische Entwicklung hinnehmen. Dort lebten 1951 noch 622 Leute. 1985 waren 298 übrig geblieben (Angaben aus Valente/Mantovani: Sui sentieri del Piemonte).

Etappe 36

[1] GTA 2, S. 31. Ein privilegiertes Gemeindezentrum wie bei uns gab und gibt es in den früheren Tälern des Grand Escarton nicht. Die während des Mittelalters entwickelte dezentrale Siedlungsstruktur sorgte konsequent für gleiche Rechte und Pflichten, weshalb auch alle öffentliche Einrichtungen (Rathaus, Schule, Kirche, Mühle usw.) auf verschiedene Ortschaften verteilt wurden. Aus dieser Gleichberechtigung heraus wird es verständlich, warum noch heute jeder Weiler seinen Namen vor dem der Gemeinde trägt (z. B. Chiesa di Bellino oder Séles/Blins).
[2] Die überwiegend schattige *ibàc*-Seite von Ost-West-Tälern ist so gut wie immer bewaldet, der meist besonnte *adréch*-Teil gerodet und mit Almen oder Siedlungen versehen.
[3] Wir haben Serre (1637 m) später besucht und waren von Elva, der laut Statistik ärmsten Gemeinde Italiens, beeindruckt. Dort lebten 1988 noch rund 80 Menschen während des ganzen Jahres, unter ihnen 20 junge Leute. Absolut sehenswert ist das romanische Kirchlein in Serre mit seinen archaischen Steinskulpturen und dem um 1490 von Hans Clemer (Maestro d'Elva) ausgemalten Chor. Vgl. Sui sentieri del Piemonte, S. 70 f.
[4] Für den Bereich der Südwestalpen (Wallis, Haut Queyras) wird die Obergrenze beim Getreideanbau mit 2200 Meter angegeben (Al-

pennordrand: 1100 m). Im Hinteren Bellinotal reichen die ehemaligen Ackerterrassen immerhin bis etwa 1900 Meter hinauf.
[5] GTA 2, S. 40.
[6] Der Torre Castello wurde erstmals 1913 erklettert durch den Schweizer Kasimir von Rahm, die Rocca (auch: Croce Provenzale) soll bereits gegen Ende des 18. Jahrhunderts von Gemsenjägern bestiegen worden sein.
[7] ‚Campo Base' (Hauptlager) wird von jungen Einheimischen in beispielhaft umsichtiger Weise betrieben. Es gehört der Maira-Gemeinde Acceglio und zählt zu den freundlichsten GTA-Stützpunkten.
[8] Thunfischsoße.

Etappe 37

[1] Bätzing, W.: Der italienische Alpenraum. Eine Analyse der aktuellen Probleme im Hinblick auf die Alpen-Konvention. Vaduz 1990, S. 44. Die südlich sich anschließenden Bergtäler Grana und Stura di Demonte weisen für den Zeitraum zwischen 1861 und 1971 eine Quote von ebenfalls 58 bzw. 56 Prozent auf (im Vergleich dazu schneidet das waldensische Valle Pellice mit minus sechs Prozent hervorragend ab).
[2] Ebd. S. 64 ff. Im zentralistisch regierten Italien dominiert noch verhaltene Skepsis gegenüber dem Modell einer Selbstverwaltung des Alpenraums, wie sie die internationale Alpenschutz-Kommission CIPRA vorschlägt.
[3] GTA 2, S. 94.
[4] Lippert, Wolfgang: Endemische Pflanzen in den Alpen. In: Bergwelt, Heft 5/84. München 1984, S. 78 ff. Während der Eiszeiten waren vor allem in den Südwestalpen einige Gebiete nicht vergletschert (südliche Cottische, See- und Ligurische Alpen). Deshalb konnten dort manche anderswo ausgestorbene Pflanzenarten überleben (= endemische, d. h. nur in einem bestimmten Gebiet vorkommende Flora).

Etappe 38

[1] Estragon-Omelett und überbackene Parmesanzwiebeln, zwei von unzähligen Spezialitäten der piemontesischen Küche.
[2] Fonda = eigentlich ‚Ankerplatz' (hier: Talbecken, Grund).
[3] Grande Traversata delle Alpi, Provincia di Cúneo (= GTA Cúneo). Ivrea 1988, S. 158.
[4] Negative Spitzenreiterin bei der Abwanderung im Valle Stura ist die Comunità montana Argentera: minus 88 Prozent zwischen 1861 und 1981. Auf ihrem Gebiet liegt auch das vor Jahrzehnten verlassene Bergdorf Servagno (Bätzig: Entwicklungsprobleme, S. 23).

Etappe 39

[1] GTA Cúneo, S. 147 f. Südlich und südöstlich vom Valle Stura di Demonte gibt es noch einige zum Teil restaurierte Bauten mit Strohdächern – etwa in San Bernolfo (Etappe 41), Palanfrè (47) und Limonetto (48). Interessanterweise waren sie auch im Umkreis des Lago Maggiore und Comer Sees üblich. Jene in Piemont gelten heute als die letzten ihrer Art im Alpenraum. Vgl. Werner, Paul: Strohdächer auf den Monti dei Cento Campi. In: Bergwelt, Heft 7/82. München, 1982, S. 68 f.
[2] GTA 2, S. 96. Dieser sogenannte Stura-Verteidigungsriegel wurde weitgehend unterirdisch angelegt. Viele seiner oft sehr langen Gänge sollen (bei größter Vorsicht!) noch heute begehbar sein.
[3] Valente/Mantovani, S. 58 ff. Teresina Giavelli und Antonio Lambert verließen Ferrere im Jahr 1972. Mit diesem letzten Paar endete eine jahrhundertelange Dauerbesiedlung. Deren Eckpfeiler hießen Viehhaltung (Schafe), Ackerbau (Roggen, Hafer, Kartoffeln, Gerste und Weizen) sowie Schmuggel und Jagd.
[4] ‚Onkel Johannes' hat in Prati del Vallone einen botanischen Garten angelegt, in dem er bedrohte Alpenpflanzen (re-) kultiviert. Zehn Beete und die massenhaft wachsende *Artemisia glacialis* (zur Gewinnung eines köstlichen Génépy-Likörs) machen Zio Johns Feriendorf attraktiv.
[5] Nach der ‚Bergpredigt', Matthäus 6.

Etappe 40

[1] Dieser von Schutt flankierte Aussichtsberg ist mit 3031 Meter Höhe die höchste Erhebung der westlichen Seealpen. Er kann unschwierig vom Passo Ténibres (Westgrat) oder vom Passo di Rabuons (Nordostgrat) bestiegen werden. Im Frühsommer sind wegen steiler Firnfelder Pickel und Steigeisen ratsam.
[2] Frei übersetzt etwa ‚Zerrissene Tiefebene'.
[3] Ebenfalls frei übertragen ‚Verbessertes Schutzhaus'.

Etappe 41

[1] „Über das Besteigen der Alpen" in: Handbuch für Reisende in die südlichen Gebirge von Baiern. München 1820, S. 15.
[2] Während des jüngeren Quartärs (Erdneuzeit) vor etwa 10000 Jahren. Vgl. Flaig, Walther: Das Gletscherbuch. Leipzig 1938, S. 24 ff.
[3] „... und die Welt hebt an zu singen / triffst du nur das Zauberwort" (Joseph v. Eichendorff).
[4] Quaderni 1, S. 105. San Bernolfo wurde nach dem angeblich im frühen zehnten Jahrhundert durch Sarazenen gefolterten und ermordeten Bischof von Asti benannt. Die Bewohner des Sturatals verehren ihn als ihren Schutzheiligen.
[5] GTA 2, S. 99 (siehe auch Etappe 21, Anm. 2). Zwei weitere Thesen sehen um 1400 aus dem französischen Queyras zugewanderte Bauern bzw. versprengte Landsknechte (*alemani* oder *bavaresi*) als Gründer von San Bernolfo. Der ‚Blockbau' ist übrigens als deutsches Lehnwort im italienischen Vokabular enthalten.

Etappe 42

[1] GTA 2, S. 101. Karl I. von Anjou schlug das Valle Stura zur Grafschaft Provence. Die Zeit dieser französischen Vorherrschaft dauerte aber nur bis 1380.
[2] Siehe Etappe 49.
[3] Anna soll, nach einer altchristlichen Legende, Marias Mutter gewesen sein. Sie wird als Patronin der Kaufleute verehrt. In der Wallfahrtskirche von Sant'Anna di Vinadio ist Jesu Großmutter auch zuständig für Arme, Witwen, Mütter, den Ehestand sowie Unglücke und Unfälle aller Art.
[4] Stabilimento Bagni oder Terme di Vinadio ist ein Kurbad mit warmen Schwefelquellen, die schon im Spätmittelalter zu Heilzwecken aufgesucht wurden. Seinen wirtschaftlichen Höhepunkt erlebte das Stabilimento (= Einrichtung, Anlage) im 19. Jahrhundert. Vgl. GTA 2, S. 100.
[5] Ebd. S. 102. Die Sitte, einen sogenannten *chiaperet* zu errichten, fußt auf Zahlen: Je Klosterbesuch ein Stein – am Platz, von dem aus das Santuario erstmals gesichtet wurde. Fragt sich nur, ob die Wallfahrer ‚ihren' Steinmann Jahr für Jahr wiederfinden ...
[6] Heiligtum. Das Wort wird für jeden Ort der religiösen Anbetung verwendet.

Etappe 43

[1] GTA Cúneo, S. 79.
[2] Bätzing, W.: Vakuum in den Alpen. TAZ Berlin, 4.2.1989.
[3] Ebd.
[4] GTA 2, S. 102 f. Die Wegführung der Etappen 43 und 44 von West nach Ost würde dann so verlaufen: Sant'Anna di Vinadio–Colle della Lombarda–Passo d'Orgials (2600 m)–Posto Tappa im Vallone di Riofreddo (ca. 1950 m)–Lago Malinvern–Colletto di Valscura (2520 m)–Terme di Valdieri.

Etappe 44

[1] Die einst hier praktisch ausgerotteten Steinböcke wurden in den zwanziger Jahren unseres Jahrhunderts wieder angesiedelt (vgl. Gran-Paradiso-Nationalpark, Etappe 18). Ihre heutige Zahl wird im grenznahen italienischen ‚Parco Naturale dell'Argentera' auf 400 geschätzt.
[2] Vom lateinischen *inter aquis* (zwischen den Wassern): Entracque liegt im Mündungsgebiet verschiedener Bäche, u. a. der Torrenti Bousset und Gesso della Barra.
[3] Valente/Mantovani, S. 42.

[4] Ebd. Batör (franz. bateur = Drescher) wurden die Jagdtreiber zur Zeit des Hauses Savoyen/Savoia genannt. Sie erhielten um 1900 zehn Lire je Arbeitstag, Hilfskräfte bekamen nur fünf.
[5] GTA Cúneo, S. 76.

Etappe 45

[1] GTA 2, S. 105. ENEL hat das Wasserkraftwerk Entracque (zwei Stauseen: Chiotas und Piastra) 1983 in Betrieb genommen. Es gilt als eines der größten in Europa und produziert teuren Spitzenstrom, der teilweise nach Frankreich exportiert wird. Im Gegenzug wird billigerer Grundlaststrom aus französischen Atommeilern bezogen.
[2] 1879 erstmals bestiegen von den schweizerischen Führern Christian Almer und Sohn, die William A. B. Coolidge am Seil hatten.
[3] GTA 2, S. 25. Das auch als Argentera-Mercantour bezeichnete Gebiet, südlichster und zugleich höchster Alpi-Marìttime-Pfeiler, wurde zur Zeit der Alpenbildung noch einmal zusammengedrückt und später gehoben. Sein Westrand, am Oberlauf von Var und Verdon, besteht aus weicherem Sedimentgestein (Kreide-/Juraschichten).
[4] Siehe Etappe 28, Anm. 3.
[5] Ein Neubau (CAI-Sektion Ligurien) mit 50 Schlafplätzen und Winterraum, finanziert von ENEL – weil das alte Rifugio im Stausee versank.

Etappe 46

[1] Tetto/Tetti heißen viele Weiler im Süden der Provinz Cúneo. Der Begriff ist abgeleitet vom gallischen Wort „tegia" (Hütte).
[2] Das kleine Dorf ist für einen Ruhetag bestens geeignet, nicht zuletzt wegen seines tadellosen Posto Tappa. Es empfiehlt sich, trotz verwachsener Wegführung, die GTA vom Rifugio Ellena-Soria bis nach Trinità vollständig zu begehen (in älteren IGC-Karten falsch eingezeichnet!) und eventuell fällige Entracque-Einkäufe vom Zielort aus zu erledigen.

Etappe 47

[1] Valente/Mantovani, S. 37. 470 Exemplare wurden je Hektar Waldgelände ermittelt, die jüngsten stammen aus den zwanziger Jahren unseres Jahrhunderts. Innerhalb der ‚Riserva Naturale' gibt es 600 verschiedene Pflanzenarten – unter ihnen neun endemische wie das Herzblättrige Leimkraut, den seltenen Mercantour-Steinbrech und das Valdieri-Fingerkraut.

Etappe 48

[1] Valente/Mantovani, S. 38.
[2] Vgl. auch die Etappen 49 und 50.

Etappe 49

[1] GTA 2, S. 109 f. Wenigstens zwei Indizien sprechen dafür: Die Existenz einer Römerroute über den Tendapaß ist historisch gesichert. Da nun der Saumweg östlich an Limonetto vorbeiführt, was völlig atypisch ist, muß die Trasse älter sein als das vermutlich im Frühmittelalter gegründete Dorf. Außerdem sind lange und gerade Teilstücke ein auffallendes Merkmal römischer Straßen.
[2] Ebd. Die Röhre unterm Colle di Tenda wurde 1882 als erster transalpiner Straßentunnel eröffnet.
[3] Bis 1947 verlief die Staatsgrenze 15 Kilometer weiter südlich: Tende und St. Dalmas, Haltepunkte der Bahnstrecke Ventimiglia-Cúneo (Tunnel unterm Tendapaß), waren also noch nach dem Zweiten Weltkrieg italienisch.
[4] Sie gilt als Einfallspforte sarazenischer Scharen, die während des neunten nachchristlichen Jahrhunderts über Oberitalien bis ins Gebiet der heutigen Südschweiz vorrückten (vgl. Etappe 1).
[5] Der Naturpark wurde 1978 geschaffen. Er reicht in Nord-Süd-Richtung von Certosa (859 m) im oberen Valle Pesio bis zur Punta Marguareis (2651 m) und west-/östlich von der Punta Melasso zum Porta-Sestrera-Joch.
[6] Steinkleebläulinge.

Etappe 50

[1] Sesia, Ezio: Per i sentieri della storia. Ciriè 1990, S. 10. Perita nella tormenta = im Schneesturm ums Leben gekommen. Die Frau hatte, wie viele damalige Bergbewohner/innen, an der Kastanienernte außerhalb ihres Dorfs teilgenommen (Region Monregale) und starb während des Heimwanderns – nur eine Dreiviertelstunde vom nächsten rettenden Weiler entfernt.
[2] Bätzing, W.: Ligurische Alpen (Bergwelt, Heft 2/84). München 1984, S. 30. Das Alter dieser brigaskischen Kultur verliert sich im geschichtlichen Nebel. Ihr Siedlungsgebiet liegt zu beiden Seiten des Grenzkamms zwischen Punta Marguareis und Monte Saccarello (2200 m). Es war von mittelalterlichen wie späteren Regenten stets respektiert worden. Erst moderne Grenzziehungen (zwei Staaten, drei Regionen) zerstückelten den Lebensraum der Brigasker und leiteten seinen Niedergang ein. Im Negronetal, das durch die GTA berührt wird, gibt es außer Carnino noch zwei weitere brigaskische Dörfer: Úpega und Viozene.
[3] Zur Erinnerung: Bis auf wenige Individualisten begehen Italiener die GTA in Süd-Nord-Richtung – so, wie sie vier Wegführer (Provinzen Cúneo, Turin, Vercelli und Novara) beschreiben.

Nachwort

[1] Bätzing, W.: Der Weitwanderweg GTA. TAZ Berlin, 5. Mai 1990. Einschränkend muß jedoch gesagt werden: Die tiefer liegende Ostroute im Südteil der GTA wurde leider (wegen zu geringer Begehung) tendenziell aufgegeben – was die Situation der dort lebenden Bauern weiter verschlechtert hat. Vgl. Fitzthum, Gerhard: Rettet die GTA-Ostroute! DAV-Mitteilungen 1/1992, S. 54.
[2] Ebd. 1992 wurden je Unterkunft und Jahr rund 500 Übernachtungen gezählt, was während der Wanderzeit einem Tagesschnitt von fünf Personen entsprach. Falls der künftige Europäische Fernwanderweg E 10 Ostsee–Riviera (er bezieht die GTA mit ein) gut angenommen wird, könnte sich allerdings auch die *Grande Traversata* etwas beleben. Nicht zuletzt dann, wenn das Projekt ‚Sentiero Italia' (5000 km Wegverbund zwischen Trapani/Westsizilien und Triest) durchgehend realisiert sein wird. Ein GTA-Massenbetrieb ist jedoch, alles in allem, kaum vorstellbar.
[3] Zur in diesem Buch mehrfach erwähnten existentiellen Gefährdung der Bergbauern in Piemont hier noch eine Passage aus Bini/Bechaz: Dort oben die Letzten (vgl. Etappe 5, Anm. 1): „Der Fremdenverkehr und der Fortschritt sollen den Gebirgler nicht zum Untergang verurteilen, sondern ihm zur Entfaltung seiner eigenen Wirtschaft und ihrer typischen Erzeugnisse, deren Güte und Unverfälschtheit besser eingeschätzt werden sollen, verhelfen." (Siehe auch die Bemerkungen im Vorwort).
[4] Vgl. Etappe 39. Wörtliche Übersetzung: „Die alten Bäume am Wegrand / Der Pfad, der Bach und sogar die Felder / Sagen mir in ihrer Stille viele Dinge: / Deshalb komme ich nach Ferrere zurück ..."

Literatur auf einen Blick

Andersch, Alfred: Wanderungen im Norden. Olten 1962.

Bätzing, Werner: Die Alpen. Frankfurt 1988.

Ders.: Die Alpen – Entstehung und Gefährdung einer europäischen Kulturlandschaft. München 1991.

Ders.: Die Alpen im Europa der neunziger Jahre. Zürich 1990.

Ders.: Chambeyrongruppe. München 1983.

Ders.: Nördliche Cottische Alpen. München 1985.

Ders.: Entwicklungsprobleme strukturschwacher Alpenregionen. Zürich 1990.

Ders.: Die GTA (Teil 1: Norden). Oldenburg, 3. Auflage 1994.

Ders.: Die GTA (Teil 2: Süden). 3. Auflage, Oldenburg 1993.

Ders.: Der italienische Alpenraum. Vaduz 1990.

Ders.: Ligurische Alpen, eine lange Geschichte. München 1984.

Ders.: Welche Zukunft für strukturschwache nicht-touristische Alpentäler? (Neraissa-Tal, Cottische Alpen). Bern 1990.

Ders.: Die Seealpen. München 1985.

Ders.: Die unbewältigte Gegenwart als Zerfall einer traditionsträchtigen Alpenregion (Valle Stura di Demonte). Bern 1988.

Ders.: Vakuum in den Alpen. Berlin 1989.

Ders: Die Waldenser in den Cottischen Alpen. München 1985.

Ders.: Der Weitwanderweg GTA. Berlin 1990.

Balmer, Emil: Die Walser im Piemont. Bern 1949.

Bellosta, Sergio und Roberto: Valle Vogna. Gozzano 1988.

Bini, Gianfranco und Bechaz, Sandrino: Dort oben die Letzten. Mailand 1980.

Bovis, B. und Petitti, R.: Valchiusella archeologica. Ivrea 1971.

Brockedon, William: Journals of Excursions in the Alps. London 1833.

Dematteis, Luigi: Case contadine nel Biellese montano e in Valsesia. Ivrea 1984.

Ders.: Case contadine nelle Valli di Lanzo e del Canavese. Ivrea 1983.

Ders.: Case contadine nelle Valli Occitane in Italia. Ivrea 1983.

Deutscher Alpenverein, Sektion Brandenburg (Hrsg.): Das Venter Tal. München 1939.

Erk, Wolfgang (Hrsg.): Waldenser – Geschichte und Gegenwart. Frankfurt 1971.

Flaig, Walther: Das Gletscherbuch. Leipzig 1938.

Frey, Gertrud: Walserdeutsch in Saley. Bern 1970.

Gasperis, Roberto de: Piemont und das Aostatal. Florenz o. J.

Gilly, William Stephen: Narrative of an Excursion to the Mountains of Piemont and Researches among the Vaudois or Waldenses. London 1824.

Gorfer, Aldo: Die Erben der Einsamkeit. Trient 1978.

Graf, Agathe und Jakob: Der Alpenwanderer. München 1975.

Grande Traversata delle Alpi (Quincinetto-Valle Anzasca). Ivrea 1983.

Dass.: (Valle del Po-Dora Baltea). Torino 1981.

Dass.: (Provincia di Torino). Ivrea 1989.

Dass.: (Provincia di Cúneo). Ivrea 1988.

Grassi Gian Carlo: Gran Paradiso. Pforzheim 1984.

Halbfass, Wilhelm: Rima und Rimella, zwei deutsche Sprachinseln. Berlin 1894.

Handbuch für Reisende in die südlichen Gebirge von Baiern. München 1820.

Higgins, Lionel und Riley, Norman: Die Tagfalter Europas. Hamburg 1971.

Hoek, Henry: Wege und Weggenossen. München 1919.

Hubatschek, Erika: Bauernwerk in den Bergen. Innsbruck 1987.

Imesch, Ludwig: Geschichte der Walser. Brig 1977.

King, Samuel William: The Italian Valleys of the Pennine Alps. London 1858.

Kreis, Hans: Die Walser. Bern 1958.

Kühn, Herbert: Die Felsbilder Europas. Stuttgart 1971.

Lange, Albert de: Die Glorreiche Rückkehr wiederholen. Torre Pellice 1987.

Lippert, Wolfgang: Endemische Pflanzen in den Alpen. München 1984.

Ders.: Fotoatlas der Alpenblumen. München 1981.

Lukan, Karl: Alpenspaziergang. München 1988.

Mani, Barbla u. a.: Saumpfad-Wanderungen in den Schweizer Alpen. Zürich 1982.

Menara, Hanspaul: Südtiroler Urwege. Bozen 1984.

Millin, A. L.: Reise durch Savoyen und Piemont. Karlsruhe 1817.

Molnàr, A.: Die Waldenser. Göttingen 1980.

Murray, John: A Handbook for Travellers in Switzerland. London 1858.

Oppenheim, Roy: Die Entdeckung der Alpen. Frauenfeld 1974.

Pauli, Ludwig: Die Alpen in Frühzeit und Mittelalter. München 1980.

Priuli, Ausilio: Felszeichnungen in den Alpen. Zürich 1984.

Reinhard, Raphael: Pässe und Straßen in den Schweizer Alpen. Luzern 1903.

Rizzi, Enrico: Walser, die Besiedler des Gebirges. Novara 1981.

Ders.: Geschichte der Walser. Anzola d'Ossola 1993.

Roth, Eugen: Gute Reise. München 1954.

Schott, Albert: Die deutschen Colonien in Piemont. Stuttgart 1842.

Sesio, Ezia: Per i sentieri della storia. Ciriè 1990.

Smythe, Frank: Edward Whymper. Bern 1940.

Stephen, Leslie: Der Spielplatz Europas. Zürich 1942.

Stevenson, Robert Louis: Reise mit dem Esel durch die Cevennen. Frankfurt 1986.

Touring Club Italiano (Hrsg.): Guida Pratica ai Luoghi di Soggiorno (Piemonte). Milano 1934.

Tron, Enzo: Rodoretto. Torre Pellice 1988.

Valente, Gianni und Mantovani, Roberto: Sui sentieri del Piemonte. Torino 1988.

Waldburger, Paul: Die Walser am Monte Rosa. Lahr 1958.

Wanner, Kurt: Unterwegs auf Walserpfaden. Chur 1989.

Werner, Paul: Strohdächer auf den Monti dei Cento Campi. München 1982.

Wurzer, Bernhard: Die deutschen Sprachinseln in Oberitalien. Bozen 1983.

Zinsli, Paul: Walser Volkstum. Frauenfeld 1969 (6. Auflage Chur 1991).

Zürcher, Richard: Piemont und Aostatal. München 1976.

Register

(Die *kursiv* gesetzten Zahlen beziehen sich auf Abbildungen)

Orte/Hütten

Almen (Alpe, Bergerie)

Übergänge

Berge/Naturparks

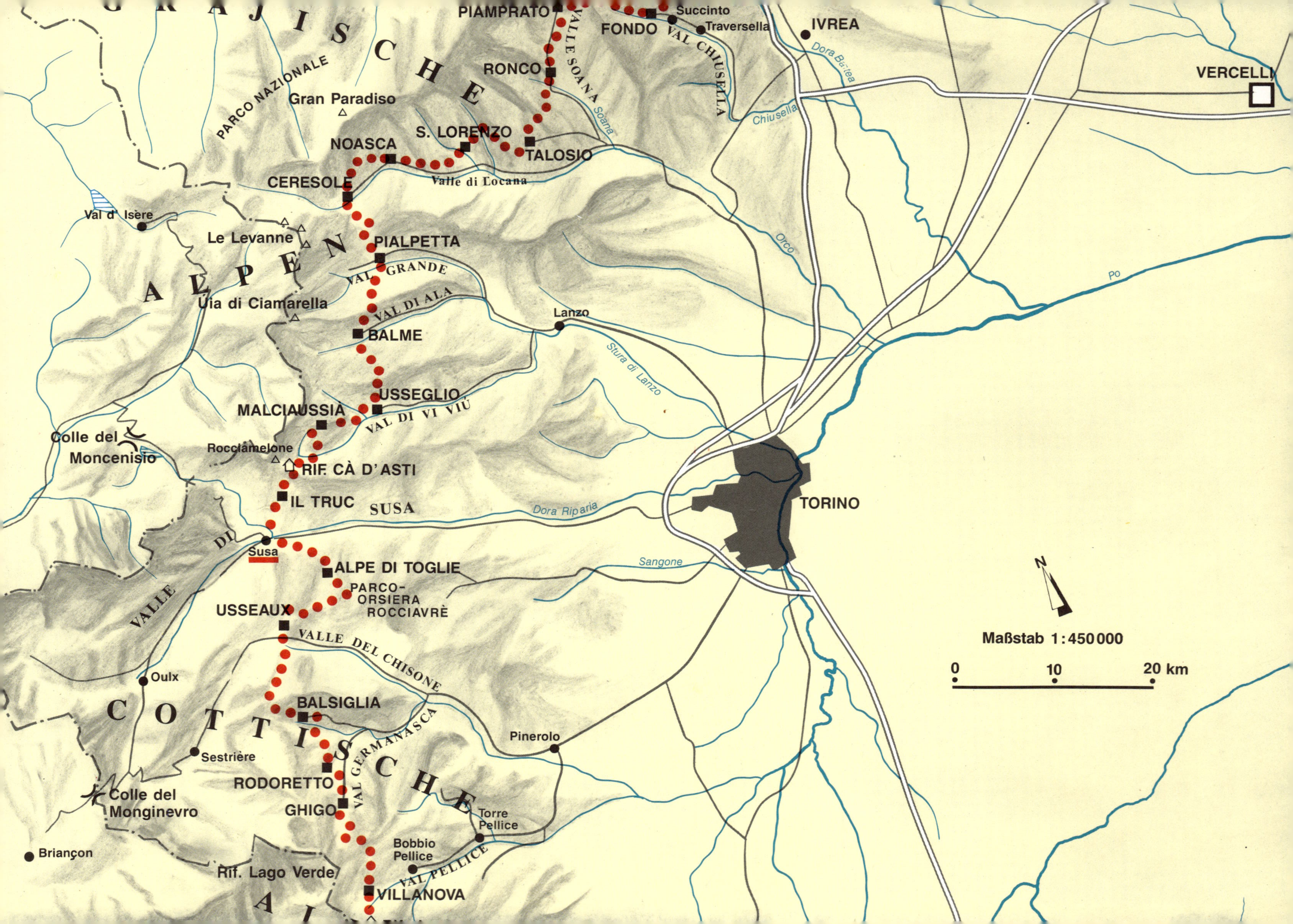
PIAMPRATO
FONDO
Succinto
Traversella
VAL CHIUSELLA
IVREA
Dora Baltea
VERCELLI
Chiusella
PARCO NAZIONALE
Gran Paradiso
RONCO
VALLE SOANA
Soana
S. LORENZO
TALOSIO
NOASCA
CERESOLE
Valle di Locana
Orco
Val d' Isère
Le Levanne
PIALPETTA
VAL GRANDE
Po
Uia di Ciamarella
VAL DI ALA
Lanzo
BALME
Stura di Lanzo
USSEGLIO
MALCIAUSSIA
VAL DI VI VIU
Colle del Moncenisio
Rocciamelone
RIF. CÀ D' ASTI
TORINO
IL TRUC
SUSA
Dora Riparia
Susa
VALLE DI SUSA
ALPE DI TOGLIE
Sangone
PARCO-ORSIERA ROCCIAVRÈ
USSEAUX
VALLE DEL CHISONE
Maßstab 1:450000
0
10
20 km
Oulx
BALSIGLIA
Pinerolo
Sestrière
VAL GERMANASCA
RODORETTO
Colle del Monginevro
GHIGO
Torre Pellice
Bobbio Pellice
Briançon
Rif. Lago Verde
VAL PELLICE
VILLANOVA
GRAJISCHE ALPEN
COTTISCHE ALPEN